定価2695円(本体2450円+税)

経営学入門

立教大学経営学部 編

ISBN 978-4-88384-366-4

定価2695円(本体2450円+税)

新世社

経営学入門

立教大学経営学部 編

Business Management-Introduction

新世社

はしがき

　本書は，経営学をはじめて学ぶ人や，もう一度学び直したいと思っている人のために書かれた入門書である。

　経営学，そして経営理論を学ぶということは，これまで多くの研究者が，長年にわたって検証してきた成果のもと，実際の経営にかかわる現象や物事の関係性を端的に一般化してとらえることができるようになるということである。それは，学術的知識であることに加え，読者が今後，実世界で経営の方針を検討したり，他者を説得したりする際の武器にもなるだろう。

　経営学という科目は，多くの大学や短大で開講されている。カリキュラムの編成によっては，高等学校までとは異なり，自ら問いを立てて答えを見出すという学び方自体を習得する科目群の中に，経営学が位置づけられている場合もある。

　そこで本書では，経営学の基礎的な内容を網羅的に扱いつつ，大学での学び方それ自体についても説明するようにした。さらに現代的なビジネスのトピックにも紙面を割き，企業活動が多面的に理解できるような工夫をこらした。また，事例を多く紹介することで，経営学をより身近に感じてもらえるような配慮もした。

　このような考え方に基づき，本書は以下のような構成をとる。

　まず第Ⅰ部では，企業経営の基礎について論じる。大学での経営学の学び方から始め，企業とは何か，経営とは何か，企業を取り巻く利害関係者，企業の目的と社会的役割などを説明する。

　次に第Ⅱ部では，企業の基本的な活動に光を当てる。生産活動，マーケティング，人材マネジメント，財務と会計が具体的なテーマとなる。

　第Ⅲ部では，企業の活動を方向づけ，成長させる諸活動に目を向ける。経営の基盤となる組織と戦略について説明したのち，戦略的行動を支援するシステムとITについて言及する。そのうえで，社会との関係，国際化，イノベーションに焦点を合わせて，企業活動の諸側面を掘り下げる。

i

最後に第Ⅳ部では，企業とガバナンスについて取り上げる。企業形態と株式会社について説明したのち，トップマネジメント改革の必要性を明らかにし，コーポレートガバナンスをめぐる最近の動きまで議論を広げる。

本書を執筆したのは，立教大学経営学部で教壇に立つメンバーである。各自の専門性を活かして執筆分担をしたうえで，半期の大学講義で使用しやすいよう章構成や紙幅を調整した。また，入門書としての読みやすさに配慮して，できる限り平易な文章とわかりやすい図表を掲示することに努めた。さらに，より深く学ぶことを希望する読者の方々のニーズにこたえられるよう，より専門的な参考文献も巻末で紹介した。

本書が一人でも多くの読者に読まれることを期待する。お気づきの点があれば，ご意見などをいただければ幸いである。

最後に，本書の出版にあたり新世社編集部の方々には多大なるご高配を賜った。ここに記して謝意を表したい。

2023年3月

執筆者一同

目　次

第6章　人事と職場における人間　　87

第7章　財務と会計　　107

■ 第Ⅲ部　企業の活動を方向づけ，成長させる諸活動 ■

第8章　組織・戦略とマネジメント　　124

第12章　企業のイノベーション　　　　　　　　　183

第Ⅳ部　企業とガバナンス

第13章　企業形態と株式会社　　　　　　　　　　198

第14章　企業のトップマネジメント　　　　　　　213

第15章　日本企業のガバナンス改革とステークホルダー　227

第Ⅰ部

企業経営の基礎

第 1 章
経営，企業，経営学

1.1 経営学を学ぶにあたって
——大学での学び方

■大学での学びは暗記よりも分析

　読者の多くは，高等学校を卒業し，新たな気持ちで大学に入学したことであろう。大学には，さまざまな専門分野を学ぶことができる学部が設置されているが，あなたも自身の興味や関心から選んだ分野の学びを始めようとしているのではないであろうか。本書では，「経営学」という分野の学びを深めていくためのさまざまな知識を提供していくが，最初に経営学を含む大学での学びの基本的な特徴を説明しておこう。

　高等学校までの学びでは，教科書に書かれた内容を整理して覚え，試験で良い点数を取ることを目標としていた人が多いと思われる。そのために，大学受験に必要となる科目では，正確に内容を暗記することが勉強であると感じていた人も多いのではないであろうか。他方，大学での学びでは，暗記すべきこともあるが，それよりも取り組んだ内容を深く考えることが求められる。

　ある特定の対象に対して，あれこれと深く考え，その内容を明らかにしていくことを「分析」という。分析の具体的作業は，端的には，1つのモノゴトの塊を細かく分けていくことによって，まとまった状態ではみえなかったことを解明していく作業である。われわれがこれから学ぶ経営学も，目の前に現れている現象は，人々の営みであったり，企業の活動であったりと切れ目のない動きをみせているさまざまな活動の集合体である。これらを「分析」することで，より深く理解することが，大学での学びの醍醐味であるといえる。

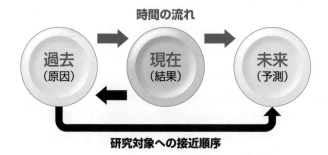

●図表 1-1　時間の流れと研究対象への接近順序●

経営学は，難しい学問ではないかと抵抗感を持っている人もいるかもしれない。しかしながら，一つひとつの現象を分析できるようになれば，これまでの日常生活では気づかなかった社会の仕組みを理解できるようになる。すると，あなたの知的好奇心が刺激され，ますます経営学への興味もわいてくるかもしれないのである。これから，一人でも分析ができるように，経営学を通してモノゴトをみる眼を鍛えていこう。

■モノゴトを分析するための接近方法

　大学で学べる領域は多種多様にあるが，研究対象への近づき方・接近方法は，基本的な部分では類似している。ここでは，モノゴトを分析する際の接近方法について，簡単に触れておきたい。

　大学で学べる領域は，現在では非常に多様化しているが，古くから受け入れられてきた分類方法では，自然科学，人文科学，社会科学に大きく分けられていた。経営学は，社会科学の領域に属する研究分野であり，人々による社会活動の中に研究対象を見出している。

　こうした社会科学に属する研究領域での対象への接近順序を時間軸でとらえると，「現在」→「過去」→「未来」の順になる。いうまでもなく時間の流れは，「過去」→「現在」→「未来」である（図表 1-1）。しかしながら，社会科学の研究は，現在の出来事から分析を始める場合が多い（これを「現状分析」という）。その理由は，現在の出来事は，身の周りの出来事の中で最も情報量が多いこと，分析

をする当時者自身もリアルタイムで実感を伴って対象を観察できること，などのメリットがあるからである。

　ここで注意が必要な点は，現在の時点で同じ現象を観察しても，当事者の視点によって解釈や加工の仕方が異なってくる点である。一つの事例として，原発事故を対象に選んだ場合で考えてみよう。

　原発事故を対象とする場合に，政治の観点からは，安全な地域への合理的な避難方法や，住民の中・長期での安全確保などが課題として設定されるであろう。経済の観点からは，地域経済への影響や，国際的な貿易への影響などが議論されるであろう。われわれが学ぶ経営学では，生産力，物流網，販売価格の動向や，消費者の購買心理などから分析課題をみつけようとするであろう。いずれの分野から取り組んだ場合でも，最初に目の前に広がる現状を分析し，課題を洗い出す作業をして，論点を整理していくことになる。

　課題が設定されると，現状で現れている出来事の理由を探る必要性に気づくことになる。現状で現れた出来事には，必ずそれを発生させた理由がある。その理由を究明することが，分析の第一歩となる。現在の出来事は，すべて過去との因果関係（原因→結果の関係）がある。つまり，現在に現れた結果は，必ず過去に原因が存在している。したがって，過去から現在への因果関係が説明できるようになれば，今後発生する可能性のある同様な事態に備えることができるようになる。たとえば，前述の原発事故の原因がわかれば，未然に事故を防ぐための予防策を計画・実行することができる。このように，過去から現在への分析を通じて因果関係が説明できれば，現在から未来への予測が，ある程度は可能になる。なぜなら，過去と現在の因果関係は，現在と未来の因果関係に類似していると考えることができるからである。

　われわれは，未来の言葉で語ることはできない。常に過去との関連から，モノゴトを理解し，とらえている。経営学は，企業での未来に向けての意思決定の場面で活用されることが多いが，現状分析や過去との因果関係を材料にして，未来に向けての意思決定を行っていることを最初に理解しておこう。

　以上のように，経営学などの社会科学では，「現在」→「過去」→「未来」の順で分析すると，モノゴトが明瞭に整理できて理解しやすくなる。こうした整理の方法を，自分の思考方法のテンプレートの一つにできるのであれば，他者への

説明も理解されやすくなるであろう。大学での学びでは，多くのレポートや論述試験，プレゼンテーションの機会があると思われるが，その際の論理展開の方法として，こうした接近方法を理解していれば，簡潔で明快に他者への説明ができるようになる。大学で経営学を学び始めるにあたって，こうした思考方法があることも覚えておこう。

1.2 「経営」とは，「企業」とは

■言葉の定義の重要性

大学での学びでは，それぞれの領域で専門用語が頻出する。経営学においても，多数の専門用語がある。これらを覚えることも重要ではあるが，使用する言葉の意味を理解することは，もっと重要である。

その領域で使用する言葉を，他者とも共有して議論ができるようにするためには，互いに言葉の意味を共通理解しておく必要がある。そのために，言葉の意味する内容の範囲を定める作業が，それぞれの領域でなされている。こうした作業を，言葉を「定義」するという。

経営学でも，定義された言葉を共通理解するのであれば，学び合う者の間での建設的な議論が進みやすくなる。そこで，ここでは，最も基本的な用語である「経営」と「企業」の定義と内容を紹介しておきたい。

■「経営」とは

まず，「経営」という言葉の定義を確認しておこう。社会科学の領域では，定義は，1人の研究者が提起したものや，研究者や実務家が集まる組織で議論されて公表されたものなどが数多く存在する。これは，数学などでの定義と性質が異なることに由来している。たとえば，図形の「三角形」は，「同一直線上にない3点と，それらを結ぶ3つの線分からなる多角形」と定義すれば，世界中の万人が同じ内容で理解できる。しかしながら，「経営」は，多様な内容が含まれて

5

いるために，１つの表現で万人を納得させることは難しい。そのために複数の定義が存在し，現在に至っている。また，社会科学での定義は，定義を検討する当事者も社会の構成員であるため，現象を完全な外部者として眺めることができない。

　これは，自然科学の分野での物理や化学の実験と比較するとわかりやすい。物理や化学の実験は，実験室の中で外部からの影響を遮断し，原因となる入力と結果となる出力を客観的に眺めることができる。しかしながら，経営学などの人間や組織の営みは，実験室での実験とは異なり，研究者も社会を構成する一人の人間であるから，いわば実験室の内側から現象を眺めている形となる。そのために，実験室にあたる社会環境が変化すれば，定義をする研究者の現象の捉え方にも変化が生じることがある。経営学では，時間の推移により環境が変化することで，定義自体が改訂されることもある。その点にも留意しておこう。

　さて，現状でも「経営」の定義は複数あるが，多くの人々に支持されている定義は，信ぴょう性が高い場合が多い。ここでは数多くある定義の一つであるが，代表的な定義を紹介してみたい。

　経営学にかかわる研究者が多数参加する学会の一つに Academy of Management（AOM：米国経営学会）がある。この組織が用語説明のために公式に紹介している "Management" の定義は，次のとおりである[1]。

1. the act or manner of managing; handling, direction, or control.
2. skill in managing; executive ability: great management and tact.
3. the person or persons controlling and directing the affairs of a business, institution, etc.
4. executives collectively, considered as a class (distinguished from labor).

日本語訳

1. 管理する行為や様式；操作，指揮，または統制。
2. 管理する技術；執行能力：優れた経営力と機転。
3. 事業や制度などの業務を統制し，指揮する人（人々）。
4. 幹部組織，１つの社会階級とみなされる（労働者とは区別される）。

ここで説明されているように，「経営」とは，組織を運営する行為や人々を指す内容が核となった言葉である。組織の運営には，目的がある。組織は，その目的を達成するために，計画を立案し，実行する。これらの行為を管理することを「経営」と称する場合が多い。現代は，社会が複雑化しているので，「経営」が意味する内容も複雑化，多様化しているが，経営学を学び始めるにあたって，まず，この程度の基本的な意味を押さえておこう。

■経営の対象──「企業」とは何か

経営という行為を行う組織にはさまざまなものがあるが，経営学で対象とする主な組織を，「企業」という。経営学では企業の活動を，組織の特徴や働く人々，他社の動向や，購買してくれる消費者の動向，といったさまざまな観点から分析していく。そのために，経営学では多様な人や組織を研究対象としている。

われわれが生活をしている周りには，さまざまな企業が存在する。まず，どのような企業が存在するのかを眺めてみよう。企業は，国によって捉え方や定義が異なる部分がある。ここでは日本で捉えられている企業の考え方を中心に説明する。

まず，企業の種類について整理してみたい。企業の分類法にもさまざまな種類があるが，ここでは代表的なものを紹介する。まず，規模の違いに注目すると，**大企業**，**中小企業**，**零細企業**に大別できる。この中で，大企業，中小企業は，**法人**（法律により「人」とされる組織。「人」として権利義務の主体となる資格を認められたもの）とする場合が多いが，零細企業では**個人**（組織ではなく個人の立場で事業を行う者）として経営を行う場合もある。

次に，目的の違いに注目すると，**私企業**と**公企業**に分類できる。私企業は，独立した存在として，経営活動をする企業である。公企業は，国や地域社会のために設立された企業である。

また，活動の目的が利益を目的としているかどうかによっても企業は分類できる。自身が利益を得ることを目的として活動する企業を**営利企業**という。営利企業は「**会社**」と呼ばれる。会社については**第13章**で詳述する。

利益を優先するよりも，社会貢献などの目的を達成するために活動する企業を**非営利企業**という。非営利企業には，民間で経営される私企業と，政府や地方公

●図表 1-2　企業の種類●

企業	私企業	営利企業	個人経営	個人商店	フリーランス	タレント	農　家	など
			会社企業	株式会社	合名会社	合資会社	合同会社	など
		非営利企業	組合企業	農業協同組合	生活協同組合	など		
			その他	学校法人	医療法人	NPO 法人	宗教法人	など
	公企業		国営企業	国有林野事業	など			
			地方公営企業	市営バス	水道事業	など		
			その他	独立行政法人	特殊法人	公　団	公　庫	など

●図表 1-3　日本における主な産業の分類●

A	農業，林業	K	不動産業，物品賃貸業
B	漁業	L	学術研究，専門・技術サービス業
C	鉱業，採石業，砂利採取業	M	宿泊業，飲食サービス業
D	建設業	N	生活関連サービス業，娯楽業
E	製造業	O	教育，学習支援業
F	電気・ガス・熱供給・水道業	P	医療，福祉
G	情報通信業	Q	複合サービス事業
H	運輸業，郵便業	R	サービス業（他に分類されないもの）
I	卸売業・小売業	S	公務（他に分類されるものを除く）
J	金融業・保険業	T	分類不能の産業

（出所）総務省「日本標準産業分類」（平成 25 年 10 月改定）。

共団体などの公的機関によって経営される公企業がある。NPO や医療法人など
は民間の私的な非営利企業であり，警察や消防，市営バスなどは公的な非営利企
業である。

　ここまでの企業の分類を表にまとめると，図表 1-2 のようになる。

　こうした企業には，①生産手段を所有する，②独立的な存在である，という共
通の特徴を有している。その中で，営利企業は営利を追求することを目的とする
ところから「所有と経営が分離する」という傾向がある（第 13 章で詳述）。

　最後に，業種の違いに注目したい。大別すると，農林水産業，製造業，サービ
ス業に分類できる。さらに業種を細かくみると，図表 1-3 のような多様な業種
の企業がある。

■営利活動の意義

　われわれが学ぶ経営学では，営利企業を中心に取り扱う。**営利**とは，利益の獲得を目的として活動することを意味する。設立の趣旨から考えれば，多くの企業が営利を目的としていることは間違いない。ただし，ここで注意が必要なことがある。それは，企業が利益の追求のために，独りよがりに高い価格で製品やサービスを販売することは許されているわけではないということである。

　企業を維持し成長させるためには，利益は必要である。しかし，その利益は，顧客である企業や消費者が買うことができ，顧客が納得できる適正な価格による取引で得られる利益である。言い換えるのであれば，企業は「営利」を目的としているが，「暴利」が許されているわけではないのである（詳しくは**第3章**参照）。

　一方で，利益を得ることを放棄してしまうと，企業は存立できなくなる。仮に，ある企業が2年連続で同じ売上高を得られたとしても，2年目に従業員の給与を上げた場合には，経費が1年目よりも多く必要とされることになる。この場合，売上高が同じであっても，2年目には結果的には経費の増大により，赤字を招く可能性が出てくる。こうした状態が長く続いてしまうと，この企業は事業を維持していくことができなくなり，最後には負債を抱えて倒産してしまうことになる。

　このように，企業は，存続させるためだけだとしても，利益を得ることは必要なのである。したがって，企業を経営する以上，営利は正当な目的であり，適正な利益を獲得することは必要な行為なのである。

　一方，政府，地方自治体，警察，消防などの非営利企業は，それらの活動が社会で必要とされているために，利益の獲得ができなくても税金などで組織を維持していくことが社会的に合意されている企業である。

　もし，非営利企業が営利企業と同様に利益を目的とした場合には，採算が合わない地域では学校や警察，消防などのサービスが提供されないことになる。すると，お金を払える人や地域だけが，これらの公共サービスを受けられるという事態になりかねない。それでは，地域住民の生活基盤が崩壊してしまうおそれもある。このように，営利であっても非営利であっても，企業は，それぞれの目的に応じて適切な経営が求められる存在なのである。

1.3 企業の役割 [2]

■豊かな生活の提供

　企業は，各々の企業が掲げる目的を達成するために活動するが，社会の中での役割を果たさなければ，その価値を認めてもらうことはできない。ここでは，企業の果たす役割を外的な側面と内的な側面から眺めてみたい。

　まず，外的な側面では，企業は人々の生活に豊かさを提供するという役割を担っている。企業は，人々が購入したいと思う商品やサービスを生産し，提供している。遠方の店舗でしか売っていなかった商品も，通信販売を利用すれば手軽に買い求めることができるようになった。大学生が日々利用することが多いパソコンやスマホなども，売り出された当初は高価格であったが，モデルチェンジなどを経て，次第に価格が引き下げられ，学生がアルバイトで得られる報酬でも手の届くものになった。これらの現象は，企業努力により実現した，企業が提供している社会的豊かさであるととらえることができる。

　企業が提供する商品やサービスによって，われわれの生活は変化し，便利で豊かな日常を手に入れられるようになった。具体的な例で説明すると，家電製品の進歩により，家事労働で拘束される時間が減少した。全自動洗濯乾燥機，自走式掃除機，電子炊飯器，電子レンジなどにより，家事に割かれていた時間を余暇に割り当てることができるようになった。

　これ以外にも，情報化を促進することで利便性が上がったり，国際化を進展させることで，われわれが海外の商品やサービスを身近に感じることができたり，といった恩恵を企業は与えてくれている。また，提供される情報により，文化が形成される場合もある。このように，企業がわれわれに提供している豊かさは多様に存在する。企業は，商品やサービスによって，われわれが気づかない部分でも日々の生活の豊かさを提供している。

　われわれが顕著に豊かさを実感できる場面は，家庭での消費生活においてである。企業の活動は，いかなるものの生産においても，最終的には消費生活につながっている。したがって，企業は，家庭の豊かさを最終的な到達点と想定して，

生産計画を立てる。道路や建物の建設など，活動が家庭とは直接の関係がなさそ
うにみえる企業であっても，それぞれの企業が生産した財やサービスは，最終的
には家庭での生活に還元されている。

　一方で，われわれへの豊かさの提供と無縁になってしまった企業は，その使命
を終えることになる。企業は，その時代に求められる豊かな生活を提供し続ける
ことで，存在価値が社会に認められるのである。

■職場の提供

　企業の内的な側面での役割は，雇用を創出して，職場を提供している点である。
企業は，多くの人々に働く場所を提供する。人々は，働いた対価としての賃金を
得る。得られた金銭によって，日常生活での消費が可能になり，生活を豊かにす
ることができるようになる。

　多くの消費者は，労働者でもあり，何がしかの生産活動に関与している。消費
生活を可能にするためには，一般的には働くことで対価としての金銭を得ること
が必要になる。そのための働く場所を，企業は提供している。

　企業は，自身の活動に必要な労働力を受け取る代わりに，賃金という報酬を支
払う。しかし，企業が支払う支出は，労働報酬だけではない。土地を提供した地
主（自然資源の所有者）に対しては地代を，借入金などを提供した銀行などの資
本提供者には，利子や借入金の元本を支払う。また，政府や地方自治体に対して
は，税金を支払う。

　要するに，企業は活動を通じて得た利益を，賃金，地代，利子，税金などで，
労働者や資本家，地主，政府に所得として分配しているのである。もちろん，所
得が発生するのは，商品やサービスを生産しているからである。

　企業は，望まれる商品やサービスを生産することによって所得を生み出し，そ
の所得が消費活動の源泉となる。言い換えれば，企業が望まれない商品やサービ
スを提供するならば，労働や土地や資本は所得を生まなくなる。企業が豊かさを
生み出すためには，働く人のためにも，社会から望まれる商品やサービスを提供
する必要がある。

　以上の企業の役割を図式化すると，**図表 1-4** になる。

●図表 1-4　企業の主な役割●

企業の役割

外　的	内　的
豊かな生活の提供	**職場の提供**
情報化の促進	雇用の創出
国際化の進展	賃金の支払い
文化の形成	生きがいの源泉

■職場と生きがい

　社会人になると，働くこと，あるいは仕事が生きがいと考える人は多い。企業で働く時間は，人生の大半を占める。人によっては，家庭で過ごす時間よりも，企業にかかわる時間の方が長い場合もある。それゆえに，職場での仕事内容や環境の善し悪しは，人生の豊かさを大きく左右することになる。

　職場は，人々の生活に直接的・間接的に貢献できる製品やサービスを提供する限り，社会的に必要とされる。したがって，仕事に生きがいを見出す人であっても，その企業で生産しているものが社会に貢献しない製品やサービスだとしたら，仕事から満足感を得ることは難しいであろう。

　仕事の量や質が，働く人々の肉体的・精神的疲労に密接に関係している。仕事内容の好き嫌いは，満足度や疲労度に大きく関係する。また，パワハラなどは，働く人に大きなストレスを生む。職場での人間関係が，われわれの精神状態に与える影響は大きい。

　一方で，仕事をするということが，人間に与えられた基本的使命であるとすれば，仕事ができなくなるということは寂しいことなのかもしれない。現在の仕事に満足している人にとっては，仕事は生きがいであり，その人の人生そのものにもなる。このように職場としての企業は，私たちが生活し，人生を送るうえで無視できないものとなっている。

1.4　企業の方針 [3]

■ドメイン

　企業が外的・内的な役割を果たすためには，基本的な方針を決定しなければならない。なぜなら，複数の人々が働く組織の場合，目標を達成するために，「何を」「どのように」するのかといった内容が共通理解されなければ，働く人は，何を目指し，どのように働けばよいのかを理解できないまま作業をすることになったり，各自の思いつきのままに異なったアウトプットを出してしまったりすることになる危険性があるからである。

　企業では，企業を取り巻く環境と，企業が所有する経営資源の組合せから，企業全体がどのような活動領域で活動するのかの方針を決定する。

　このような，企業が事業を展開する活動領域を，「ドメイン（domain）」という。どのようなドメインで事業を展開するのか，この方針が決まらなければ企業活動はスタートしない。

　ドメインの決定は，製品と市場の組合せによる企業の活動範囲を決定するものであり，企業が掲げる方針の内容を大きく規定することになる。同時に，ドメインの明確化により，企業が活動しない領域をはっきりさせることができる。その意味で，ドメインの決定は，企業が未来に向けて進むべき範囲を規定する重要な方針の決定なのである。

　ドメインを，現状での企業の物理的な経営資源に則して決めてしまうと，企業の活動範囲が狭い領域に限定されやすくなる。すると，環境変化への対応策に制約が生まれたり，今後の発展分野を小さく見積もったり，といった長期的に対応していくための柔軟な企業の方針が描きにくくなる。

　一方で，ドメインを拡大しすぎると，既存の経営資源を有効に活用できずに，本来備えている経営力や競争力を低下させてしまうこともある。ドメインの決定は，現状で企業が保有する経営資源を効率的に使用したうえで，企業全体としての長期的な成長を最大化させる方向性を打ち出すための重要な意思決定なのである。

　ドメインを決定し，事業の範囲や方向性を決めることは，蓄積すべき経営資源のガイドラインを示すことでもある。ドメインの決定により示された方針は，経営資源の配分を決める際の基準を提供する。また，従業員の自覚や誇りを保つことにも貢献する。

　さらに，ドメインの決定は，事業の種類や規模，組織のあり方に加えて，企業活動と関係を持つ利害関係者（**第2章**で詳述）との関わり方に影響を与える。すなわち，企業の外部環境を構成する資本家の種類，株主や金融機関，証券市場との関係，消費者，納品業者，政府機関，地域住民などとの関係を規定していくことになる。

　ドメインの決定は，企業の内外に対して主要な方向性を示すことであるから，企業のトップマネジメントでなければ，責任をもって決定できない重要事項である。そして，ドメインを周知することで，企業を構成するメンバーに一体感が生まれ，1つの方向性を共有しやすくなる。

■ゴーイング・コンサーン

　企業活動は，学園祭の屋台のように1つのイベントに参加し，翌日には解散してしまうような活動ではない。長期間にわたり，事業活動を続けることを前提として運営されるものである。こうした特徴をとらえて，企業を**ゴーイング・コンサーン**（going concern：継続的事業体）とも呼ぶ。

　企業は，関係を持つ顧客や取引先，さらに企業で働く従業員のために，継続的に利益を獲得して存続・成長させる必要がある。前述のように，企業は存続させるだけであっても，利益を得ることが必要となる。加えて，企業を成長させるためには，継続的に適正な利益を獲得する努力が必要である。とくに，営利を目的とする私企業の場合には，自力で存続・成長をさせていくことが必要とされる。

　企業の業績は，自らを取り巻く環境への対処の巧拙によって大きく左右される。同じ業界の中でも，環境の変化に対する対応が適切で，好業績を維持する企業がある一方で，環境変化を読み間違えて，倒産もしくは廃業に追い込まれる企業も存在する。企業は，各々のおかれた環境で，絶えず十分な利益を得るために努力することが必要である。

　企業を取り巻く環境は無限であり，将来を完全に見通すことは不可能である。環境変化の兆候をとらえるために，常に微細な変化を察知していないと，気づいたときには競争相手に先手を取られてしまうことにもなりかねない。また，正しいと思った対応の見込みが外れ，投資に見合う回収ができない場合には，大きな負債を抱えてしまうこともある。

　かつて，日本の家電メーカーが生み出す製品は，圧倒的な競争力を有し，世界の市場を席巻した。液晶テレビや携帯電話，ポータブル音楽プレーヤーなどがその一例である。日本企業は，長年にわたり製品開発のフロントランナーとしてイノベーションを先導してきたが，近年では，中国企業や韓国企業の後塵を拝する場面も散見されるようになった。デジタル化が急速に進んだ電子機器類の生産で，日本企業の競争力は低下した。その背景には，ものづくりの世界で進んだデジタル化に対して，日本の家電メーカー各社が適切に対処できなかったことが理由の一つと考えられている。

　企業が，環境に対応して，適切な方針のもとに，適正な利益を獲得し続けることは決して簡単な道のりではないのである。

1.5　企業と社会を考える経営学

■なぜ経営学を学ぶのか

　企業経営は，端的には，経営する意志があり，設立するための資金が準備できる人物であれば，誰でも経営することはできる。ただし，これまで述べてきたように，社会から必要とされ，企業を存続・成長させることができるかどうかは，保証されているわけではない。いわゆる「うまい経営」は，誰にでもできることではないのである。

　多くの経営者は，うまい経営をするための各々の考え方を持っている。ある人は，自身が体験してきた経営活動に強い確信を持ち，成功を手にすることができたノウハウなどを大切にしているかもしれない。また，別の人は，さまざまなビジネスにかかわるセミナーに参加して，成功するための事例や工夫を自分の企業

に応用しようと勉強しているかもしれない。これらの考え方による経営は，正しい場合もある（うまくいかない場合もある）。それでは，われわれは，なぜ学問としての**経営学**を学ぶのであろうか。

経営学は，企業の活動に備わる事象を分析して，因果関係を説明し，その詳細を解明しようとする理論化・一般化に注力する側面と，企業活動を効率的・効果的に遂行するために，現場で即効的に役に立つ知識を整理する側面があり，双方の要素が満たされて有益な学問分野となるという特徴がある。単に，明日の経営に役立つ格言などを集めただけでは，企業活動の原理は解明できない。一方，整合性を高めるために，あれこれと制約を与えた条件のもとでしか説明できない理論を提唱しても，実務的な評価は得られない可能性がある。

多くの企業に当てはまる法則性を見つけることも有益であるし，先進的な優良企業の創業者の発言などからその時代に適合した考え方を見出すことにも意味がある。経営学を学ぶ際には，中長期的に参考になる企業活動の原理・原則の理論を理解することと，ノウハウやコツといったすぐに役立つ知恵を整理して実践に役立てるために思考するバランス感覚が必要である。

経営学を学ぶことは，この分野で語られる理論や知識を活用し，今後なすべき施策に対する仮説をたてることに役立つ。仮説に対するさまざまな根拠を探し，確信の度合いを高めた迷わない意思決定は，経営者を支える有益な情報を提供する。

■根拠を持った意思決定のための経営学

企業の活動は，不確定な未来に対して，投資をしていく活動である。不確実な社会で，少しでもリスクを減らして新たな市場を開拓するためには，いわゆる「勘と経験」だけではなく，経営学の理論や知識で不確実性を下げる努力が必要になる。その意味で，経営学は企業の経営で，大きな失敗をしないための知識として，身に着けることが有益な学問であると考えられる。

経営者のセンスが良かったために，ヒット商品を売り出すことができ，急成長をする企業もある。しかしながら，その理由を明確にとらえずに，同じことを繰り返しても，常にヒット商品が出来上がるわけではない。成功にも失敗にも，理

由がある。それを分析し，徐々に変化する環境に合わせて経営を進めるためには，証拠を集めること，成功や失敗の理由を説明できることが望ましい。

　そのためには，経営学の理論の理解と，次の施策に活用するための市場調査や，企業を経営するためのさまざまな観点からの情報収集が，企業経営を円滑に進めるために役立つ知識となる。これから経営学を学ぶにあたって，理論や知識を利用した分析の有用性と，活動を実践するための行動力の価値という両方の重要性を意識して取り組んでほしいと思う。

第2章
企業をめぐる
利害関係者たちとその関係

　私たちは身の回りをさまざまな製品に取り巻かれ，それらを使いこなしながら生活を営んでいる。このような製品群は企業から購入したものがほとんどであろう。しかしその企業について私たちは意外と知らない。

　たとえば，スマートフォン（以下スマホ）は今日私たちの生活にとって必需品といってよい。私たちはスマホを身体の一部のように使い，それがどんな製品で，どんな機能があり，どう使うのかの知識を持っている。またその製品をどの企業が提供し，どこで購入できるのかという知識も持っているであろう。

　それではその製品をどの企業がどこで作っていて，どのように私たちの手元に届いているのだろうか。たとえばスマホの多くは提供している企業が実は生産しておらず，別の企業が生産を代行し，海外で生産している。このように考えると，企業は製品を提供してくれるという意味では身近だが，一歩，その企業に踏み込んでみると，多くを知らないことがわかるだろう。

　スマホに限らず，企業は私たちに必要なほとんどの製品やサービスを提供し，私たちの生活にとって身近で必要不可欠な存在である。そのような意味で，企業は私たちの社会の中で重要な役割を担っている。逆に企業も，私たちだけではなく，さまざまな団体，組織などと関係を持ちながら，社会の中で一定の役割を担うことで存続している。本章では，企業に関連するさまざまな関係者について概観することで，企業が複雑な利害関係の中にあることを理解し，そのうえで企業は誰が動かしているのかについて考えていきたい。

2.1 企業と家計・個人，国・地方自治体との経済的関係

■企業と顧客・消費者

　企業は経済活動を目的とした組織である。ここで経済活動とは，私たちの生活に不可欠な製品やサービスを生産し，分配し，流通する活動を指す。先のスマホの例でいえば，企業は，スマホを生産し，私たちにそれを販売する。この時，企業にとって私たちはスマホを購買（お金と交換）する「**顧客**」であると同時にこれを消費する「**消費者**」でもある。

　ここで企業が生産したり販売したりする製品は経済学では「**財・サービス**」（財は有形，サービスは無形）と呼ばれ，企業から購買する顧客のことを，「**個人**」あるいは「**家計**」，合わせて「**個人・家計**」などと呼ぶ。すなわち企業と顧客である個人・家計との間では，財・サービスと貨幣（お金）とが交換され，この財・サービスの交換を通じて両者の関係が取り結ばれている。そしてこの交換が行われている場（必ずしも特定の場所を示すものではない）を「**市場**」と呼ぶ。

　私たち個人・家計は，企業から得た財やサービスを消費することで日々の生活を営み，継続し，その消費活動を通じて，文化を作り上げている。その意味で私たちの生活にとって企業は必要不可欠であり，私たちの社会で重要な役割を担っている。私たちは消費者として，より安価でより品質や機能の優れた財やサービスを求めている。他方，企業にとってみても，個人・家計に対して有用な財やサービスを提供してはじめて製品の販売が可能となり，そこで得られた代金（売上）によって利益を上げることで，その活動を継続させ，成長できるのである。

　しかしそのような消費者の要求に目を背け，利益を上げることに注力するあまり，不正に手を染める企業も後を絶たない。

　たとえば賞味期限切れとなった商品の表示を書き換えて販売したり，海外産の食品を国内産と偽って販売したり，あるいはまた耐震基準に満たないマンションを販売するなど，そのような例は枚挙にいとまがない。このようないわば社会に敵対するような企業に対して，私たち消費者一人ひとりは，しばしば十分な法的

知識や情報がないため，被害にあう可能性が常に存在している。また実際に被害にあった場合には，消費者は往々にして個人として企業と対峙できず，泣き寝入りしてしまうこともある。

　それゆえそのような消費者を保護，支援するための団体として，国民生活センターや消費者生活センターをはじめ，さまざまな消費者団体がある。このような消費者団体は企業にとって常に消費者に耳を傾け，不正を働かないよう抑止する力となっている。

■企業と労働者

　ところで，企業と個人・家計との関係をみると，私たちは消費者としてだけではなく，いまひとつ重要な関係を企業と取り結んでいる。それは雇用関係である。私たちの多くは企業と契約し，そこで働くことで，対価として，賃金や給料を得ている。私たちはこのお金を使って企業から財やサービスを購入し，消費をし，生活を維持・継続することができている。

　逆に，企業にとってみれば，労働者がいなければ，企業活動を遂行，継続できず，絶えず労働者を雇用し続けなければならない。こうして個人・家計は企業に労働力を提供し，企業はこれを購入し，賃金・給料という対価を支払うという雇用契約を結んでいる。すなわち，企業と個人・家計は，企業との間で労働といういわば特殊な商品の売買を行う「労働市場」を介して取引を行っている。

　他方，一度，契約を結び企業で働くようになると，労働者は企業の一員として内部に入り，そこは労働者にとっては職場となる。ある程度の規模になれば，企業には多数の労働者が集められ，さまざまな異なった仕事に分割された部署に配属され，そこを職場として，労働者は一定の役割を担いながらチームで作業をこなしている。そしてこの職場は，労働者にとって，生活の糧を得る場であると同時に，仕事を通じて仲間を得，社会に貢献し，また仕事に習熟して，能力を向上させることで自らを高める場ともなりうる。

　当然，労働者は，そのような場を働き甲斐があり，自らが成長できる場としたいと考えるであろう。そのために，たとえばより良い賃金条件，地位，待遇などといったより良い雇用条件とその確認・更新のために，絶えず雇用契約をめぐっ

て企業との間で交渉が必要となる。このように労働者は，企業内にあっても，企業側（使用者側）と相対し，一定の関係，「**労使関係**」を取り結んでいる。ただ雇ってもらったという立場でもあるため，個人として労働者が企業側と対等な関係で対峙することは難しい。

そこで労働者が集まり，労働組合を結成して団体交渉する権利が憲法と労働組合法で認められている。労使が団体交渉を通じて決められた労使関係のルールが労働協約であり，個々の雇用契約もこれに基づいて決められる。また企業にとっても労使関係に問題があると，労働者の労働意欲を削ぎ，社会的にも注目されることで，業績を落としたり，新たな雇用に問題が生じるため，より良好な関係を維持することが重要となる。

■企業と国・地方自治体

国や**地方自治体**は，これまでみた企業，個人・家計とならんで，経済活動を担ういまひとつの主体であり，企業との間で経済関係を取り結んでいる。

国・地方自治体は，企業から法人税や住民税などを徴収し，これらの租税を財源として，企業に対してさまざまな**公共サービス**を提供している。そのようなサービスには，道路，空港，港湾などの公共交通機関・設備，電気や電話などの電力・通信設備，さらにはガス・水道といった国民生活や産業の基盤となる施設や設備であるインフラストラクチャー（インフラ）を整備したり，あるいは国・地方自治体が公企業を設立・運営したりすることがある。このようなインフラ整備や事業を推進することによって，国・地方自治体は，企業活動における物的・人的な移動や情報の流通を拡大，高速化させることで経済活動の生産性や効率性を向上させることができる。

さらに国・地方自治体は，法令違反を取り締まったり，規制をかけたり，補助金などを提供することで企業に影響を与えている。たとえば企業活動を通じて効果的に社会に資源配分するには，市場における競争状態の維持が不可欠であるといわれる。それゆえ独占禁止法で禁止されているような競争を妨げる行為を企業がした場合には，公正取引委員会が違反行為を審査し，その行為を制限したり，停止させたり，あるいは罰則を与えたりする。

　逆に国・地方自治体が市場競争を制限するよう規制する場合がある。たとえば設備や施設への投資が巨額で，かつ国民生活のうえで不可欠な電力や水道など公益性のある財やサービスでは，政府や地方自治体が企業の参入を規制してあえて独占状態を作る一方，価格を規制することで広く安価で安定的な供給を実現しようとしている。他にも労働条件の改善，労働者の生活の安定，労働力の質的向上を目的とした最低賃金制度，自動車排出ガス規制などの環境規制，自国産業保護のための関税による輸入制限などさまざまな規制があり，企業の自由な参入や価格設定が制限されている。

　また国・地方自治体は，税の減免や補助金の支給などによって企業活動に影響を与えている。たとえば農業振興のための農産品への補助金，中小企業支援のための補助金，起業の活発化を目的としたスタートアップ企業への補助金，企業誘致を促進するための税の減免などが挙げられる。さらにマクロ経済政策として，日本銀行が通貨量や金利のコントロールを通じて，物価変動などに影響を与えたり，国・地方自治体がインフラの整備のために公共事業に投資をすることで，企業の経済活動を活発化させるなど，さまざまな方法を通じて広範にわたる企業の諸活動に影響を与えたりしている。

2.2　企業相互の経済的関係

■協力し合う企業

　企業同士もまた，さまざまな経済関係を取り結んでいる。ある製品を生産している企業は，その製品の部品や材料すべてを自社で生産していることはほとんどなく，それらを他の供給企業，「サプライヤー（supplier）」から購入して，それを加工したり，組み立てたりして製品を生産している。

　また企業間で材料や部品などをやり取りする際に，売手や買手の間に別の流通業者が入ったり，運送業者に運送を任せるなど，別の企業が介在している。買手が最終消費者の場合でも，スーパーやコンビニなど，メーカーから製品を購入し，一般の消費者に販売する流通業者（「小売企業」）が存在し，メーカーと小売企業

との間にも別の流通業者（「卸売企業」）が介在することもよくある。

　こうして私たちの手に入る製品は，さまざまなサプライヤーや販売・流通企業（物流企業，小売企業，卸売企業）を多数介して個人・家計に届いており，このような多数のサプライヤーや小売企業のつながりを「**サプライチェーン（supply chain）**」と呼んでいる。そしてこのような関係が長期に継続するような場合には，しばしば提携したり，共同で合弁企業を設立したりするようなこともある。このように私たちの周りにある製品の生産，分配，流通は，多数の企業間の売買を通じたつながりあい，協力関係によって実現している。

2.2

企業相互の経済的関係

■競争する企業

　他方，企業の利益追求という目的からみると，類似した財やサービスを提供する同じ業界の企業とは顧客を取り合って競合している。つまり，十分な需要があれば別だが，通常，同じ業界に属している企業同士は敵対し，ライバル関係にあり，激しい**競争**が展開されている。企業がより多くの顧客を獲得し，より多くの売上を上げ，利益を得るためには，競合企業よりもより安い製品，より優れた品質・機能を持った製品を開発する必要がある。

　また，たとえある製品が売れたとしても，それが続く保証はない。なぜなら他の企業がより安く，あるいはより品質・機能の高い製品を市場に出すかもしれないからである。まさに競争関係があるからこそ企業同士が気を抜くことなく切磋琢磨し，新しい優れた安価な製品が普及し，製品も発展していく一方，そのような努力を積み重ね，耐え抜いていける企業が存続し，成長を遂げることができるといえる。

　さらに同じ業界以外の売り手との間，買い手との間でも競争関係がみられることがある。たとえばこれまで部品のサプライヤーとして協力関係にあった企業が，ある日突然，完成品の生産に参入し，競争相手となることもあるし，その逆に，完成品を生産していた企業が部品の生産を手掛けるようになるかもしれない。また，たとえばスマホとゲーム機のように，それまでは競合しなかった製品が，スマホの性能向上により代替製品となり，これまで競合しなかった企業同士が競合関係となることもある。

　このようにみてくると，企業の間が**協力関係**にある一方で，同時に**競争関係**にもあったり，一見協力関係あるいは無関係にみえる企業同士が，潜在的に，あるいはまた将来において競争関係に陥るということはよくみられることである。

2.3　資金と企業

■2つの種類の資金

　企業を設立するときに必要なものは何だろうか？　設立にあたっての法的な知識や新たな事業のアイデア，企業運営の能力や強い意志など，いろいろ考えられるだろう。しかしまずは企業設立のためにはお金，すなわち**資金**が必要である。それではその資金をどのように集めるのであろうか。

　ある人は自らの貯蓄を元手に資金をつくるということもできる。また友人・知人や銀行などの金融機関から資金を借りて集めることもできる。このような資金の提供者は総じて「**投資家**」とも呼ばれ，個人の場合もあれば，銀行などの金融機関や投資ファンド，ほかの企業などさまざまな機関も資金の提供者となる。

　ところで，自分の貯蓄からの出資であれ，銀行などからの借り入れであれ，これらはいずれもお金であることには変わらないが，両者の資金を区別することが重要である。

　すなわち前者は一度集めれば，その資金はその出し手に返金する必要がないが，後者の借り入れは利子をつけて返済しなければならない。前者は一般に出資金であり，「**自己資本**」と呼ばれ，後者はいわゆる借金であり，「**他人資本**」と呼ばれる。自己資本を出した人は「**出資者**」（株式会社では「**株主**」）であり，その企業の所有者である。これに対して，後者の他人資本の貸し手を「**債権者**」，借り手を「**債務者**」とそれぞれ呼ぶ。

　債権者にとっては，資金を貸し付けることで一定期間後には確実に一定の利子をつけて返済されるので，その投資は，比較的安全性が高いといえる。これに対して，出資者にとっては，出資金はいつまでに戻ってくるという確約はない。それではなぜ出資者は資金を出資するのか。それは出資した額以上の，お金が戻っ

てくる可能性もあるからである。つまり出資者はその企業の所有者として企業が獲得した利益を自らのものとできる可能性がある。それゆえ，出したお金は戻ってこないが，その企業が利益を上げることができれば，元手をはるかに超えるお金を受け取るチャンスもある。

このように債権者の提供する資金はリスクが低く，安全性が高い一方，出資者の場合には，元手が戻ってくるかは不確かで，リスクは高いが，より多くの金額を回収できる，すなわち高い**リターン**があるかもしれない。出資者はまさにこの高いリターンを求めて出資をし，企業を設立するのである。

こうして債権者と出資者という2人の異なる資金提供者は企業が起業したり，あるいは事業を継続したり，拡大したりするための元手となる同じ資金を提供してくれるが，異なる動機に基づいて資金提供をしているのである。（企業の資金調達については詳しくは**第7章**で解説する。）

■出資者と経営者

二種の資金提供者のうち出資者は，企業にとっていまひとつの重要な役割，企業の所有者という役割を担っている。

たとえばメーカーであれば，集めた資金で従業員を雇い，さまざまな機械や材料を購入し，工場を建てて，生産活動を行い，出来上がった製品を市場で販売することで，売上としてお金を回収し，この売上から再びこの活動を維持するために従業員を雇い，材料や機械を買って，…といった活動が続く。企業はこのような循環的な活動を継続することでそこから利益を獲得していくことができる。こうした企業活動を運営していくのが所有者たる出資者の役割でもある。このような企業の運営主体は「**経営者**」と呼ばれ，ここでは出資者は同時に経営者でもある。

ところで，より多くの利益の獲得を追求する企業にとって，その方策の一つはこれまでの事業規模を大きくして多額の利益を増やすことであろう。そしてその規模を大きくするにはやはり資金が必要である。いま自己資本を増やそうとすれば，その増額分を最初の出資者が1人で賄うこともできるが，そこには限界がある。その場合，ほかの出資者を募り，複数の出資者が資金提供してくれれば，

企業規模を大きくすることができる。そうなれば，複数の出資者でその企業を共同で所有し，共同で管理，運営し，企業が上げた利益も所有者たちで分け合うことになる。このような複数の出資者によって設立された企業を「会社」といい，さまざまな仕組み（**会社制度**）が作られてきた。詳しい説明は**第13章**に譲るとして，今日，多数の出資者から最も多額の出資金を集めやすい会社形態が**株式会社**であり，日本の大企業の多くはこの形態をとっている。

いま株式会社について考えると，そこには多数の出資者＝株主がおり，その代理人として経営陣が株主総会において選出され，実際の経営はこの経営陣によって遂行される。もちろんより多くを出資している株主が経営者となることもできるが，この株主が優れた経営者かどうかはわからない。とくに大規模化した企業においては，多くのヒト・モノ・カネ・情報が複雑に絡み合い，それを管理・運営するには少なからず困難が伴う。

そこで企業の管理・運営は，その経験を持ち，習熟した専門家である「**専門経営者**」と呼ばれる人々に次第に委託されるようになる。つまり所有する出資者と経営をする専門経営者が別人格として分離してくるのである。

このような株主から経営を委託された経営者は，その管理・運営による売上や利益といった業績に応じて報酬を受け取るので，より良い業績を目指すよう動機づけられている。とはいえ実質的な経営資源の管理・運営は経営者に任されているので，経営者がこれを恣意的に運用する可能性も存在する。それゆえ株式会社制度においては，経営者が株主の意向を反映し資金を効率的に運用しているかどうかをチェックする仕組みが作られている。（**第14章**参照。）

他方，株主についてみれば，その収入には，企業活動によって得られた利益からの分配分である配当金（**インカムゲイン**（income gain））に加えて，株式市場における株式の売買を通じて獲得される収入（**キャピタルゲイン**（capital gain））がある。とくにキャピタルゲインは株価の変動に大きく左右されるので，株主がキャピタルゲインを志向すれば，株価を上げることを経営者に要求することになる。

2.4　社会と企業

■社会と軋轢を生む企業

　これまで経済活動に基づいて企業のさまざまな関係者についてみてきた。このような企業は私たちの社会を構成する一員であり，経済的活動を通じて社会的に有用な財やサービスを提供するという社会的な役割を果たしている。他方，企業活動の基本的動機は利益追求である。利益は，売上からさまざまな企業活動によって発生した費用を差し引いた剰余であるから，企業は，より多くの売上を上げたり，費用をできるだけ削減したり，あるいはその両方で，利益を増やそうと努力している。

　いうまでもなく，企業は，この利益追求の実現と先の社会的な役割の実現とを両立させなければならない。しかし，中には利益追求を優先し，過度な売上の増加や行き過ぎた費用の削減などにより利益を上げようとする企業がしばしばみられる。たとえば，先にみたような食品偽装や建築偽装，虚偽広告や不当請求といった消費者に対するものだけではなく，さらには労働者に対してサービス残業を強いたり，あるいは買い手の優位を利用してサプライヤーに不当に安い価格で部品を納入させるなど，企業は不当な行動により利益を追求しようとすることがある。

　これらの行為が違法行為であれば法令上の問題として罰せられるであろう。しかし中には違法行為とまではいえないが，社会通念上問題となるような事例もみられる。加えて，企業が正当に経済活動を営んでいたとしても，事業所，遊園地，工場などの立地により地域住民に対する騒音，混雑，渋滞，環境汚染など迷惑をかけてしまい，企業活動そのものが社会問題となってしまうこともある。つまり経済活動としては正当であっても，社会の一員として許容できない問題を引き起こす場合もある。

　以上のように企業は利益追求というその目的ゆえに，あるいはその正当な活動に伴って，意図的にせよ意図的ではないにせよ，しばしば社会との間に軋轢を生み出すことがある。

■社会に配慮し貢献する企業

　私たちが成人となれば法的にだけではなく，さまざまな面で社会性を求められる。それと同様に，企業も法人として法令を遵守することは当然としたうえで，社会の一員としての役割を果たしていかなければならない。しかもそれは社会に対して有用な財やサービスを提供するという経済的な役割だけでは十分ではない。とくに企業は，その影響力が大きいだけに，経済活動を超えて社会に対してはより大きな責任が求められる。それは，**企業の社会的責任**（Corporate Social Responsibility：**CSR**）と呼ばれ，今日，企業の重要な役割として位置づけられている。つまり，たとえそれが直接的に利益を生み出さず，費用が増大したとしても，利益に結び付かない経済活動以外の社会におけるさまざまな課題に対して積極的に参加し，あるいは対処して，社会に貢献することが求められている。そして多くの企業では実際にきわめて多岐にわたる実践的な活動が行われており，それらは環境報告書，CSR 報告書，あるいは持続可能性（サステナビリティ（sustainability））報告書などといった報告書にまとめられ，公開されてきている。

　ここで経済活動以外の社会に対する企業の活動を例にまとめると，**図表 2-1**のように，環境，人権，地域社会といった活動に整理できる[1]。

　環境に関しては，気候変動抑制のための CO_2 削減や省エネルギー，資源の使用量の削減・再利用や循環活用および廃棄物の最小化，環境に悪影響を与える化学物質の継続的な削減・代替・中止，生物多様性の維持・回復の推進および生態系の保全，サプライチェーン全体での環境負荷低減などといった広範な活動が行われている。

　人権問題に対しては，国連や国際労働機関の定める国際規範や各国法令の遵守に加えて，人権の尊重へのコミットメント，人権侵害リスクの特定・予防・是正，社内ルールの整備・運用，被害者の救済などといった諸活動をグローバルに行い，かつサプライヤーに対しても啓発・推進・改善している。

　そして**地域社会**に関連しては，地域社会の一員として，企業や事業所単位だけでなく，従業員一人ひとりの地域社会における広くさまざまな課題に対するボランティア活動への積極的な参画・協力を促進したり，また社内施設の提供や社内

●図表 2-1　企業の社会に対する諸活動●

環境	気候変動	商品・サービスを通じた CO_2 削減，工場の CO_2 削減，省エネルギー，再生可能エネルギーの活用
	資源	循環型モノづくりの追求による資源の有効活用，土壌・地下水汚染防止，敷地外への汚染拡散防止，効率的水利用，省資源，軽量化・減量化，リユース部品点数，工場廃棄物量，長期使用性，再生資源使用量，電池の取り外し容易化構造，回収・再資源化，発泡プラスチックの使用量，排出物となる包装材料の質量，節水，投入資源の削減，再生樹脂の使用拡大，循環資源の活用，新規循環資源の開発，工場廃棄物リサイクル率の向上
	化学物質	化学物質の使用・排出の削減，塩化ビニル樹脂の使用削減，化学物質による人・環境への影響削減，化学物質管理ランク指針（製品・工場）の作成
	生物多様性	生物多様性保全に配慮した事業所の緑地化，持続可能な原材料の調達，生物多様性保全に貢献する商品・サービスの提供，生物多様性に関連するイニシアチブや業界団体等への参画，NGO/NPO との協働や支援による生物多様性保全
	サプライヤー	グリーン調達，環境各分野におけるサプライヤーと連携による環境負荷低減，環境 NPO/NGO との連携によるサプライヤーの CSR 取り組みの徹底
人権		強制労働の禁止，児童労働の禁止，若年労働者の保護，若年層への就業機会の提供と人材育成，子どもの権利を守る取り組み，差別の禁止，結社の自由，団体交渉権の尊重，適正な賃金・労働時間の管理，救済窓口の設置，人権・労働・安全衛生等の評価によるサプライヤーの選定，サプライヤーに対する第三者機関による監査，サプライヤーに対する啓蒙活動，人権侵害や紛争地域などの鉱物の不使用
地域社会		社員参画の促進（ボランティア目的の休暇休業制度），社会課題解決に取り組む NPO/NGO 団体への支援，ボランティア活動の紹介・機会提供，芸術・文化・スポーツの振興，社会福祉活動，地域への社内施設の提供，社内イベントの開放，大規模災害に対する支援活動，社会課題解決や社会的ニーズへの対応のための寄付・賛助活動，公益事業の運営支援

(出所) パナソニック ホールディングス株式会社（2022 年）[1] を参考に筆者作成。

イベントの開放，寄付，賛助活動など地域社会のニーズに対応したり，大規模災害発生時には速やかな支援活動などを行ったりしている。このような慈善目的の諸活動はフィランソロピー（philanthropy）ともいわれる。加えて企業は，美術，工芸，音楽などの芸術・文化，さらにはスポーツの諸分野に対して，その担い手

の育成・伝承や鑑賞の場を与えることでさまざまな支援を行っており，これらの活動はメセナ（mécénat）活動と呼ばれている。

　このような企業の社会的活動には，国内にとどまらず，海外も含めた事業所や工場が立地している自社とかかわりの強い地域社会への貢献活動はもちろんのこと，世界的な規模で環境問題，人権問題，貧困問題などに積極的に対応した活動を展開している企業もみられる。また自社内にとどまらず，サプライヤーを巻き込んだ取り組みも多く，さらに非営利団体（NPO）や非政府組織（NGO）といった企業以外の団体に対する支援や協働を通じて，社会貢献活動を行う場合もみられる。なおこれらの企業の社会活動については**第3章**や**第10章**に詳しいので，参照してもらいたい。

2.5　企業のステークホルダーとガバナンス

■企業をめぐる複雑な利害関係：ステークホルダー

　以上でみたように企業は多くの多様な主体との間でさまざまな関係を持ち，相互に影響を与え合いながら企業活動が営まれている。その際，企業は**図表2-2**のようなさまざまな利害関係者に取り巻かれている。ここで利害関係者は「**ステークホルダー（stakeholder）**」と呼ばれている。

　ステークホルダーというのは，もともとは賭金（stake）を預かり，管理する人を指し，それが転じて，経営学では，長期的視点で企業存続のための方針を策定するにあたって考慮しなければならない「その支持がなければ企業が存在し得なくなるようなグループ」を意味するようになった[2]。ここではこの図を参考にして，さまざまなステークホルダーが企業に対して有する利害とその間でしばしば生み出される利害の対立や矛盾について整理しておこう。

　まず出資者は，企業により良い業績を上げてもらうことで，より多くの利益の分配，つまりインカムゲインを獲得するか，あるいは株価上昇によるキャピタルゲインを期待するであろう。

　出資者から企業の経営を委託された経営者は，企業を良好に管理・運営し，業

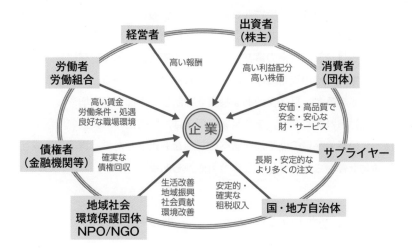

●図表 2-2　企業のステークホルダーと利害関係●

績を上げることで，より多くの報酬を企業に期待する。労働者や労働組合は，企業から与えられた仕事を確実にかつ効率的に遂行することで，より高い給料・賃金の支給，より良い処遇・待遇，労働条件，職場環境の整備を企業に期待している。

　消費者は，できるだけ高品質・高機能で，かつ安価な財やサービスを安全，安心に企業から提供されることを期待する。サプライヤーは，顧客である企業に対して高品質のより安価な材料や部品を納期に合わせて供給することで，できるだけ多くの，そして長期で安定的な注文を顧客企業から獲得することを期待する。

　企業に資金を貸し付ける債権者は，企業に対して安全・安心な経営を通じて，貸し付けた債権を確実に期日までに返済してもらうことを期待する。

　公共サービスを提供する国や地方自治体は，企業に業績を上げてもらうことで，その財源となる租税収入を安定的で確実により多く徴収することを期待する。そして地域社会や環境保護団体，関連する NPO/NGO などは，生活の改善，地域の振興，社会貢献，そして自然環境の改善を企業に期待する。

　以上のようなステークホルダーの企業へのさまざまな期待に対しては，企業の業績が上向き，成長が続いている限り，企業は応えることができるかもしれない。しかし現実には，すべての期待に応えて常に業績を上げ続けることは困難である

し，さまざまな期待に等分に応え続けることも困難であって，ステークホルダー間で何らかの利害対立の可能性が常に存在している。

　たとえば出資者は常に利益配分を増やし株価を上げるよう経営者に要求する。しかし経営者は企業の将来の事業を考えて，不確実性のある研究開発への投資を行えば，短期的には出資者の期待に応えられないこともある。また経営者が将来を不安視しすぎると，リスクのある投資を抑制して内部留保を増やし，利益配分や賃金を上げられなくなる。また業績の低迷は，利益配分，賃金の増額はもちろんのこと，価格や品質の面で消費者への対応を悪化させたり，環境や地域社会に対する活動を停滞させたりしてしまう可能性もある。

■企業は誰が動かしているのか：コーポレートガバナンス

　以上のように企業は，ステークホルダー同士の利害が絡み合う複雑な関係の中にあり，しかもその関係がしばしば対立を生む可能性がある。このような中で，企業は誰が動かし，またどこを向いて，どのように経営がなされているのだろうか。この問いは，経営学では，誰が企業を統治するのかというコーポレートガバナンス（corporate governance）として論じられている。

　誰が企業を統治するのかという点でいえば，所有者である出資者であり，直接的には，その運営を任された経営者である。それゆえコーポレートガバナンス論では出資者と経営者の二者を中心に論じられている。具体的には，出資者や経営者の権限の範囲，そして出資者の代理人としての経営者に対する監視と規律の仕組みなどが議論されてきている。

　株式会社でいえば，株主の意思決定機関である株主総会の権限や役割，株主から委託された経営陣（取締役）の規模やその出身，取締役の組織である取締役会の機能や権限，そして取締役を監視し規律づける監査の仕組みや取締役会との関係，その担い手である監査人の出身や役割など，さまざまな論点で議論がなされている。このような企業の出資者と経営者との関係は，それぞれ国ごとに異なった法制度が整備されており，日本についての仕組みや歩み，現状について，詳しくは**第14章**，**第15章**において説明される。

　ところで，以上のような仕組みを構築することで出資者はその利益を維持し，

拡大しようと意図している。株式会社であれば，株主利益あるいは株主価値の最大化などとも呼ばれている。

　しかしここで株主といっても，皆同じ動機で資金を出資しているわけではなく，多様であることがわかる。個人が資産として株に投資する場合もあれば，投資ファンドがその出資者たちのために短期間でキャピタルゲインを獲得することを目的に投資する場合もあるだろう。かつての日本の大企業であれば，他社からの買収を回避するために，企業同士がお互いの株に投資して持ち合いあうこともあった。一口に株主といっても多様な動機に基づいた株主が存在しており，必ずしもその意図は一枚岩ではない。株主は株主総会でその意思を経営者に伝え，経営者はそのような株主に相対し，これを一元化して経営に反映させ，経営していかなければならない。

　このようにみれば企業は，株主と経営者の動機によって動いているかのようにみえる。しかし上述のように企業とさまざまなステークホルダーとの間には複雑な利害関係が構築されており，このような関係のもとではじめて企業活動が可能となっていることを考慮すると，出資者と経営者以外の利害関係者をも考慮したガバナンスが必要であるという考え方がある。

　そもそも先のコーポレートガバナンスの制度において従業員代表を監査に加えている国もあるし，近年は，前述のように環境，人権，地域社会といった経済活動以外の社会活動への企業の参加が強く要請されてきている。とりわけ後者については，今日，ESG（Environment, Social, Governance）投資が注目され，環境や社会への企業の関与の程度を投資の際に重視するような出資者が現れてきており，企業の利益を直接左右する可能性もでてきている。

　このように企業を動かす力は，出資者と経営者の役割が大きいとはいえ，それ以外のステークホルダーを無視することはできず，ステークホルダーとの複雑な関係の中で，時には相矛盾する要望に直面しながら，企業活動のかじ取りが不可欠になってきていると考えられる。

第3章
企業の目的と社会的意義

3.1　企業活動の目的

■利益の最大化と継続的な成長

　企業は，何のために経営活動を行っているのだろうか。言い換えると，企業は
どうして，より良い設備や人材・技術を求め，より効率的かつ効果的な運営をし，
より良い商品・サービスを提供しようと絶え間ない努力を続けているのだろうか。
それは，「利益を創出し拡大することで，企業活動を継続させ，企業の成長につ
なげるため」といえる。つまり，企業努力を通じて，より収入を増やし費用を減
らすことにより利益を増やす。そして，その利益をまた投資に充てることで企業
の永続的な発展を目指しているのである。

　古典派経済学者でありノーベル経済学賞受賞者であるフリードマン（M.
Friedman）は，1970年に発表したエッセイの中で，「企業の唯一の社会的責
任は，利益を追求することである」と主張した[1]。そして，この主張は，経営者
の第一の義務は，①利益を最大化すること，②雇用を創出すること，③商品やサー
ビスを顧客が許容できる価格で提供すること，そして④投資家に利益を与えるこ
とである，という考えに基づいている[2]。

　1つ目の「利益最大化」は，収入を増やし費用を削減することである。企業は，
増えた分の利益をより多くの経営資源，すなわち人材，設備等に投資することで，
成長しながら継続して経営活動を行うことができる。つまり，企業の最大の目的
は，「利益最大化」を通じて自己保存し，商品・サービスを提供し続けることだ
といえる。次に，「雇用創出」とは，人々に仕事を提供することである。そして，

それに応じた報酬（給与）を与えることで，人々の生活の維持に貢献している。続いて，企業は，「顧客が許容できる価格で商品・サービスを提供」することで，人々の課題解決や，より豊かな生活に寄与している。最後に，当該企業の発展を信じて株等を購入した投資家に，株価の上昇や配当等を通じて利益を与えることも企業の義務とされている。

　このような考え方は，現在でも多くの人々にとって頷けるものであり，企業が経営活動を行う目的の基礎となっているといえよう。

■社会の中の企業

　企業が経営活動を行う目的は「利益の最大化と継続的な成長」であると述べたが，企業は社会の中に存在し，活動していることを忘れてはならない[3]。企業はさまざまな**ステークホルダー**と社会経済的なつながりを持ち，互いに影響を与え合いながら経営活動を行っている[4]。すなわち，企業はそれ単体で存在することはできず，投資家である株主に加え，従業員，顧客，地域住民，さらには政府やメディア，市民活動団体・NGO（Non-Governmental Organization：非政府組織）・NPO（Non-Profit Organization：民間非営利団体）といった主体と複雑に関係し，利害を共有しながら経営活動を行っているのだ[5]。（なお，NGOとNPOについては**第10章**で解説する。）

　そうであるにもかかわらず，企業と社会の対立については，例を挙げると枚挙に暇がない。日本においては，19世紀後半に表面化した足尾銅山鉱毒事件をはじめ，高度経済成長期のイタイイタイ病，水俣病，四日市ぜんそくといった**公害問題**，近年では東芝やオリンパスによる粉飾決算問題やトヨタによるブレーキ問題，雪印乳業による食中毒問題・牛肉産地偽装問題といった**不祥事**が記憶に新しい。また，米国でも，エンロンの不正会計などが問題となった。これらは，企業が自社の短期的な利益を追求するあまり，社会に与える負の影響を無視した結果であるといえる。

　しかし，近年，企業と関連を持つ外部要因，すなわち「**企業環境**」が大きく変化している。インターネットが普及し，社会経済的に**グローバリゼーション**が進む現在，企業は自社の社会的影響を意識せざるを得ない状況になっている[6]。欧

米を発端として世界的に企業の社会的影響を重視する潮流になっていることを背景とし，市民団体のみならず，従業員，顧客，投資家といった**コア・ステークホルダー**からの「社会的に悪影響を及ぼさず，良い影響を与える企業」であることへの圧力は，日々強くなっている。有害物質排出による環境汚染や，強制労働，商品の安全性無視など，社会に悪影響を与えた企業は，今や，すぐにその行動が内部告発やメディアなどにより露呈することになる。そして，SNSなどのネットワークを通じて多くの人々に拡散されることで，著しい企業イメージの悪化や従業員・顧客・投資家の離脱，最終的には倒産にまで追い込まれるといった制裁を受けることもある。

　一方，優秀な従業員を集めるため，また消費者からのボイコットを避け「ファン」を獲得するため，さらにはより多くの安定した投資を集めるためには，企業は社会に良い影響を与える存在でなくてはならなくなっている。すべてのステークホルダーの便益と社会の改善に寄与する経営を「**善き経営（グッド・ビジネス）**」と呼ぶ[7]。善き経営を行うため，企業は誠実かつ責任を持って事業を行うことが求められるようになった。

　こうした中，企業側でも社会的観点を経営に組み込む必要性が認識されはじめている。社会的活動を「コスト」ではなく「経営活動の中心」に位置づけている経営者も多い。また，これまでは主に建物や機械といった**有形資産**で測られていた企業価値が，人的資本やブランドイメージ，ステークホルダーとのつながりといった**無形資産**で再評価されるようになっていることも，その動きを後押しする要因になっている。

【コラム 3.1：企業の不祥事】
『雪印乳業による集団食中毒事件と雪印食品による牛肉産地偽装事件 [8]』
　雪印乳業（日本）は，1925 年に設立されたチーズ，バター，ヨーグルトなどの乳製品，市乳（牛乳，乳飲料），アイスクリーム，医薬品などの製造販売を行う会社で，2000 年 3 月末時点で売上約 1 兆 3000 億円（連結ベース），従業員数約 15,000 人の大企業であった。業績も比較的良好で，乳製品業界のリーディングカンパニーと認識されていた。しかし，2000 年 6 月，同社工場が製造した脱脂粉乳で集団食中毒が発生した。同社は事件直後の対応に手間取り，商品の回収や消費者への告知に時間を要したため，被害は 13,420 人に及んだ。また，その後，2002 年に国が BSE 対策のため国産牛肉を事業者から買い上げる施策を行っている中，子会社の雪印食品が，安価な輸入牛肉と国産牛肉とをすり替えて申請し，交付金を不正に受給した詐欺事件が発生した。その結果，2002 年 4 月末に，雪印食品は解散することとなった。事業分割等による再編後，乳食品事業は 2011 年に雪印メグミルク株式会社として再出発している。

3.2　企業の経営方針

■企業理念，経営理念と行動指針

　人は，日々それぞれの信念に従って判断し，行動している。企業も同じである。しかも，企業は複数人，大企業になると数百人，数万人という規模の従業員が働いているため，企業として 1 つの価値観を共有できなければ，その方向性はバラバラなものになってしまう。そこで，**経営方針**が必要になる。

　経営方針には，いくつかの段階がある。まず，**企業理念**である。理念とは，物事の根底にある考え方を指す。企業理念は，企業の方向性を示すうえで最も上位の理念であり，「企業の在り方・存在意義・存在価値」を表している。つまり，その企業が世の中に何のために存在しているかを示す「哲学」のようなものである。企業理念は，その企業が存在し続ける限り不変であるといった企業も多い。企業が最も大切にしている基本的な考え方ともいえ，多くの場合，創業者によって定められる。

　次に，**経営理念**である。経営理念とは，企業理念のもと，経営をどのように行

うかという「経営の基本的な考え方・価値観」を表すものである。経営者が最も大切にしている考え方であるともいえる。経営者によって時代のニーズや潮流に合わせて定められるため，時代の変化や経営者交代の際に変わることもある。

最後に**行動指針**である。行動指針とは，経営理念を実現するために従業員一人ひとりがどういった行動を行うべきかを具体的に示したものである。つまり，従業員が企業で働く際に取るべき行動や進むべき道を判断する際に用いる基準や価値観である。より法令やルールの遵守に重点をおいた**行動規範**（code of conduct：**コード・オブ・コンダクト**）を定めている企業もある。

同時に，「ミッション（mission）」，「ビジョン（vision）」，「バリュー（value）」という形で存在意義や価値観を明文化している企業も多い[9]。ミッションとは，組織の恒久的な存在意義や使命を簡潔に示したものである。すなわち，自社の目的は何か，自社は何のために存在しているのか，ということが記載される。「ミッション・ステートメント（mission statement）」という形で，企業・従業員が共有するミッションを，実際の行動指針や方針として提示する場合もある。なお，とくに社会に与える価値に焦点を当てた存在意義を「**パーパス**（purpose）」として，「ミッション」とは区別して呼ぶこともある[10,11]。

ビジョンは，将来的に企業が達成したい理想的な姿を述べたものである。自社がどのような課題を解決しようとしているのか，将来，その課題を解決したことでどのような姿になっているのか，ということを記述する。

バリューは，ミッション，ビジョンに基づいた企業の基本原則を記述したものであり，従業員の価値基準である。従業員は，自社のバリューに基づいて行動することで，企業が与えたい価値を顧客に提供することができる。

このように，企業は，企業の経営方針を明文化することで，企業にとって大事な価値観を組織に浸透させることができる。それにより，たとえ大規模な企業になったとしても，従業員が同じ方向を向いて，企業としてあるべき方向に進んでいくことが可能になる。

なお，本章で用いている「企業理念」，「経営理念」，「行動方針」または「ミッション」，「ビジョン」，「バリュー」という単語は，一般的ではあるが，各企業の歴史，文化，考え方により，その名称や位置づけが異なっていることに留意してほしい（図表 3-1，図表 3-2 参照）。

●図表 3-1　各社の経営方針体系●

〈楽天グループ〉

企業理念

Mission

Vision

Values and Principles

（出所）楽天グループ株式会社 HP
https://corp.rakuten.co.jp/about/
philosophy/
（2023 年 1 月 11 日閲覧）より筆者作成。

〈リクルート〉

基本理念

ビジョン
（目指す世界観）

ミッション
（果たす役割）

バリューズ
（大切にする価値観）

（出所）株式会社リクルート HP
https://www.recruit.co.jp/company/
philosophy/
（2023 年 1 月 11 日閲覧）より筆者作成。

〈クボタ〉

企業理念

スピリッツ
（私たちの精神・姿勢）

ブランドステートメント
（私たちの約束）

ミッション
（私たちの使命）

（出所）株式会社クボタ HP
https://www.kubota.co.jp/
corporate/identity/index.html
（2023 年 1 月 11 日閲覧）より筆者作成。

〈ヤマトホールディングス〉

グループ
企業理念

経営理念 | 企業姿勢 | 社員行動指針

（出所）ヤマトホールディングス株式会社 HP
https://www.yamato-hd.co.jp/company/
philosophy.html
（2023 年 1 月 11 日閲覧）より筆者作成。

●図表 3-2　各社の企業理念，ミッションステートメント●

〈花王の企業理念〉

> ## 花王ウェイ（企業理念）
>
> 使命：豊かな生活文化の実現
> ビジョン：消費者・顧客を最も知る企業に
> 基本となる価値観：よきモノづくり，絶えざる革新，正道を歩む
> 行動原則：共生視点，現場起点，個の尊重と力の結集，果敢に挑む

（出所）花王株式会社 HP　https://www.kao.com/jp/corporate/about/purpose/kaoway/
　　　　（2023 年 1 月 11 日閲覧）より筆者作成。

〈Amazon の 4 つの理念〉

> 理念：①　お客様を起点にすること，
> 　　　②　創造への情熱，
> 　　　③　優れた運営へのこだわり，
> 　　　④　長期的な発想
> 目指す姿：地球上で最もお客様を大切にする企業
> 　　　　　地球上で最高の雇用主
> 　　　　　地球上で最も安全な職場を提供すること

（出所）アマゾンジャパン合同会社 HP　https://www.aboutamazon.jp/about-us
　　　　（2023 年 1 月 11 日閲覧）より筆者作成。

〈ファーストリテイリンググループの企業理念のステートメント〉

> 服を変え，常識を変え，世界を変えていく

（出所）株式会社ファーストリテイリング HP　https://www.fastretailing.com/jp/about/frway/
　　　　（2023 年 1 月 11 日閲覧）より筆者作成。

〈トヨタ自動車の MISSION〉

> ## わたしたちは，幸せを量産する。
>
> だから，ひとの幸せについて深く考える。
> だから，より良いものをより安くつくる。
> だから，1 秒 1 円にこだわる。
> だから，くふうと努力を惜しまない。
> だから，常識と過去にとらわれない。
> だから，この仕事はかぎりなくひろがっていく。

（出所）トヨタ自動車 HP　https://global.toyota/jp/company/vision-and-philosophy/philosophy/
　　　　（2023 年 1 月 11 日閲覧）より筆者作成。

■経営目標と経営戦略

　では，設定された経営理念を具体的に経営活動へ反映するには，どうすればよいのだろうか。素晴らしい経営理念があっても，それを日々の業務にまで落とし込めなければ，「絵に描いた餅」になってしまう。そこで必要となってくるのが，**経営目標**と**経営戦略**である。

　経営目標とは，経営理念に具体的な数値や期限を定めたものである。つまり，自社のあるべき姿をどのように実現するのかを，半年から数年のスパンで具体的に示したものといえる。経営理念が常に追い求めるものであるのに対し，経営目標は達成することを目的としている。そのため，定量的目標，定性的目標ともに数値にして，その達成度が測れることが重要である。

　また，経営戦略とは，設定した経営目標を達成するための施策である。企業は，マクロ経済や消費者の趣向，ライバル企業，自然環境などの変化により不確実性が高い経営環境のもと，与えられた経営資源（人材，モノ，資金，時間）の制約の中で経営目標を達成しなくてはならない。よって，経営戦略は，経営層の理念と従業員の日々の業務をつなぐものであることに加え，十分な内外分析をもとに策定しなくてはならない。経営戦略に関する，より詳細かつ包括的な説明は，**第8章**でなされている。

■企業の理念と社会

　既述のとおり，企業が経営活動を行う従来の目的は「利益の最大化と継続的な成長」である。しかし，消費者，投資家を含む人々の価値観が変化している現在，ステークホルダーからの「社会的に責任のある経営」に対する期待と圧力に応えずして，企業価値の向上と持続的な経営は達成できない。

　では，ステークホルダーが期待する「社会的に責任のある経営」とは何か。それは，すなわち，企業経営のあり方を問い直し，社会・環境への配慮を経営プロセスに取り込むということである。そのためには，ただ一部の社員や役員が配慮しているというだけでは不十分であり，社会・環境的視点を経営理念や経営目標に取り入れ，全社的にその進捗をチェックする必要がある。具体的には，①経営

体制の構築，②サプライチェーンマネジメント，③ステークホルダーとの関係構築など経営活動全般において，社会・環境的視点を取り入れる必要がある。

しかし，社会・環境への配慮を経営プロセスに取り込むうえでの課題もある[12]。一つは，「形骸化」である。いくら，社会・環境への配慮を経営理念などに反映しても，それが日々の業務に反映されなければ無意味なものになってしまう。次に，「アカウンタビリティ（説明責任）」である。自社の社会的取組みに関し，投資家を含むステークホルダーにどのように説明・報告するのかが重要になってきている。従来，企業は有価証券報告書を通じて自社の経営・財務状況を投資家などに報告していた。しかし，その社会的側面が注目されるようになるにつれ，自社の社会的活動を非財務報告書や CSR 報告書という形で報告するようになり，近年は財務情報と非財務情報を統合した統合報告書を作成する企業が増えている。

3.3　企業の社会的責任とその発展

■企業の社会的責任とは

これまで，企業の目的や理念などと併せて，企業と社会とのかかわりについて述べてきた。近年，企業の社会的責任という言葉をよく耳にするが，何を意味しているのだろうか。

企業の社会的責任とは，英語の Corporate Social Responsibility（CSR）の訳であるが，その定義はその言葉を使用する人・機関により異なっており，また時間とともに変化している。なぜならば，企業が社会に求められる責任は，その国や地域の社会的な期待やビジネス慣行，そして価値観から大いに影響を受けるためである。

しかし，共通点もある。それは，企業が自らの経営行動によって社会に与える影響に関して負う責任であるということである。さらに，そのような責任感から，企業が，シェアホルダー（株主）以外のステークホルダーにも配慮して行う経営活動を指している。その対象範囲は広範であるが，「地域」，「ダイバーシティ」，「雇用関係」，「環境」，「人権」，「商品」，そして「コーポレートガバナンス」に大き

く分けられる。

■企業の社会的責任の成り立ちと発展

　では，企業の社会的責任という考え方はどのように生まれ，発展してきたのだろうか。CSR について本格的に議論されるようになったのは，1960 年代後半から 1970 年代の米国と考えられている[13]。当時，米国では，公民権運動やベトナム戦争への反戦意識に加えて消費者運動や環境保護活動などが活発化するなど，市民による社会への意識が高まっていた。そのような中，大企業の経営活動による社会的影響にも批判の目が向けられるようになった。一方，欧州では 19 世紀頃からすでに労働者などの人権保護という意識があり，国の法規制も整えられてきたが，「企業の社会的責任」という考えが本格化したのは，1980 年代から 1990 年代頃といわれている。その頃，持続可能，すなわちサステナブルな発展を求める議論の高まりに加え，移民問題や開発途上国における労働者の人権，そして環境問題に対する市民の意識が高まりをみせた。

　日本においても，企業の社会的責任という考え方は段階的に広がっていった[14]。日本で CSR が認知され始めたのは 1970 年代である。当時，日本において戦後の高度経済成長の負の部分が「公害」などといった形で露呈し始めた時期であった。そのような中，米国で発生した「企業の社会的責任」という考え方が輸入され，経団連，経済同友会が積極的に関連書籍やレポートを翻訳した。第二次 CSR ブームと呼ばれる 2000 年代は，欧米諸国を中心に持続可能な発展や企業の社会的責任を求める声が大きくなる中，欧米に進出した日本企業の社会的側面が批判に晒されるようになった。また，バブル崩壊後の株主構造の変化，すなわち外国人投資家の持ち株比率上昇や，従業員の人権意識の強まりなどにより，企業はより積極的に社会的視点を持つことが求められるようになった。こうした潮流に加え，次に述べる国際連合が発表した Sustainable Development Goals（SDGs）に賛同する企業が増え，近年，企業の社会的活動という概念が広く普及することになった。

3.4　近年の企業と社会を取り巻く動向

■SDGs と市民意識の変化

　前述のとおり近年，国内外において，企業の社会的責任に対する関心が高まっているが，こうした国内外の動きを後押しすることになったのが，国際連合が発表した Sustainable Development Goals（SDGs）である。和訳すると，「持続可能な開発目標」となる。SDGs は，2015 年 9 月に国連本部で開催された「持続可能な開発サミット」において，全会一致で採択された。それは，法的拘束力はないものの，「世界の諸問題を網羅的にとりあげた，人間，地球及び繁栄のための行動計画」とされ，すべての国が取り組むべき国際社会全体の普遍的な目標として，2030 年のあるべき姿に向けた道筋を示す「羅針盤」のような役割を持っている。

　SDGs の特徴は，その前身である Millennium Development Goals（MDGs）（ミレニアム開発目標）から，目標と実施主体が大幅に拡大していることにある。具体的には，目標数は 8 から 17 に増え，経済・環境・社会の 3 側面すべてに対応することで，より網羅的になっている。また実施主体も，先進国と開発途上国という枠組みがなくなり，すべての国のすべてのステークホルダーが参加するものとされた。特筆すべきは，そのステークホルダーの中には民間企業も含まれていることであり，これが国内外の企業の社会的活動をさらに後押しすることになった（図表 3-3 参照）。

　また，近年，企業活動における人権尊重への関心が高まり，国際連合を中心に議論と取り組みの具体化が進められている。2011 年に，国連人権理事会で，企業活動における人権尊重に対する国家の義務と企業の責任を再確認する「ビジネスと人権に関する指導原則」が合意された。さらに，その中で，企業が事業活動に伴う人権侵害リスクを把握し，予防や軽減措置を講じる「人権デュー・ディリジェンス」の実施も規定された。こうした動きを受け，日本政府も 2020 年 10 月に，日本企業が人権尊重の責任を果たすことを目指した『「ビジネスと人権」に関する行動計画』を策定している。

●図表 3-3　MDGs と SDGs ●

ミレニアム開発目標 （MDGs：Millennium Development Goals）	➡	持続可能な開発目標 （SDGs：Sustainable Development Goals）

ミレニアム開発目標
目標 1：極度の貧困と飢餓の撲滅
目標 2：初等教育の完全普及の達成
目標 3：ジェンダー平等推進と女性の地位向上
目標 4：乳幼児死亡率の削減
目標 5：妊産婦の健康の改善
目標 6：HIV ／エイズ，マラリア，その他の疾病の蔓延の防止
目標 7：環境の持続可能性確保
目標 8：開発のためのグローバルなパートナーシップの推進

持続可能な開発目標
目標 1：貧困をなくそう
目標 2：飢餓をゼロに
目標 3：すべての人に健康と福祉を
目標 4：質の高い教育をみんなに
目標 5：ジェンダー平等を実現しよう
目標 6：安全な水とトイレを世界中に
目標 7：エネルギーをみんなに そしてクリーンに
目標 8：働きがいも経済成長も
目標 9：産業と技術革新の基盤をつくろう
目標 10：人や国の不平等をなくそう
目標 11：住み続けられるまちづくりを
目標 12：つくる責任 つかう責任
目標 13：気候変動に具体的な対策を
目標 14：海の豊かさを守ろう
目標 15：陸の豊かさも守ろう
目標 16：平和と公正をすべての人に
目標 17：パートナーシップで目標を達成しよう

（出所）国際連合 HP（https://sdgs.un.org/）および外務省 HP（https://www.mofa.go.jp/mofaj/gaiko/oda/sdgs/index.html）を参照して筆者作成。

■消費者と投資家の社会的意識の高まり

　市民意識の高まりは，「市民」を構成する消費者と投資家の意識の高まりでもある [15]。

　まず，消費者からみてみよう。これまで消費者は，供給者，すなわち企業が企画・開発し，マーケティングを通じて提示された商品やサービスを受け入れる存在であった。つまり，企業側が消費者の嗜好を形成していた。

　しかし，近年，消費者が購買行動を通じた意思表示をすることで，企業側が経営活動や商品・サービスを変えるという流れができてきている。たとえば，児童労働や強制労働により生産された商品に対し，消費者が不買運動（ボイコット）をすることで，当該企業のサプライチェーンの見直しを促すといった例がある。

これまでは，そういった活動も一部の消費者に限られていたが，SNS が普及することで，そのインパクトは企業も無視できない規模になっている。一方，ある企業の理念や商品に共感し，継続的に同企業を支援・利用するロイヤル・カスタマーを獲得することは，持続的な経営を可能なものにする重要な要素である。

　次に，投資家はどうか。従来の財務面だけでなく，企業として社会的責任を果たしているかも考慮して投資対象を選ぶことを**社会的責任投資**（Social Responsible Investment：SRI）という。投資家による社会的な投資行動がみられ始めたのは，1920 年にまで遡る。当時の社会的責任投資は，「悪い」企業，すなわち，当時，人々に悪影響を及ぼすとされたアルコール，たばこ，武器，ポルノ，人種差別に関連した会社の「排除」という形であった。その方法を，ネガティブスクリーニングと呼ぶ。つまり，社会に悪影響を与える企業を投資対象から外すことで，いわば制裁のような意味を持っており，「良い」企業に対する関心は薄かった。社会的に良い影響を与える企業をあえて「選定」するようになったのは，1980 年代に入ってからである。近年，社会的責任投資というと，環境，社会，ガバナンスなどに優れている企業を選んで積極的に投資することを指す。これを，ポジティブスクリーニングと呼ぶ。

　では，「良い」企業であることをどのように判断するのか。その時に判断する観点としてよく用いられているのが，Environment（環境），Social（社会），Governance（企業統治），略して ESG であり，それらの観点から投資先を判断するのが ESG 投資である。近年，ESG の観点，あるいは社会的責任の観点から企業を評価しランキングを公表するサービスや，社会的評価の高い企業のみをポートフォリオに組み込んだ投資信託が多数存在しており，企業の社会的活動をさらに後押しする形になっている。

【コラム 3.2：消費者と投資家の意識変化】

『消費者によるボイコット（不買）運動』

　消費者が集団で，不支持や非難の意を示すために対象となる企業や商品の購入を拒否することをボイコット（不買）運動という。たとえば，スポーツ用品大手のナイキ（米国）は，東南アジアの工場で就労年齢以下の児童を低賃金で強制的に働かせていたことが 1997 年に発覚し，世界中でボイコット運動が起きた。結果，翌年以降の同社の売上は，試算を大幅に下回るものになった。

『社会的投資の増加と GPIF』

　近年，投資家が企業を財務面のみならず，社会環境面からも評価し投融資先を決定する社会的責任投資（Social Responsible Investment：SRI）が世界的に増加している。日本においても 2016 年から 2020 年の 5 年間でサステナブル投資資産が約 6 倍となっており，投資家の社会環境面への関心の高さがうかがえる（図表 3-4）。なお，日本の年金積立金運用機関であり，世界最大級の機関投資家である年金積立金管理運用法人（GPIF）が，2015 年，責任投資原則（Principles for Responsible In-vestment：PRI）＊に署名したことが，この傾向を後押ししたと考えられている。

＊ 2006 年 4 月に国連が発表した，責任投資を推進する世界的な組織。環境・社会・ガバナンス（ESG）要素が投資に与える影響を理解し，署名した機関投資家が，投資の決定にこれらの要素を組み込むことを支援している。2022 年時点で，署名した機関数は，世界で 4,902 機関にのぼる。

●図表 3-4　国別サステナブル投資資産の推移（十億米ドル）●

	2016年	2018年	2020年
■日　本	474	2,180	2,874
■オーストラリア	516	734	906
■カナダ	1,086	1,699	2,423
■米　国	8,723	11,995	17,081
□ヨーロッパ	12,040	14,075	12,017

（出所）Global Sustainable Investment Alliance (2021),Global Sustainable
Investment Review 2020（http://www.gsi-alliance.org/）より筆者作成。

■企業と従業員

　企業組織を形成する最も重要なステークホルダーである従業員の意識にも変化がおきている。かつての日本における企業と従業員の関係は,「年功序列型」,「終身雇用制」という言葉で代表されるように,企業は定年まで従業員を雇用し,従業員はその企業に忠誠を誓うという相互依存型であった。しかし,変化が激しく先行きが不透明な時代に入り,企業の終身雇用制が崩れる中,従業員も「働く意味」や「働き方」について模索するようになってきている。

　ラーニングエージェンシー(旧トーマツイノベーション)が2022年に実施した「新入社員意識調査」によると,近年の若手従業員は,仕事に求めることとして,「安定した生活」に加え「自己の向上」や「社会貢献」を重視する傾向が強まっているという[16]。つまり,企業は,より良い人材を獲得し維持するためには,若手従業員のこうした希望に応えなければならなくなっている。その一例として,「**従業員エンゲージメント**」という言葉が最近注目されている。従業員エンゲージメントとは,従業員の企業への信頼や自主的な貢献意欲を指し,企業と従業員の信頼関係の上に成り立つものとされている[17]。企業は,これまでの給料や福利厚生のみならず,キャリア向上の機会や公正な評価,会社のイメージ,社会貢献度,価値観の一貫性など,さまざまな要因によって従業員エンゲージメントを高める必要がでてきている。

■環境と企業

　持続可能性を意味する**サステナビリティ**(sustainability)という言葉は,従来はとくに環境面や財務面での持続可能性を指すときに用いられていた。しかし,近年は,企業が事業活動を通じて環境・社会・経済に与える影響を考慮しながら,長期的な企業戦略を立てていく取り組みという意味合いで使用されることが増えている。

　企業と社会の関係の中で,とくに環境に特化して取り組む動きも活発になっている。**カーボンニュートラル**とは,排出した二酸化炭素と同じ量を「吸収」または「除去」することで,差し引きゼロを目指す取り組みであり,脱炭素やネット

ゼロ，ゼロエミッションとも呼ばれる。カーボンニュートラルに向けた国際的な動きは，2015年に採択されたパリ協定から本格的に始まった。同協定では，すべての国が温室効果ガスの排出削減目標を5年毎に提出・更新することを義務づけた。こうした動きを受け，日本政府も2020年に「2050年までに，カーボンニュートラル，脱炭素の実現を目指す」ことを宣言，2021年には，それに向けた基本的な考え方やビジョン等を閣議決定し，国連へ提出した。多くの企業が，これに応じる形で2050年のカーボンニュートラル達成に向けた活動を行っている。

第Ⅱ部
企業の基本的な活動

第4章
企業における諸活動と
生産活動

4.1　さまざまな活動の連鎖としての企業

■企業における諸活動とバリューチェーン

　皆さんは就活をしようとするときにまず何を考えるだろうか。自分は何をやりたいのかとか，何ができるのかと考える人もいれば，どんな会社にするか，どんな業種にするかを決める人もいる。しかしどんな仕事をしたいのかについて，あまり考えられていないように思われる。それは企業の中でどんな仕事があるのかについて，あまり知らないからではないだろうか。この章ではまず企業のさまざまな仕事についてみておきたい。

　企業は，異なる仕事あるいは活動の集まりとしてみることができる。そしてこれらの諸活動は異なった人たちの仕事として分担されて実施されている。すなわち，企業の活動は分業によって成り立っている。これら各種の活動や仕事はもちろんばらばらになされるのではなく，お互いが鎖のように結び付けられ，連携し，協力して行われていなければならない。つまり企業活動は全体として統一された活動の連鎖として遂行される必要がある。

　今この考え方に基づいて，企業内の活動とそのつながりにどのようなものがあるのかを考えてみると，その企業が提供している財やサービス，業種によって違いがある。たとえば，自動車を製造するメーカー，いろいろな商品を販売するスーパー，料理を提供するレストラン，預貯金や資金を扱う銀行，ゲームアプリを開発する企業…などといった異なった財やサービスを提供していれば，その活動も異なるであろう。さらに同じ業種でも細かくみれば個々の企業によって仕事の仕

●図表4-1　バリューチェーン●

支援活動
| 全　般　的　管　理 |
| 法　規　対　策 |
| 情　報　管　理 |
| 財　務・会　計 |
| 人事・労務管理 |
| 技　術　開　発 |

主活動
| 購買 | オペレーション | 出荷 | マーケティング・販売 | アフターサービス |

マージン

(出所) ポーター (1985)[1] を参考に作成。

方が異なるであろう。このような企業活動やそのつながり方の違いは，企業の設立趣旨や歴史，また戦略，その実行の仕方などから形作られてきたものである。まさにこの違いが各企業の業績の違いや競争力の優劣につながっていると考えることができる。こうして企業は，このさまざまな活動・仕事のつながり方，連鎖を通じて，全体として売上を上げ，利益を生み出すことができているのである。

　このように企業をさまざまな活動の連鎖ととらえ，その内容やつながり方によって企業が利益を生み出し，その結果として企業の競争優位が決まるという観点から，企業の諸活動を分類，整理したのが，ポーター (M.E.Porter) である。ポーターはこの企業活動の連鎖を**バリューチェーン** (value chain：**価値連鎖**) と呼んだ。ここでバリュー（価値）というのは，企業が提供するものに買い手が進んで支払ってくれる金額であり，企業の総収入額で測られる。ポーターは，企業の諸活動とそれらの連鎖がこうした価値を生み出すと考えた。ここではこのポーターのバリューチェーンの概念を参考にしつつ，変更を加えて，以下，企業の諸活動の内容について整理しておこう[1]。

　ポーターは，各業界や各企業によって異なるさまざまな諸活動について，その共通性をとらえたうえで，**図表4-1**のように，これをいくつかの活動に分けて整理した。ここでバリューチェーンというのは，先に述べたように価値を作り出

すさまざまな活動の連鎖を表しており，これらの活動から生み出された価値の合計と，その活動によって費やされたコストの合計との差が**マージン**として示されている。そしてポーターはこの価値を生み出す活動の種類を，その企業が価値を生み出すにあたって主要な業務となっている諸活動から構成された「**主活動**」（図の下部分）と，主活動の一つひとつ，あるいはバリューチェーン全体を支援することで価値の創出に貢献する「**支援活動**」（図の上部分）の２つに大別している。次にこの主活動と支援活動の２つについてそれぞれ説明しよう。

■企業の主活動

主活動は，当該企業が価値を生み出すのに不可欠な主たる活動で，**図表4-1**のように，購買，オペレーション，出荷，マーケティング・販売，アフターサービスの５つの活動に分けられる。

いま，製造企業を念頭にこれらの活動を整理すると，「**購買**」というのは，買い入れた材料や部品などの資材や，作りかけの中間製品や仕掛品を倉庫に入庫，保管して管理する活動である。

次の「**オペレーション**」は製造業でいえば生産活動である。これは購買によって搬入・保管された材料や部品を加工したり組み立てたりして最終製品に転換する活動である。そのほかにも品質や機能の検査，完成品の包装，機械や設備の保守・整備，工場施設そのものの運営などが含まれる。

また「**出荷**」は，顧客から注文を受け，それに従って完成した製品を顧客に発送する活動である。顧客の注文にしたがって必要な完成品を検品のうえ適切な分量を倉庫などに梱包して入庫・保管し，その後，出荷日に出庫して，配送業者あるいは自社で配送を行う活動である。

「**マーケティング・販売**」についてみると，まず「**販売**」は，文字通り，顧客に対して製品を販売する活動であり，「営業」とも呼ばれる。購入してくれそうな顧客や既存の顧客に対して連絡をしたり，直接店舗を回ったりして，顧客の要望を聞き，自社製品の説明をするなどして，契約を結んで売りわたす活動が販売である。

「**マーケティング**」は，販売活動を支援する活動で，自社製品の市場の調査，目標とする顧客の特定，価格の設定，販売方法の決定，広告や宣伝といった一連

の活動を通じて，購買意欲を高め継続的に販売を促進していく。

　最後の「アフターサービス」とは，すでに販売した製品の価値を高めたり維持することで顧客との関係を良好に維持する活動である。製品の取付・設置・組立，製品に関する問い合わせへの回答やクレーム処理，保証などに応じた返品や交換，修理，部品・消耗品の交換・補充などもアフターサービスに含まれる。

　以上のようなこれら5つの主活動は，サービス業など製造業ではない業界であっても，それぞれ重要性や比重に多かれ少なかれ違いがあったとしても，共通してみられる活動である。

　たとえば流通業者にとっては，購買や出荷が最も重要な活動であり，小売企業であれば自らの店舗に顧客が来店するので，出荷はほとんど必要ないが，店舗における接客といったオペレーションや商品の陳列などの販売・マーケティングが重要となる。またレストランでは，料理を作るオペレーションに加えて，来店客に対する給仕などの接客といったサービスの両方が重要となる。

■企業の支援活動

　支援活動は，それぞれの主活動やその相互のつながり，そしてバリューチェーン全体を支援することで，企業の価値創出に貢献している活動であり，人事・労務管理，技術開発，財務・会計，情報管理，法規対策，全般的管理などがある。次にこれらの支援活動について図表4-1に則して説明していこう。

　「技術開発」とは，企業のあらゆる活動に含まれている技術に対して，これを開発したり，改善したりして支援する活動である。ここで技術とは，製品を開発したり，生産する活動だけでなく，物の移動，文書作成，情報伝達といった企業活動のどこにでもみられるような活動において必要となるノウハウや手順，またその際に活用される用具や道具，機械などにも含まれている。

　たとえば生産活動についてみれば，設計技術や生産技術の開発には基礎研究や応用研究といった活動が必要となり，これらは製造企業の主たる技術開発活動である。そのほかにも部品・材料や完成品の倉庫の搬送技術，営業が商談で顧客にアクセスするためのコミュニケーション技術，マーケティングにおける市場調査の技術，事務作業や社内コミュニケーションのための情報処理技術など，技術開

55

発はさまざまな企業活動に対応して活用され，多岐にわたる技術に対して支援を行う活動である。

　次に「**人事・労務管理**」は，企業のさまざまな活動を担う人材に関連する活動である。具体的には，すべての企業活動において必要となる人材の募集・採用，企業活動に対応したスキルや能力の習得・向上のための訓練や教育といった活動が含まれる。また人材の能力やスキルを評価することで，適切な部署への配置・異動，賃金や給与などの報酬の決定，能力・実績に応じた昇進や昇格，待遇の改善など，人材の勤労意欲を引き出しながら，企業全体の活動をより円滑化する活動もまた人事・労務管理の活動である。

　これに加え，就業規則履行のチェック，従業員の福利厚生や安全衛生環境の整備，健康診断の実施，さらには労働者個人や労働組合との間で労働条件や労働協約に関連した交渉の段取りやとりまとめなど，従業員の労働環境を整備し，円滑な労使間の交渉を支援する活動も人事・労務管理の活動に含まれる。

　「**財務・会計**」は，企業のあらゆる活動に不可欠な金銭に関連した活動である。とくに「財務」は資金をどこから調達するのか，そしてそれをどのような活動にどれくらい使用するのかといった資金の調達と運用を計画し，統制する活動である。また「会計」は企業活動に活用される資金の流れを記録することに加えて，その記録を出資者や債権者といった投資家に向けて公開したり，企業内のさまざまな活動を評価し統制するための指標として活用することも含まれる。

　こうして財務・会計という活動は，企業のバリューチェーン全体に流れる資金に関連し，あらゆる企業の活動とその管理にとって重要な活動であると位置づけられる。

　「**情報管理**」もまた，バリューチェーンにおけるあらゆる企業活動，さらに顧客や取引先などとの間で不可欠な情報を取り扱うことで企業活動を支援している。

　情報管理の仕事の一つは，社内外においてやり取りされる情報を収集，処理，伝達，蓄積，廃棄する活動であり，これらの情報を企業のさまざまな部署の構成員が活用できるよう，適切な情報ツールやシステムを構築し，配置・配布することである。このような活動を通して情報管理は企業全体，各部署，各従業員に適切な意思決定と行動を促し，企業活動全体を支援しているのである。

　「**法規対策**」は企業全体に対して法律に関連するさまざまなサービスを提供し

●図表 4-2　PDCA サイクル●

て支援する活動である。社内，社外において活動している企業は絶えず法的問題が発生する可能性に直面している。法規対策はこれらの法的問題に関連して，必要に応じて各部署の法律相談に応じ，適切な提案を行うことで企業活動を支援している。

　法規対策としては，たとえば，顧客との関係でいえば，消費者契約法や製造物責任法などの消費者を保護するための法規制への対応，企業との取引においては契約書の審査や作成，特許権・商標権・著作権といった知的財産権や環境関連法規への対応などが挙げられる。社内に関しては，企業の法令遵守のための適正なルールや組織を整備し，社内研修や教育を行ったり，また労務問題に関連した社内規程の整備や労働基準監督署への対応などを行うことも法規対策の重要な活動である。

　最後に「全般的管理」というのは企業全体の方向を決めていくような活動であり，このような活動には経営戦略のような中長期的な計画の策定が挙げられる。

　企業のさまざまな活動は，ばらばらではなく整合性と一定の秩序をもって方向づけられていなければならない。その意味では，企業活動を方向づける活動として管理という活動がある。管理活動は，計画（Plan）→実行（Do）→監視（Check）→統制（Action）といった一連の活動の循環するプロセスとしてしばしばとらえられ，これは管理サイクル（PDCA サイクル）と呼ばれている（図表 4-2）。

この管理活動は，企業内部の個々の活動一つひとつの局面に対応した活動であるのに対して，経営戦略は企業の外部をも考慮に入れ，中長期的な観点から企業活動全体を方向づけるような活動である。ここで企業の外部というのは，企業自らのコントロールが及ばない領域であり，「**企業環境**」とも呼ばれる。具体的には，顧客や市場の動向，競合企業，景気動向のような経済状況，新しい技術の動向，政治や社会の状況，国家間の法規制や文化的な違い，自然環境などであり，企業はこれらの企業環境から大きな影響を受ける存在である。

それゆえ企業は日々の管理活動とは離れ，これら諸要因を分析し，中長期的な視点から企業の活動を方向づけるための計画を立案し，場合によっては企業の諸活動を改変して新しい企業環境に適応していく必要がある。全般的管理である経営戦略とは，中長期的な観点から，企業環境への対応を通じて企業活動を支援する活動である。

以上において，バリューチェーンの考え方を参考にして，企業をさまざまな活動のつながりとしてとらえ，その主な活動について簡単に説明してきた。本書の**第Ⅱ部**と**第Ⅲ部**の各章では，このような諸活動についてそれぞれ述べていくことになるが，本章では残りの節で，製造業にとって中核となる**生産活動**について，説明していくこととする。

4.2　生産と分業

■生産とはどんな活動か？

企業の生産活動について説明する前に，**生産**とは何かについて少し述べておこう。生産とは，人間が自然に対して主体的に働きかけることによって，自然を改変し，自分たちに有用なもの，すなわち富を生み出す活動で，ほかの動物にはみられない人間独自の活動の一つであり，この生産活動を通じて，私たちの生活が支えられている。

この生産は自然の変換プロセスである生産過程としてとらえられる。これを人間が主体的に働きかけるプロセスとみれば，労働過程としてとらえることができ

る。労働過程では人間の活動つまり「**労働**」が介在している。また労働の働きかけとともに改変・消費されて，有用物に変換される自然物や人工物のことを「**労働対象**」と呼ぶ。そしてこのような労働の働きを労働対象に伝えて，意図した所定の変化を起こさせるのが道具や機械のような「**労働手段**」と呼ばれる。いかなる労働過程にあっても，このような労働，労働対象，労働手段という3要素が存在している。

またこのような生産活動は，孤立した活動ではなく，社会の多くの人々による直接，間接の協力によってはじめて実現しており，したがって，生産は常に社会的な生産であり，またそれによって社会も存続し，発展してきた。すなわち，私たちの身の回りにあるモノをみわたしてみると，それらのほとんどはもともといろいろな自然から抽出され，多くの企業や工場で働く人々やさまざまな機械などによる加工・組立を経て，私たちに届けられ，これらを消費することで，私たちの生活が成り立っているのである。

■生産活動と分業

このような生産活動は，**分業**によって遂行されている。たとえば，自動車工場をみると[2]，それは車体工場，組立工場，成型工場，機械工場，鋳造工場，鍛造工場といった工場の集まりである（**図表 4-3**）。その中でも主要な生産工程となっているのが，車体工場にあるプレスと車体組立（溶接），および組立工場にある塗装，部品組付，最終検査といった各工程である。

プレス工程は，コイル状になった鋼板に機械で強い圧力をかけて，ボンネット，ドア，側面部，天井，リア，フロア部といった車のボディーの各部を形成する工程である。その後，ボディー各部をロボットなどの溶接機で溶接し，車体を組み立てるのが車体組立工程である。組み立てられた車体は塗装工程で塗装された後，部品組付工程で車体の内部に多数の組付部品を取り付けていく。部品がすべて組み付けられると走行状態，ブレーキの効き具合，ライトの点灯，排ガス，雨漏りなどの最終検査が行われ，これに合格すると完成車として出荷される。

自動車は1台当たり約3～5万個の部品から構成されているといわれるが，もちろんこれらすべての部品を自動車工場で生産しているわけではない。自動車

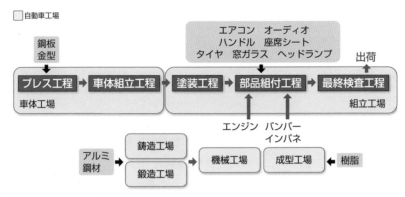

●図表 4-3　自動車生産のサプライチェーン●

（出所）青木幹晴（2015）[2] を参考に作成。

工場では，機械工場，鋳造工場，鍛造工場でエンジンなどの主要な部品が，また成型工場でバンパーやインパネといった大型のプラスチック部品が内製されている場合が多い。他方，プレス工程に投入されている鋼板やエンジンに利用されるアルミのインゴット，プラスチック部品の原料となる樹脂をはじめ，エアコンやオーディオなどの内装品，さらにはタイヤ，座席シート，窓ガラス，ヘッドランプ，ハンドルなど多種多様な多くの部品は外部の**サプライヤー**から調達されている。

　このような自動車工場の例をみてもわかるように，生産活動は自社内のみならず，多数のサプライヤー間の分業によって成り立っており，これらのサプライヤーの連鎖によって完成品が生産され，私たち消費者の手元に届けられている。**第2章**で述べたようにこのような多数の企業の生産活動のつながりによって遂行される生産の連鎖を**サプライチェーン**という。

4.3　企業と生産管理活動

■企業における生産活動と管理の特徴

　生産活動は，しばしば技術的なプロセスとしてみられがちである。前節で生産活動は社会的であると述べたが，そこには生産活動がその時代の社会のあり方によって影響を受けるという意味も含まれている。

　確かに今日の工場では，コンピュータ化や AI の導入，高速通信などによる生産の自動化や効率化が進んでおり，技術のあり方やその発展方向が生産活動を決めていくかのようにみえる。しかしどのような技術が導入されて普及し，どのように発展していくのか，またその技術がどのように利用されるのか，というのは決して技術によって一意的に決定されるものではなく，技術を開発し，またそれらを受容する社会のあり方によって決まってくる。それゆえ生産活動をみていくためにはそれを受け入れる社会のあり方について考察することが必要となる。ここでは，企業が中心となって生産活動を行う社会，資本主義社会における生産活動とその管理の特徴について概観しておこう。

　さて前述のように生産は自然を変換し，私たちにとって有用な富を生み出す人間独自の活動であり，生み出された生産物が消費されることで私たちの生活を支えている。生産活動の目的は，生産された生産物を最終的に消費することが目的である。これに対して，企業が生産活動を担っている資本主義社会においては，企業は自らの生産物を消費するために生産しているのではなく，ほかの人が消費する生産物，つまり商品を生産しているのであり，この商品を市場において交換・販売し，それにより利益を獲得することを目的として生産をしているのである。このような利益追求を目的とした商品生産としての生産活動は企業における生産活動の特徴である。

　企業がより多くの利益を追求しようとすれば，獲得した利益をできるだけさらに生産活動へと投資するだろう。こうしてこの活動を継続すれば，企業は一般的には生産規模を拡大していく傾向がある。企業を立ち上げたばかりのときには生産の規模が小さくても，その規模の拡大とともに，たくさんの機械や材料・部品

を購入し，多くの労働者を雇い入れるようになり，それが次第に一か所に空間的に集積し，これをまとめて運営する工場が形成される。こうして，工場ではより多くの利益を獲得するために，機械や材料，労働者を計画に基づいて統制することで生産を効率化することが追及されるようになり，これが企業における生産管理の特徴となっていった。

このように工場においては計画的に生産活動を遂行することができる一方で，商品は市場で確実に販売されるとは限らない。つまり企業における生産活動は絶えず市場における**不確実性**にさらされている。しかもこの不確実性は企業間の競争によってさらに加速される。その結果，企業が生産する商品の量や質は絶えず変動せざるを得なくなるだろう。

こうして企業における生産活動は，企業内における計画性と市場における不確実性によって特徴づけられ，企業の成長のためには絶えず変化する企業環境にうまく対応するように生産とその管理の仕組みを構築していくことが要請される。それゆえ企業は，一方では，日々の計画化された効率的な生産活動を継続しながらも，他方では，中長期的にみて，製品や生産技術の改良，工場レイアウトの変更をはじめ，新工場立地と建設，海外への工場進出，さらには新製品開発や新事業分野の開拓など，生産活動やその仕組みを変化，発展させていくことが必要になる。

■生産管理の前提と生産計画 [3]

ここでは企業における日々遂行される**生産管理活動**について具体的に説明することにしよう。ただその前に，そのような生産管理活動を遂行するにあたって，前提が必要である。実際の生産活動に入る前に，どこで何をどのくらい生産し，それをどこで販売するのかという中長期的な全社的方針が決められており，そのような方針に基づいて日常的な生産活動が遂行されているのである。とくに営業部門やマーケティング部門によって行われる需要予測や市場調査に基づいて**販売予測**や**販売計画**が決められ，生産活動はそのような方針のもとで遂行されるのである。

また生産される製品を定義する情報（製品仕様，構成部品，部品仕様など）と

その製造方法に関する製造工程情報（使用される機械・設備・工具，操作・作業方法，生産手順など）が事前に決まっていることが必要である。このような情報は生産技術部や設計部門などで事前に設定され，**基準情報**と呼ばれる。このような販売計画と基準情報に基づいて日常的な生産管理活動が行われる。この生産管理を先に述べた管理サイクルから分類すると，計画を立案する**生産計画**と，それに基づいて実際の生産活動の進捗状況を監視し，必要に応じて統制する**生産統制**とに大別できる。そこでまず生産計画から説明していこう。

1. 日程計画

　販売計画と基準情報に基づいて策定される生産計画として，**日程計画**がある。日程計画は生産品目，生産数量，納期に関する計画で，計画期間によって長期，中期，短期と３段階に分けて策定される。生産開始予定日の半年～１年前に策定される生産計画は**大日程計画**と呼ばれ，週や月単位での品目，数量，納期といった情報が示され，１～３か月ごとに策定される大まかな生産計画である。生産開始の１～３か月前に策定されるのは**中日程計画**と呼ばれ，日～週あるいは旬単位の情報が提示された計画で，週～月ごとに策定される，より詳しい計画である。そして最も詳細な計画が，生産開始の１～10日前に策定される**小日程計画**で，時間～日ごとに計画が毎日～週あるいは旬単位で策定される。

　このように日程計画は，生産開始日が近づくと，より正確な需要や販売情報が入手できるようになり，計画精度が高まるため，計画内容が次第に詳細化される。また計画の内容も，生産開始までの期間が長ければ変更可能であるが，その期間が近くなれば，変更ができず，確定される。このように段階的に生産計画を策定し，また変更するのは，生産開始時点にできるだけ近いより正確な情報に基づいた計画で生産活動を遂行しようとすることで企業における販売の不確実性に対応しているのである。

2. 手順計画と負荷計画

　また，各段階の日程計画が策定されるのに対応して，さまざまな生産開始までの準備が行われる。たとえば大日程計画に基づいて，生産設備や要員，入手困難な部品などの手配といった時間のかかる生産準備が行われ，中日程計画が策定されると，原材料や部品のサプライヤーに生産開始時までに納品できるよう部品を発注する。そして生産開始直前になれば小日程計画を策定するためには，実際に

生産活動を実施していくためのより詳しい作業予定を立てる必要がある。それが小日程計画とともに策定される**手順計画**と**負荷計画**というより詳細な計画である。

ここで手順計画とは，注文された製品ごとの作業の方法とその工程を考慮して作業工程の順序を決め，その工程ごとに作業内容と作業時間を設定する計画である。また負荷計画は，各工程の作業者や機器に作業を割り当て，その工程に与えられた作業量（負荷）と生産能力（能力）とを調整して，可能な限り生産がよどみなく進行するように策定された計画である。そして小日程計画では，注文ごとに各工程の着手と完了の日時が決められ，機械や作業者ごとに割り付けられた作業の優先順位や作業時刻が設定される。

3. 納期・品質・コスト

これらの3つの生産計画は，中日程計画によって設定された品目・仕様，生産数量，納期に基づいて，それぞれ並行して，相互に調整しながら策定されていく。また，これらの計画を作成するにあたっては，納期の遵守に加えて，指定された品質の確保，コスト削減の実現が目標となる。とくにコストについては，できるだけ作業の無駄，手待ち，滞留をなくし，設備や作業者の遊び時間を少なくすることで，生産期間の短縮と生産の安定的進行を実現できるように計画を立案，策定することを通じてコスト削減が目指されている。

■生産統制

策定された生産計画に基づいて生産活動が実行に移されるが，この生産活動を円滑に遂行するための業務が**生産統制**である。生産統制においては，生産活動の状況を監視することで生産計画と生産実績との差異を把握し，その原因を明らかにしたうえで，生産計画に合致するよう必要な対応を実施することである。

このような生産統制は，その実施順序に従って，製作手配，作業分配，作業統制，事後処理の4つに分けられる。

1. 製作手配と作業分配

製作手配は，品種，数量，納期などの生産計画とともに，生産に必要な製品の図面や生産の手順書などの情報，個々の作業の実施要領などを製造部門に伝達することで，それぞれの部門での生産およびその統制のため準備を促すことである。

つぎの**作業分配**においては，作業者や機械に作業を割り当てることである。その際，まず作業準備として，製作手配に基づいて，各作業者がすぐに作業ができるように必要な材料・部品，工具，作業指示書，図面などを準備しておく。また各作業についてその担当者と利用する機械と作業の順序を決めて作業割当を行う。また作業者に対しては，その仕事の内容，作業方法，作業条件などを具体的に指示する作業指導を行う。

2. 作業統制

作業統制は生産統制の中心となる活動であり，作業の実際の状況を把握しながら，計画にしたがって適切に生産活動を規制する活動である。ここではまず作業の実績に基づいて，生産計画との差異を比較し，差異があればその内容や程度を把握したうえで，その原因を明らかにし，差異を計画に沿って修正したり，再発防止の対策を実施したりする。

このような作業統制は，何を管理するかによって，進度管理，余力管理，現品管理の3種類の管理に分けられる。生産統制の中で最も重要な活動であるといわれるのが**進度管理**であり，これは進捗管理，納期管理，日程管理などとも呼ばれている。進度管理では，日程計画にしたがって作業が進行しているかどうかを時間的な面から把握し，進度に遅速があればこれを修正し，納期の確保と処理中の在庫（仕掛品）の削減が目指される。**余力管理**とは，生産能力（能力）と作業量（負荷）との差である余力をゼロに近づけることである。ここでは作業量と生産能力とを絶えず把握しておき，余力に過不足が生じた場合には，小日程計画を変更するなどして，改めて作業分配を行うことで余力を吸収する。そして**現品管理**とは，材料や部品，仕掛品，完成品といった現品の数量と所在を常に把握し，それらを計画にしたがって適切なタイミングで適切な場所に運搬・移動したり保管することである。

3. 事後処理

そして最後の**事後処理**では個々の作業が完了したあとは，作業の後片付け，不良品の処理，生産実績の記録が行われる。

4.4　生産活動の変化と 21 世紀の生産

■ 20 世紀における日本企業の生産活動のグローバル化

　前節では，主に短期的な視点から企業の日常的な生産活動や生産管理活動について説明してきた。しかし中長期的には企業間の競争のあり方や製品や製造に関する技術など，企業環境の変容などによって生産活動は変化をこうむる。この節では長期的な視点から，とくに生産活動のグローバルな展開を中心に，その変化と今日の特徴を明らかにしたい。その際，まずは 1980 ～ 90 年代頃の国際競争力があった日本企業のエレクトロニクス機器産業を念頭に，生産活動のグローバル化について概観する [4]。

　日本企業の生産活動が海外で行われるようになっていくのは，1970 年代に入って，日本企業の欧米への輸出の増加により貿易摩擦が激化したこと，そして固定相場制から変動相場制への移行により円高が進行したことを背景としている。1980 年代に入っても貿易摩擦は沈静化せず，また 85 年 9 月のいわゆるプラザ合意によって，円高がさらに加速したため，アジアに加えて，欧米への生産活動の一層のグローバル化が進展していった。

　欧米における現地での生産活動は，貿易摩擦による輸出減少を補完して，日本からの輸出を代替するために，日本から部品などを輸出して現地で組み立てたうえで，現地や域内で販売するという現地市場確保を目的としていた。これに対してアジアへの進出は，現地市場に加えて，日本から部品などを調達して，進出先で完成品として組み立て，これを第三国，とくに欧米へと輸出するものであった。

　貿易摩擦と円高，さらに国内賃金の上昇に苦しんでいた日本企業は，アジア諸国における低廉な労働力に加えて，輸出によって工業化を進めるために積極的に外資を導入しようとしていたアジア諸国の輸出志向工業化政策に対応して，アジアでの生産を進めていった。とくに輸出競争力が減退したエレクトロニクス機器産業をはじめとする労働集約部門は積極的にこれらの地域に工場を進出させ，アジア諸国の安価な労働力を活用して生産活動を行い，そこから欧米への輸出を加速させていくこととなった。こうして日本企業は日本からの部品の輸出→アジア

での生産→欧米への輸出といったグローバルなサプライチェーンを構築していった。

　アジア諸国への海外進出については，1980年代前半は韓国，台湾，香港などのアジアNIEs（Newly Industrialized Economies：新興工業地域），80年代後半以降には，より低廉な賃金と輸出志向工業化政策を採用したタイ，マレーシア，フィリピンなどの東南アジア諸国へと投資先がシフトするようになった。アジア諸国は，日本企業をはじめ，外国企業の進出によって，工業化が進展し経済成長を実現したことで，自らが販売市場となる一方，現地企業も含めて生産拠点としての能力が向上していった。

　このようなアジア地域の生産拠点としてのプレゼンスの向上は，日本企業のグローバルなサプライチェーンを変容させていった。すなわち日本からの調達に依存していた海外の生産拠点は，次第に現地調達やアジア域内からの調達に切り替える一方，販売先として欧米だけではなく，ほかのアジア地域の比重が増し，日本もこうしたアジアからの逆輸入に依存するようになっていった。この傾向は，1990年代に入り，バブル崩壊以降，日本経済が長期低迷に陥る中でも円高傾向が継続し，また中国やベトナムといった社会主義国が新たな投資先として登場する中で，進展していった。

　その結果，日本企業は海外生産を一層加速させ，**空洞化**といわれるほどの生産機能の海外移転が進行していった。そして日本国内では，比較的多品種少量生産の高機能・高付加価値製品の生産活動に特化する一方，アジア諸国に立地した多くの生産拠点のネットワークを中心にグローバルなサプライチェーンを構築し，そこから日本も含めて多くの製品が輸出されるようになっていった。

■21世紀型グローバル生産活動への展開

　以上のように，日本企業は自社ブランドの製品を海外の自社工場で生産し，現地，第三国，日本へと販売するというグローバルなサプライチェーンを構築してきた。

　このような自社工場によるグローバル化は，ほかの国の製造企業でも一般にみられてきた。しかし1990年代頃より，そのような生産活動のグローバル化に

大きな変化がみられるようになっていった。すなわち，製造企業が自社工場を売却したり，閉鎖したりして，その中心的な活動であった自社ブランド製品の生産活動から撤退し，自社製品を外部企業から調達する**アウトソーシング**に切り替えるようになってきたのである。

そしてこの時期，とくに米国における IT 機器メーカーの多くが自社ブランド製品の生産機能を切り離し，これを EMS（Electronics Manufacturing Service）とよばれる受託製造企業に委託するようになった。

1. アップルの例

ここでは 21 世紀における成長企業の模範例ともいえる GAFA の一角であるアップルを具体的にとりあげ，その生産活動のグローバルな展開とその転換，そして現在の特徴について明らかにしていきたい[5,6]。

アップルは 1976 年，米国カリフォルニア州シリコンバレーにベンチャー企業として設立されたパソコンメーカーである。70 年代，80 年代を通じて安定的に成長し，90 年代のはじめ頃にはパソコン業界において世界第 2 位のシェアを持つ企業となっていた。この間，すでに 80 年にアイルランド，翌 81 年にはシンガポールにそれぞれ海外生産拠点を設置しており，90 年までには，国内 1 工場，海外 2 工場を中心に自社製品を大量生産していた。

しかし 90 年代に入ると，アップルの利益は悪化するようになり，ついに 96 年初頭に大幅な売上の減少と赤字を計上し，以後，長期にわたって業績が低迷することとなった。95 年末の時点でアップルは，国内 2 工場，海外 2 工場でパソコンを生産していたが，業績悪化をくい止めるため，96 年に国内にあった 1 工場を SCI システムズという米国の EMS に売却し，この企業からアップル製品を調達することにした。その後も残る工場の閉鎖・売却により，2000 年代半ばまでには，アイルランド工場を除いて，製造機能のほとんどを米国や台湾の EMS からのアウトソーシングに切り替えていった。アップルは，この生産のアウトソーシングによって，工場を運営するコストを大幅に削減し，徐々に業績を回復させ，2000 年代半ば以降急成長を遂げていった。

その結果，今日までに，アップルでは多数の企業からなるグローバルなサプライチェーンが構築されてきている。

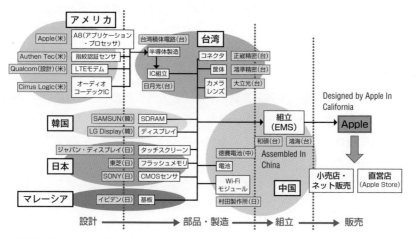

●図表 4-4　iPhone 6 Plus のグローバル・サプライチェーン●

(出所) 秋野晶二 (2015)[5] より作成。

2．iPhone のサプライチェーン

　ここでアップルの主力製品である iPhone のサプライチェーンの概要をみて
おくと（**図表 4-4**），アップル自身が設計している部品もあるが，ほとんどは多
数のサプライヤーがさまざまな部品や中間品を設計し，生産し，そして完成品へ
と組み立てている。サプライヤーの国籍は多岐にわたり，また工場の立地してい
る国も多岐にわたっていて，まさにグローバルなサプライチェーンが形成されて
いる。こうして今日のとりわけ IT 機器の生産においては，ブランド企業自らが
生産活動を行わず，ほとんどがグローバルに展開している多数のサプライヤーの
部品・中間品の生産や完成品の組立に依存している。

3．生産活動の内容変化

　アップルはこのように生産のアウトソーシングを進める一方，1990 年代末か
らインターネット販売の導入や直営店の世界各国への設置など，マーケティング
や販売に注力していった。またこの間，パソコン（Mac）に加え，iPod，
iPhone，iPad と次々と新しい事業を展開し，これらの製品のほとんどを EMS
から調達していった。さらに自社製品の価値を高めるようなアプリ，書籍，音楽，
ビデオ，ゲームなどのデジタル・コンテンツを提供する各種のサイトを開設して

4.4

生産活動の変化と21世紀の生産

運営している。こうして生産活動のアウトソーシングの一方，自らの事業拡大を実現する新たな販売活動や新製品への多角化，事業の新設などへと力点を移し，成長を続けている。

　それではアップルは生産活動をやめてしまったのかというとそうではない。新たな製品や生産技術の設計・開発を通して自社製品の生産に深く関与している。とくに特殊で重要な部品や製品に対応した製造方法や機器・設備の設計・開発を行い，これらをサプライヤーに導入させ，場合によっては，サプライヤーにその導入資金を融資することもある。またアップルは，自社の新しい製品の開発・設計はいうまでもなく，自社製品の中核部品となる一部の電子部品の設計・開発についても自社で行っている。まさにこのような生産技術や製品・部品の開発・設計に注力することで，高品質でオリジナルの新たな製品を次々に市場に出すことが可能となっている。

4．サプライヤーへの関与

　さらにアップルは実際の生産活動を行うサプライヤーに対して働きかけを行っている。図表4-4でみたグローバル・サプライチェーンにおいて生産活動は，独立した各社がばらばらに行っているわけではなく，アップルはこのサプライチェーンの生産活動に影響を与え，全体としてより効率的に生産が実現できるよう働きかけを行っている。

　アップルは，自社の情報システムを通じて，向こう6か月分の価格・数量・納期の計画を毎週サプライヤーに提示する一方，生産の実績もリアルタイムで共有し，サプライヤーの生産実績をモニターしている。またアップルは工場をしばしば視察し，計画通りに生産が行われているかを確認しており，異常があった場合には即座に担当者が派遣されるなどサプライヤーの生産活動をチェックしている。さらにアップルは，サプライヤーから随時詳細な情報を収集し，これに基づいてサプライヤーを評価するとともに，四半期ごとに目標単価を提示し，単価を改定している。

5．21世紀型の生産活動

　このように2000年代以降のアップルの生産活動をみてくると，生産機能をアウトソーシングすることで，販売機能や開発・設計機能に重点をシフトさせてきている。そして自らが直接工場を所有し，生産活動を直接管理・運営をしては

いないが，グローバルに展開しているサプライチェーンを構成するサプライヤーに対して，製品・部品や生産技術の開発・設計，生産実績のチェック，監視・視察，情報の収集，価格改定など，直接・間接に生産活動のさまざまな局面に深く関与し，影響を与えている。

　1990年代以降，自社内に工場を所有し，直接生産活動を担う企業がその生産活動をアウトソーシングしていく傾向は，アップルだけではなく，多くのエレクトロニクス機器メーカーでもみられるようになってきている。日本の企業も2000年代に入ってからではあるが，徐々に増えていった。またブランド企業は，程度の差はあれ，サプライチェーンを構成するサプライヤーに対して多かれ少なかれ関与することで自社ブランド製品の生産活動に影響を与えている。このように21世紀型の生産活動というのは，ブランド企業が，生産機能をアウトソーシングしながらも，サプライチェーンに影響を与えるようになっているところに特徴がある。

第5章
マーケティングの基礎知識

5.1 販売活動としてのマーケティング

■企業の費用回収活動

　企業が営利目的で活動するためには，社会に対して何がしかの価値あるものを提供し，その対価を受け取る必要がある。製造業であれば，原材料を購買し，生産することで価値を付加する。サービス業であっても，他社にはない無形の価値を提供することで対価を得ることになる。

　販売活動は，企業が社会に対して事前に準備した企業内部の価値あるものを，企業外部から金銭として獲得するための活動である。これは，異なる観点から眺めれば，企業の費用回収のための活動である。つまり，販売活動により，購買活動や生産活動で必要とされた費用が回収できるのである。

　販売ができなければ，投資した費用は回収できない。すると，企業は生産活動を継続することができなくなる。また，仕入れた原材料の代金の支払いや，従業員の賃金，固定的に必要とされる地代や電気代などの諸経費の支払いができなくなるリスクを負ってしまうことになる。それゆえ，販売活動がうまくいかなければ，企業活動全体が機能不全に陥る危険性がある。

　企業の仕事の流れは，購買－生産－販売という順序で進むが，経営者の意思決定は販売から始まる。顧客が欲するものを具現化するためには，生産の規模や種類・方法を決定し，購買すべき原材料の量や質を決める必要があるからである。現代では販売活動は，「マーケティング」という言葉で網羅的に使用されている。本章では，マーケティングの基礎的な考え方を紹介する。

5.2 マーケティングとは何か

■売れる仕組みを作る

現代では「マーケティング」は日々使用される言葉となってきた。企業の名前や，雑誌，テレビ番組の見出しなどでも「マーケティング」という文字をみかけることは多い。それでは，「マーケティング」とは何を意味しているのであろうか。

「マーケティング」と呼ばれる活動を連想してみると，人によってさまざまな場面が想起されることであろう。たとえば，アンケートをしたり，テレビの CM を作ったり，街頭で見本を配ったりする活動が挙げられるのではないであろうか。これらはどれもマーケティング活動の一部である。一般的には，こうしたマーケティング活動の一部分をみて「マーケティング」と称することが多い。

それでは，これらの活動全体を一言で表すにはどうしたらよいであろうか。大雑把にいうのであれば，「売れる仕組みをつくること」とまとめることができよう。本章では，「売れる仕組み」の基本を紹介したい。

■マーケティングとセリング

どんな企業でも「売る」ことはできるが，必ずしも「売れる」とは限らない。買い手がその企業の製品を受け入れたときにはじめて「売れる」のである。買い手をマーケティングでは「**顧客**」（customer）という。

ここで，マーケティングの基本的な発想を理解するために，よく似た言葉との違いを比べてみたい。マーケティングでは，企業本位で売ることを「**セリング** （selling）」，顧客が望むものを売ることを「**マーケティング**」と呼んで区別している。

図表 5-1 をみると，セリングでは企業を起点に顧客に向かっているが，マーケティングでは顧客を起点として企業の中で加工されたものが顧客に向けられている。つまり，セリングは「作ったものを売る」活動であり，時には高圧的に売る（英語では "hard-sell" という）活動であるが，マーケティングは「売れるも

●図表 5-1　マーケティングとセリングの違い●

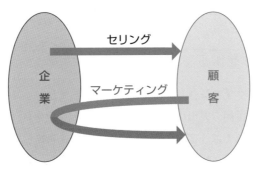

（出所）有馬賢治・岡本純編著（2015）[1]。

のを作り，販売する」活動が基本なのである。したがって，売れるものを顧客に届ける仕組み全体がマーケティングにかかわる活動を意味している。

　ここで注意が必要な点が一つある。それは，企業は顧客が望んでいるものを無際限に提供できるわけではないということである。企業には，それぞれ得意とする分野がある。たとえば，自動車を作ることに優れた製造業者もいれば，飛行機での旅客輸送を得意とする企業もある。企業では，各々の得意分野での能力を生かして作られた提供物を，顧客に提供する。**第 1 章**でも述べたが，この得意分野を**ドメイン（domain：事業領域）**という。企業は自ら定めたドメインに従って，顧客の求めるものを提供している。

　マーケティングは，売れる仕組みを作る活動ではあるが，顧客の求めるものであれば，どんな無理難題でも応えようとする活動ではない。この点は誤解のないように注意しよう。

■ドメイン決定の重要性
——マーケティング・マイオピア（marketing myopia）

　ここでは，マーケティングの観点からドメインを取り上げた有名な事例を紹介してみたい。これは，レビット（T. Levitt）による「マーケティング・マイオピア」と呼ばれる事例である[2]。レビットは，20 世紀前半での米国の 2 つの産

業を例にしてドメインを狭隘に定義することの危険性を指摘している。

　まず，米国の鉄道会社は，線路を敷設し電車を走らせる「鉄道」をドメインと定義し，その後のモータリゼーションの発達に対応できなかった。レビットは，「鉄道」ではなく「輸送」をドメインと捉えていたのであれば，多様な交通機関の発展に事業機会を見出せたことを指摘した。

　また，ハリウッドの映画産業は，当時は自らの事業を映画のための「フィルム製作」ととらえていたため，その後のテレビの発達に対応できなかった。レビットは，「フィルム製作」ではなく「娯楽」と事業定義をしていれば，現代的にいえば新たなコンテンツ・ビジネスの事業機会を見出せたであろうと指摘した。

　この２つの事例から，自社のドメインを狭く解釈しすぎて変化への対応力を失ってしまうことや，現在の製品の成功に酔い，環境変化に適切に対応しようとしなかった企業の姿勢を，レビットは近視眼（myopia）と呼び，近視眼的発想からの転換を提唱したのである。

　ここでみられる議論のように，ドメインを企業が現状で提供できる製品・サービスに限定してしまうと，市場環境の変化に対応できなくなる可能性を将来に向けて抱えることになる。そこで，発想を転換する枠組みとして，ドメインを顧客の求める便益，問題解決から考えることの重要性をレビットは指摘した。たとえば，化粧品会社は，化学薬品の製造ではなく"美の提供会社"ととらえることで事業の幅（たとえば，エステティック・サロンや美容サプリなど）が将来的に拡げられる可能性が高くなるわけである。

　現代においても，企業がこうした近視眼的な方針に陥る危険性は，常に潜んでいる。ドメインの決定の難しさは，企業経営においては永続的な課題であるととらえることができる。

■顧客の必要を満たす

　現代は，製品やサービスが氾濫している時代である。したがって，社会全体で考えるのであれば，ある一つの企業が存続するか否かは，それほど大きな問題ではない。そのような環境下で，企業が自社の価値を社会に認めてもらうためには，自社の存在意義を明確にし，事業を通して社会に貢献していく必要がある。それ

では，具体的な活動で，企業が社会に認めてもらうためには，何をすればよいのであろうか。端的には，「求められるものを提供すること」であろう。ただし，これはそれほど容易に実行できることではない。

　求められるものを提供するためには，何が求められているのかを知る必要がある。マーケティングでは，顧客が必要と感じるものを「ニーズ（needs）」と「ウオンツ（wants）」という言葉で表現する。

　ニーズとは，人間の生活に必要な基本的な欲求である。たとえば，食事をしたい，寒さを凌ぎたい，眠りたいなどはニーズである。ニーズは，人間の生活上必要なものが奪われている状態で強く意識される。

　ウオンツは，ニーズが満たされた状態で，個別に特定のものが欲しいという欲望を意味している。たとえば，銀座の一流ホテルで食事がしたい，イタリア製の洋服が欲しい，外車に乗りたいなどというものや，具体的なブランドの名称で欲しいものがはっきりとしている場合は，ウオンツと表現される（社会一般の使い方では，ウオンツをニーズに含めて使用する場合もある）。

　ニーズやウオンツは，時とともに変化していく。昨年まで流行していた製品が，今年になると見向きもされなくなるといった現象が毎年のように繰り返されている。こうした変化に対応し，求められるものを企画し，提供する活動として，マーケティングは企業で必要とされている。

　継続的に求められるものを察知することは，企業にとっては非常に困難な課題である。たとえ，ある一時点で的確な対応ができたとしても，次もうまくいくという保証はない。また，一度成功をおさめると，同じやり方で効率を高める方向に経営者や担当者の心理が向かいやすくなる。確かに効率を高められれば，より安く製品を顧客に提供できるかもしれない。しかしながら，効率化ばかりが求められると，顧客が求めているものの変化に鈍感になってしまうこともある。

　製品がある一時点で顧客の要望に適合したとしても，一定の時間が経過すれば，次に求められているものとのギャップが生じてしまうことは否めない。20世紀の米国で，ヘンリー・フォードがT型フォードの生産に固執した結果，顧客の要望に対応できずにゼネラル・モーターズの侵攻を許したトピックは，歴史的にも有名な事例の一つである。

　顧客の求めるものや企業間競争など，企業を取り巻く環境は，絶えず変化して

いる。マーケティングは，こうした環境変化に対応していくために，絶え間なく努力が必要な活動なのである。

5.3　買われる仕組みの模索，市場の創造と調整

■市場の意味

　マーケティングは，**市場**（market）から派生して生まれた言葉である。市場という言葉は，経済学でも使用されるが，マーケティングでの使用方法とは必ずしも同じではない。

　経済学では，需要者と供給者の間で，財・サービスの売買がなされる「場所」を市場と定義する。ただし，この場所の意味は，地理的な場所や特定の空間的な場所ばかりでなく，取引が行われ，売買契約を交わすことができる制度や組織形態といったもの，インターネット上の仮想空間なども意味している。「生産物市場」という場合は，生産物の売買が特定の取引場所であろうとなかろうと，需要者と供給者が売買契約により生産物の所有権が移転すれば，生産物市場での取引ということになる。為替市場，資本市場，労働市場など，その使用方法は特定の地理的場所を念頭に置くものではない。

　自給自足ではなく，分業が行われる社会では，何らかの方法で資源（生産された財・サービスや生産要素）の交換をしなければならない。その役割は，社会主義社会では官僚による計画的な配分に委ねられるが，資本主義社会では，価格による調整を市場が担う。したがって，市場の機能は，需要者と供給者の取引により成立する価格に基づく資源配分にある。経済学の関心は，まさにこの点にあるので，取引の場所としての意味が重視される。

　マーケティング分野でも，文脈の中では同様の使い方をすることがあるが，市場とは基本的には「需要」を意味する場合が多い。たとえば，「携帯電話の市場」とは，携帯電話の需要とほぼ同義であり，「この製品には市場性がない」という表現の意味は，製品の需要がないことを意味している。

●図表 5-2　市場創造と市場調整●

市　場

市場創造	市場調整
マーケティング・コンセプト ＋ 市場調査 セグメンテーション ターゲティング ポジショニング	マーケティング・ミックス

(出所) 有馬賢治・岡本純編著 (2015)[1]。

■市場創造 (market creation)・市場調整 (market coordination)

　マーケティングでの市場という言葉の使い方を踏まえると，マーケティングの基本を形成する２つの理念を導出することができる。それは，「市場創造」と「市場調整」である[3]。この理念を利用してマーケティングのエッセンスを示すと，市場をどのように創造し，また，市場に対して経営資源をどのように調整して活動するのかを計画的に管理する活動が，マーケティングであると表現することができる。(図表 5-2)

　市場創造とは，企業の利益追求の観点から考えた場合には，新規需要の獲得を目標とした理念である。新規需要を企業が獲得するためには，市場構成者である顧客（消費者，使用者など）の注目を集め，期待に応え，満足を継続的に提供することが必要になる。

　市場創造は，マーケティング活動の方向性を表す理念であり，企業の経営レベルにおける市場への接近方法に指針を与える。

　市場創造のための具体的な指針を「マーケティング・コンセプト (marketing concept)」という。マーケティング・コンセプトは，各時代の要請を反映した理念である。簡単に紹介すると，生産が優先順位の先頭に考えられていた「生産志向」の時代，生産よりも販売が主眼に置かれていた「販売志向」の時代，企業

経営に，社会への配慮や社会貢献が求められるようになった「**社会志向**」の時代，企業のマーケティングに需要創造活動だけではなく，競争対応行動が求められ始めた「**競争志向**」の時代，競争対応よりも，市場において何がしかの価値を作り出し，社会に貢献していくべきであるという理念が再び自覚された「**顧客志向**」の時代などがある。

　市場創造のための具体的な手段には，顧客の意向などを調べる市場調査（market research）や，次節で解説するセグメンテーション，ターゲティング，ポジショニングなどがある。

　一方，市場調整とは，顧客の要望と企業目標を実現するために経営資源や販売技法などの使用可能な手段の**適切な組合せ**を考案したり，**販売技法間の調整**を図ったりする活動である。一般的には「マーケティング・ミックス」と呼ばれる。以降でこれらのエッセンスを紹介したい。

5.4　マーケティング計画の基本

■マーケティング計画

　企業は，ドメイン，ビジョン，ミッションを明確にし，競争環境，市場環境を把握したうえで，実質的なマーケティングの計画に着手する。ここでは，マーケティング計画の全体像を理解する。具体的には，企業の目標を踏まえたうえでの市場の選定方法と，手段全般の使用方法の概要について説明してみたい。**マーケティング計画の概要を図示すると，図表 5-3 のようになる。**

　企業がマーケティングを実践していくうえで，「売れるものを作る」ためには，視点を反転させて「買ってくれる人を理解する」ことが重要であることをここまでに何度か説明してきた。買ってくれる人，すなわち顧客を具体的に探し出すためには，彼らの個々の特徴が理解できなければならない。そこで，まず顧客の特徴をとらえるための切り口の見つけ方をみていこう。

　買ってもらうためには，多様な顧客のニーズとウオンツに応えねばならない。しかし，企業はすべての顧客の欲求に応える能力は持っていない。企業がどのよ

●図表 5-3　マーケティング計画のフロー●

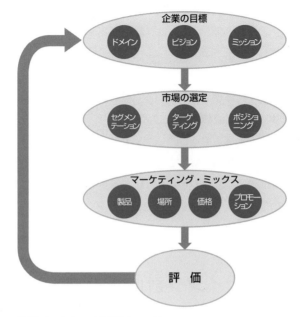

企業の目標
ドメイン　ビジョン　ミッション

市場の選定
セグメンテーション　ターゲティング　ポジショニング

マーケティング・ミックス
製品　場所　価格　プロモーション

評　価

(出所) 有馬賢治・岡本純編著 (2015)[1]。

うな市場で事業を展開する場合でも，すべての顧客の欲求を満たして販売を行う
ことは，ほとんど不可能である。

　一般的に，顧客は数多く，拡散して存在しており，購買行動もそれぞれ異なっ
ている。したがって，自社が得意とする顧客の集団もあれば，他社に有利な顧客
の集団もある。つまり，企業は顧客の欲求のうち，どの部分を中心に提供してい
くのかを決めなければならないわけである。そのために，市場をいくつかの顧客
の部分集合に分割することが有効な手段となる。

　企業は，自社の能力の評価や競争企業の分析などを通じて，自社の提供すべき
製品の市場を探索する。こうした作業を市場細分化（market segmentation）
または単に「細分化」を意味する**セグメンテーション**（segmentation）と呼ぶ。

　本来は，市場は異質な個性を有する顧客の集合である。それを何らかの基準を
用いて，企業では同質的な部分集合的市場（**市場セグメント**）に分割を試みる。
すると，その中から自社にとって有利なマーケティングを実行できる市場を発見

する可能性が高まる。また，特定の市場セグメントに集中することで，自社製品に興味のない顧客に，無駄なマーケティング予算を割く必要性を低くすることもできる。

　市場が成熟した現代では，大量生産・大量販売は，実質的には不可能である。各社が類似製品を全体市場に漫然と販売していると，価格競争が激化し，企業の利益は減少してしまう。それを避けるためにも，セグメンテーションによってニーズ・ウオンツの差異をとらえた顧客の集団を認識し，各々に求められる製品を販売することは，企業にとっても顧客にとっても好ましい結果が期待できる。

　セグメンテーションを行うメリットは，各市場機会が比較できる，製品と販売方法の調整がしやすい，対象となる顧客の反応に応じてマーケティング計画を改良できる，などを挙げることができる。

■セグメンテーションの基準

　セグメンテーションは，担当者の気分や勘と経験によって行われるものではない。市場に属する顧客の特徴を根拠として，分割が行われる。また，セグメンテーションでは，最も有効な細分化基準を探索する作業も重要である。なぜなら，新たな細分化基準の発見は，新しい市場の発見へとつながる可能性を有しているからである。

　市場を分割するための基本的な基準には，年齢，性別，学歴，所得，職業，ライフ・ステージ，社会階層，地域といった人口統計的要因や地理的要因，パーソナリティ，生活価値観，ライフ・スタイル，ブランド・ロイヤルティ，興味，関心，製品関与・態度などの社会心理的要因などを基準としている[4]。

　さらに，顧客価値の観点からの細分化基準がいくつか存在する。たとえば，製品に求めるベネフィット（benefit：便益）も基準とすることができる。自動車を例にすれば，営業用，通勤，レジャー，ショッピング，ステータスなど，異なる便益によって細分化をすることができる。

　その他，使用頻度や顧客のロイヤルティ（loyalty：忠誠心）の程度，顧客が自社製品を購入した額や回数，顧客との関係（はじめての客，得意客，企業のサポーターなど）といった基準なども使用できる。

■ターゲティング

　市場は，特定の企業にとって，それぞれ魅力度の異なるいくつもの細分化された市場セグメントから構成されている。したがって，企業が限られた経営資源を有効に活用するためには，販売可能な市場セグメントを選出し，そこにマーケティングを集中する必要がある。

　全体の市場をセグメンテーションによって適切に細分化することができたのであれば，次に企業が成すべきことは，どの市場セグメントに参入すべきかを決定することである。企業が参入を決定した市場セグメントを「**標的市場**（target market）」という。

　どの市場セグメントを標的とするかは，規模，成長性，自社が他社に対して差別的優位性を発揮できるかどうかによって決定される。こうした一連の作業を**ターゲティング**（targeting）という。

　標的市場を明確に決定できれば，企業はその市場に最も有効となるマーケティングを編成する段階に入ることになる。その意味で，ターゲティングは，マーケティング計画の方向性を決めるための重要なステップである。

　企業は，セグメンテーションによって自社をとりまくさまざまな市場に対する事業機会を明らかにし，特定の標的市場にマーケティングを行う。しかしながら，企業は必ずしも全体市場の中の１つの標的市場だけを相手としているわけではなく，複数の市場を選択することもある。

　また，セグメンテーションは，自社の経営資源の検討と並行して行われる。そして，それらを総合的に分析したうえで，ターゲティングによって市場機会の評価を確定する。標的市場の選定は，自社の売上高の予測，販売方法に必要であると予測されるコストの計算などさまざまな要件をふまえた最終的な収益性の検討を経たうえで，合理的に進められる。ターゲティングは，こうしたプロセス全体にかかわりを持っている。

　ターゲティングをもとにしたマーケティングによって，企業は，自らの資本，経営資源，差別的優位性など，自社にとって最適なマーケティングの実施形態を模索し，効率の良さを追求し続けるのである。

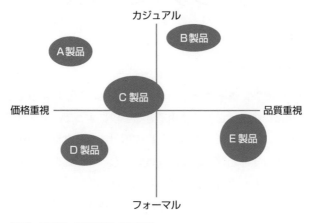

●図表 5-4　ポジショニングマップの例●

（出所）有馬賢治・岡本純編著（2015）[1]。

■ポジショニング

　現代のようにインターネットで無数の情報を収集できる時代では，企業が独自に決めたつもりの標的市場であっても，同様の想定をしている競合企業は必ず存在するものである。そこで，標的市場内における競合企業との違いを明確にするところまで，自社の方針を磨き上げる必要性が多くの企業で認識されるようになった。ポジショニング（positioning）とは，企業が標的市場内で，どの様な立場（ポジション）で競合他社に対応していくのかを決めることである。

　自社製品のポジショニングを検討する際には，想定される顧客の視点に立つことが重要である。なぜなら，顧客に理解できないポジショニングでは，曖昧なイメージしか顧客に伝えることができないからである。

　ポジショニングを実践するための方法としては，たとえば図表 5-4 のように，標的市場内の顧客が重視する購買決定要因をもとに二次元のマップを描き，競合製品と如何に差別化できるかを考える方法がある。そのために用いられる要因としては，製品の特徴，製品がもたらす便益，競合製品と差異，想定される顧客の嗜好などがある。

5.5　マーケティング・ミックス

■使用可能手段の組合せ

　セグメンテーション，ターゲティング，ポジショニングによって活動する市場を確定できた後に，企業は自社で使用できる手段によって，マーケティングを実施することになる。その際に，販売活動に使用可能な経営資源の最適な組合せを計画し，顧客に接近することが効率的な戦略となる。当然のことであるが，企業は使用可能な手段からしか計画は立てられない。

　マーケティングの基本的な活動は，使用できる手段を有効に組み合わせて，顧客の期待に応える製品やサービスを提供する活動である。この一連の活動を「**マーケティング・ミックス**（marketing mix）」という。ここでは，マーケティング・ミックスで企業が使用できる手段を組み合わせる活動とその手段の概要を説明してみたい。

　マーケティングで企業の使用可能な手段は，1つだけではない。一般的には，複数の手段を組み合わせてマーケティングは実行される。これには企業内で調達できる手段以外に，企業外に委託することで利用可能な手段も含まれる。たとえば，テレビでのＣＭを広告会社に委託したり，製品の配送を物流会社に委託したりすることなどである。

　企業は，最も効率的な組織を選定して，企業内部で実施するのか，企業外部に委託するのかを決めている。マーケティング計画は，市場の選定，手段の選定，双方において効率的な組合せを模索する活動なのである。

■4つのP

　マーケティングにおいて使用可能な手段の組み合わせ方は，マッカーシー（E. J. McCarthy）が分類した，"**4Ps**"と呼ばれる英語の頭文字がPで始まる要素の組合せが多くの研究者や実務家に支持されている[5]。

　"4Ps"とは，**製品**（Product），**場所**（Place），**価格**（Price），プロモーショ

ン（Promotion）を指している。

　製品とは，企業が標的市場に対して提供する製品とサービスの組合せである。具体的には，品質，特徴，オプション，スタイル，ブランド，包装，サイズ，保証，返品，などに対しての企業の戦略として示される。

　場所とは，標的とする消費者のもとに製品を供給する企業活動である。具体的には，流通経路，配送範囲，出店配置，在庫，輸送，陳列などの商品の空間的移転や店頭にかかわる企業の戦略として示される。

　価格とは，顧客が製品を手に入れるために支払うべき金額である。具体的には，価格表記，値引き，アローワンス（allowance：業者に対する割引），支払期間の設定，クレジットの使用などの顧客の支払いの便宜を図るための企業の戦略として示される。

　プロモーションとは，標的とする消費者に対して製品の特徴・価値を知らせ，それを購買するように説得する企業活動である。具体的には，広告，人的販売，セールス・プロモーション（sales promotion：販売促進），パブリック・リレーションズ（public relations：PR活動）などの顧客とのコミュニケーションのための企業の戦略として示される。

■マーケティング・ミックスの組み合わせ方

　マーケティングで使用する手段は，立場と目的に応じて手段の優先順位が変化する。したがって，これらの諸手段で何が最も重視されるのかは，企業の置かれた状況によって異なってくる。つまり，マーケティング・ミックスの諸手段は，それらがいつも同じ割合で重視されることはない。たとえば，製造業者の場合は，製品そのものが最も重視されるが，小売業では販売価格が，サービス業では販売員の接客で消費者のイメージを決定するのでプロモーションが重視される場合が多い。

　また，消費者に販売される製品は，消費者の抱くイメージが購買動機の重要な要素の一つとなるので，広告の役割が大きい。一方，企業に対して販売される製品の場合は，テレビCMなどはあまり意味を持たない。この場合は，製品の性能や販売価格，アフターサービスなどが重視される。

さらに，同じ製品であっても，売り出された直後と数年経った後では重視される要因が変化する。たとえば，市場に導入された直後には，認知度を高めるために広告が重視され，製品の改良時期が近づくと，在庫処分のために価格が最も売上高に影響を与える要因となる。

このように，企業の属性や，時と場合に応じてマーケティングで使用可能な手段をいかにうまく組み合わせていくことができるのかが重要となる。その結果，マーケティングによる企業の競争優位に差が出てくるわけである。

マーケティング・ミックスの開発は，マーケティングにおける市場調整手段の中心となる課題である。これらの各要素は主に企業の販売に直面する現場において今日まで技法が試行・開発されており，常に新たな技法が模索される領域である。

第6章
人事と職場における人間

　企業が持続的に高い成果を出し続けるためには，そこで働く人々が，やりがい
を持って活き活きと活躍することが必要となる。そのためには，そのような働き
方を促進する制度を整備することが求められる。どのような制度が求められるの
かを考えるのが「人材マネジメント」である。本章の6.1（人材フロー・マネジ
メント）と6.2（報酬マネジメント）は，人材マネジメントの分野に属する。こ
のほかに，労働時間マネジメントや評価マネジメント，労使関係マネジメントな
どもこの分野に含まれる。

　一方，どのような成果が求められるのかは企業によって異なる。企業によって，
ミッション，ビジョン，戦略が異なるからである。これらが異なれば，これらを
遂行するために適切な人も変わる。そうなれば，その人達が活き活きと活躍する
ために必要となる制度も異なる。

　このため，どのような人にどのような制度が適切なのかを理解する必要がある。
そのためには，働く人の心理や行動原理を理解する必要がある。このような論点
を扱うのが「組織行動論」である。本章の6.3（モチベーション）と6.4（リーダー
シップ）は組織行動論の分野に含まれる。そのほかに，コミュニケーションや職
務態度，知覚・パーソナリティなどが含まれる。

　企業で働く人たちが，活き活きと活躍してもらうためのマネジメントを検討す
るためには，どちらも重要な分野であるといえよう。

6.1　人材フロー・マネジメント

　人が企業に就職し，企業内でキャリアを積み，やがて退職していく一連の流れを人材のフローととらえ，このフローをマネジメントすることを**人材フロー・マネジメント**と呼ぶ。人材フロー・マネジメントは，通常，採用マネジメント，雇用マネジメント，退職マネジメントなどのように別々に論じられることが多い。しかし，これらのマネジメントは相互に関連している。このため，個別に論じるだけでなく，人材フロー・マネジメントとして全体的視点を持って検討する必要がある。

　フローのパターンは人それぞれである。しかし，企業によって主流にしようとしているフローのパターンがある。それが人材フロー・マネジメントのパターンである。企業における人材フロー・マネジメントは大きく**内部化**と**外部化**の2つのパターンに分かれる（**図表6-1**）。

　内部化とは，長期雇用を前提としたマネジメントである。採用は新卒が中心で，内部で育成し，内部で昇進・昇格していくことが原則となる。一方の外部化とは，長期雇用を前提としないマネジメントである。新卒の採用を行うものの，原則として外部の労働市場から必要なスキル・経験のある人材を獲得する。また，ポストが空いた場合は，企業内部に限らず外部労働市場も含めて候補者を探索する。加えて，期待した成果が上がらない従業員や，就いている仕事が企業として必要なくなった従業員については解雇を行う。

■インフロー・マネジメント

　人材のインフローを考える際には，まずは，どのような人材をどのくらい必要とするのかについて企業として検討する必要がある。なぜなら，これらは，企業のミッションや戦略によって異なるからである。

　外部から獲得すべき人材像およびその人数が定まったら，採用対象を決定する必要がある。一般的には，内部化している企業は**新卒者**，外部化している企業は**既卒者**が主たる対象となる。内部化している場合，長期雇用を前提としているた

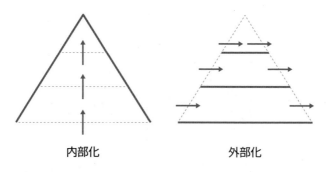

●図表6-1　2つの人材フロー・マネジメントのパターン●

内部化　　　　　　　　　外部化

め，内部育成が中心となる。このため，必要なスキルや経験がなくても企業内で育成できる。一方外部化は長期雇用を前提としていないため，内部育成を積極的に行わない。このため，職務に必要なスキルや経験を持った経験者を採用することが必要となる。

　既卒者と新卒者ではその期待が異なるため，採用基準も異なる。既卒者を採用する場合は，職務遂行に必要なスキルや経験があるかどうかが基準となる。一方で，新卒者の場合は，育成次第でいかに成長するか，すなわち**訓練可能性**が重要な基準となる。

■内部フロー（縦のフロー）・マネジメント

　図表6-2は，著名な組織心理学者であるシャイン（E. H. Schein）が作成した図で，企業を円錐形に見立てている[1]。この図で高さは階層を示している。下の階層が一般従業員で，上に向かうに従って課長，部長，社長と職位が上がることを示している。一方，底面は職能分野を示している。**職能**とは職業能力のことであり，ここでは，例として，研究開発，総務，経理，人事，営業を載せている。これに加えてこの図では，底面の半径で**中心性**を示している。中心性とは，企業内における職務の重要性である。同じ課長という職位であっても，部門や職場によって，企業における明示的もしくは暗黙的な重要性は異なる。いわゆる陽の当たる職と陽の当たらない職である。

89

●図表 6-2　内部フローを考えるためのフレームワーク●

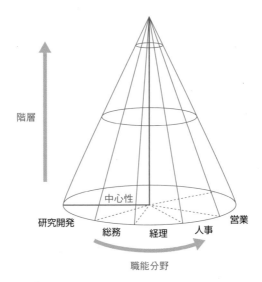

（出所）Schein（1978）[1]。

　この図で下から上への移動が**昇進**に当たる。昇進が果たす機能は主として3つに分けられる。

　1つ目が人材育成である。昇進することによって視座を高め，より広い視点で仕事を行うことが求められる。また，後輩や部下の指導を求められるかも知れない。このような仕事の変化が，当人の能力育成に寄与すると考えられる。

　2つ目が選抜である。優秀な人，成果を上げた人をより重要な上のポストに就けるために，選抜したうえで昇進を行う。

　3つ目がモチベーション向上である。一般的には，昇進は従業員にとって重要なインセンティブになる。公平で透明性のあるルールのもとで昇進の選抜が行われるのであれば，従業員の仕事へのモチベーションを高める機能を果たすだろう。

　昇進のパターンは，大きく3つに分けることができる。1つ目が**年功序列型**である。年齢あるいは勤続年数にしたがって，全員が一律に昇進するパターンがこれに当たる。2つ目は**スピード競争型**である。この場合，あるポジションに就くのに，人によって早い遅いといった違いが生じる。しかし，最終的には，全員がそのポジションに就くという昇進パターンがこれに当たる。3つ目が**トーナメ**

ント型である。誰かがそのポジションに就いたら，ほかの人，とくに同期の人は就くことができないパターンがこれに当たる。一度負けたら敗者復活がない昇進パターンである。

　年功序列型であれ，スピード競争型であれ，トーナメント型であれ，どれか1つだけのパターンだけを実施している企業はほとんどない。多くの企業は，この3つのパターンを組み合わせて実施している。ただし，どのような組み合わせが適切なのかは企業によって異なる。自社が重視する昇進の機能を検討したうえで最も適切な組み合わせを考えることが必要になる。

■内部フロー（横のフロー）・マネジメント

　図表6-2の底面上での移動がいわゆる異動に当たる。ローテーションと呼ばれている。

　一般的には，同じ職能分野内の異動が多いが，職能分野を越えた異動が行われることもある。これが部門間ローテーションである。

　ローテーションには，主として3つの機能がある。1つ目は人材の適正配置である。適材適所という言葉があるとおり，職務を遂行するために最も適した人材を配置する必要がある。時が経てば組織や職務も変わるし人も変わる。このため，常に適正配置を維持するためには，定期的にローテーションを行う必要がある。

　2つ目が人材育成である。人材育成に最も効果的な手段はOJT（On the Job Training：職場内教育）である。実際に仕事をしながら学ぶのが最も効果的なのである。したがって，ローテーションによって新しい職務に就くということは，新たな学びの機会を得ることになる。

　3つ目がキャリア発展である。どのような職務に就くかによって，身につく職業能力は異なる。どのような職業能力を身につけるのか，また，幅広く身に付けるのか深く狭く身に付けるのかも，ローテーションのあり方によって大きく異なる。

　なお，移動のパターンはスペシャリストとゼネラリストで異なる。保有しているスキルの幅が狭く深い従業員をスペシャリスト，広く浅い従業員をゼネラリス

トと呼ぶ。スペシャリストは，異動が少ないか，あったとしても比較的同じ職能分野内の異動しか経験しない。一方のゼネラリストは，部門間ローテーションを多く経験する。

　また，内部化している企業は，ローテーションを積極的に実施する傾向にある。長期雇用を前提としているため，上述した３つのローテーションによるメリットを享受しやすいからである。

■アウトフロー・マネジメント

　人材の**アウトフロー**，すなわち退職は，大きく３つに分かれる。**定年退職，自己都合退職，解雇**による退職である（図表6-3）。

　自己都合退職は，さらに**一般型**と**早期退職，希望退職**の３つに分かれる。一般型とは，従業員の本人都合による退職である。早期退職とは，企業が実施している早期退職制度に応じることによる退職である。早期退職制度は，定年前に退職を望む従業員に対して，優遇措置を設けて自主的な退職を促す制度のことである。希望退職は，企業が人件費削減のために臨時的に募る希望退職に応じることによる退職である。この場合も，何らかの優遇措置がとられることが多い。

　また，解雇も大きく３つに分かれる。**普通解雇**と**懲戒解雇**，そして**整理解雇**である。

　普通解雇とは，従業員が労働契約の債務不履行状態にあることを理由に労働契約を終了させるものであり，制裁としての性質を有していない。一方懲戒解雇とは，従業員の企業秩序違反行為に対する制裁としての性質を有する解雇である。また，整理解雇とは，経営再建等のため人員削減を目的とした解雇である。いわゆる「リストラ」がこれにあたる。

　なお，企業業績が低下して人員削減の必要が生じた場合の企業の対処方法は，大きく３つに分けられる。**業務量調整，賃金調整，雇用調整**である。

　業務量調整とは，内製化率を上げることで余剰人員を活用し外注費の削減を行うことである。賃金調整としては，まず賞与支給額の削減が行われるが，それでも難しい場合は，昇給停止など基本給の抑制が行われることもある。雇用調整には労働時間調整と人数調整が含まれる。労働時間調整では残業時間の削減が行わ

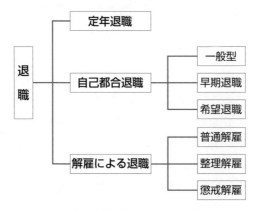

●図表6-3　人材のアウトフロー●

（出所）今野浩一郎・佐藤博樹（2009）[2] を参考に作成。

●図表6-4　2つのタイプの心理的契約●

	交換型	関係型
焦　点	経済性	経済性と感情
時　間	期限あり 短期的	期限なし
安定性	安定的	ダイナミック
範　囲	狭い	広い
可視性	定義が明確	直感的

れ，人数調整は，採用の抑制，企業内でローテーションによる余剰人員の調整，雇い止めや一時帰休，希望退職の募集などがあり，整理解雇もこれに含まれる。

　このように人員削減の必要性が生じた際の対処方法はさまざまであるが，内部化している企業の多くは，なるべく整理解雇を避けようとする。その理由は，大きく2つある。心理的契約による縛りと法律上の制限である。

　心理的契約とは，ある人がその人と別の人，もしくは企業との間に相互交換の同意ができていることについての信念である。紙などに書かれた実際の契約とは異なる暗黙の約束である[3]。

　この心理的契約は，大きく2つのタイプに分かれる（**図表6-4**）。一つが交換

型心理的契約で，もう一つは関係型心理的契約である。

　交換型心理的契約は，経済性に焦点が置かれて期限があり，短期的かつ安定的で，範囲は狭くて，定義も明確である。定められた報酬を目指し，限られた範囲内で熱心に仕事に取り組む場合などがこれに当たる。

　これに対して関係型心理的契約というのは，経済性に加えて，感情が含まれる。期限はとくになくダイナミックで広範囲にわたっていて，定義がしっかりしているというよりは直感的な契約である。定年までの雇用保障を前提に，企業のために一所懸命尽くす場合などがこれに当たる。

　内部化している企業の多くは，従業員との間で関係型心理的契約を結んでいる。企業が長期の雇用を保障する代わりに，従業員は企業業績への高い貢献意欲を示しマネジメント主導のローテーションにも従っている。

　それにもかかわらず解雇を行うということは，企業側による心理的契約の一方的な破棄と受け取られかねない。整理解雇される人は，企業にだまされたと感じるだろう。また，残された人も，心理的契約の一方的な破棄をみて，これまでの関係を見直そうとするかも知れない。

　このような事態にならないように，企業は一方的な心理的契約の破棄になり得る整理解雇をできるだけ避けようとするのである。

　一方で，日本では，整理解雇が法的な制限を受けている。**整理解雇の 4 要件**と呼ばれており，以下の 4 要件をすべて満たしていないと法的に解雇すること難しいと考えられている。

　　経済的必要性の存在：倒産のおそれがあるなど，経済的な必要性があること。

　　解雇回避義務：配置転換や希望退職者募集の実施など，解雇を回避するための努力が行われていること。

　　客観的合理的な選定基準：経営者の恣意性を排除し，合理的に解雇対象者が選定されていること。

　　説明・協議の必要性：従業員に対して，説明・協議を行うなど，手続きに妥当性があること。

この4要件がそろっていないと整理解雇ができないため，とりわけ内部化している日本企業は整理解雇に積極的ではない。

6.2　報酬マネジメント

報酬とは，企業への貢献に対する見返りとして従業員が受け取るものの総称である。大きく，**外的報酬**と**内的報酬**に分かれる。外的報酬とは，報酬の受け取りに他人が介在するもので，金銭，地位，賞賛，人間関係などが含まれる。一方の内的報酬は，報酬の受け取りに他人が介在しないもので，達成感や成長感など仕事そのものから得られる喜びがこれに含まれる。

このように，報酬は必ずしも賃金とは限らない。やりがいのある仕事を回してもらうことも，上司や部下から受ける賞賛も，必要なプロジェクトに十分な予算を付けてもらうことも報酬に含まれる。

ただし，以下では，報酬の中でも賃金に焦点を絞って議論を進める。なぜなら，（多くの従業員にとって，企業から受け取る賃金が唯一の生活の糧であるため，）報酬の中で最も重要な影響を及ぼすからである。

賃金とは，労働基準法で，「賃金，給料，手当，賞与，その他名称の如何を問わず，労働の対償として使用者が労働者に支払うすべてのものをいう」と定められている。一般的には，労働協約，就業規則，労働契約などによって，その支払いが事業主に義務づけられている。

賃金には，大きく分けて3つの機能がある。1つ目は人材の獲得である。どのような賃金額を提示できるかで，人材の獲得に重要な影響を及ぼす。2つ目が獲得した人材の活性化である。どのような賃金額を提供するのか，また，従業員間で同一の金額を提供するのか，それとも差を付けるのか，差を付けるとしたらどのような基準で付けるのか，といったことは，従業員のモチベーションや忠誠心に大きな影響を及ぼす。最後が従業員の生活の安定である。多くの従業員にとって，勤務先からの賃金収入は生活に大きな影響を及ぼすからである。賃金のマネジメントを検討する際には，賃金が果たすこれらの機能を考慮に入れたうえで検討することが必要となる。

●図表 6-5 賃金体系●

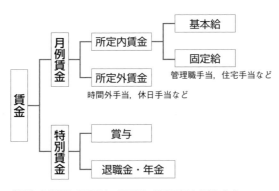

(出所) 上林憲雄・厨子直之・森田雅也 (2010)[4] を参考に作成。

　賃金形態は，大きく定額賃金制と出来高賃金制に分かれる。賃金形態とは，従業員への賃金の支払方式のことである。定額賃金制というのは，時給，日給，月給，年俸のように，仕事を行った期間によって支払うものである。これに対して出来高賃金制とは，仕事の出来高によって支払うものである。

　また，賃金支払項目の組み合わせを**賃金体系**と呼ぶ（**図表 6-5**）。一般的には，特別賃金と月例賃金に分かれる。特別賃金には，賞与や退職金・年金などが含まれる。一方，月例賃金には，所定内賃金と所定外賃金が含まれる。所定外賃金は時間外手当や休日手当などである。また，所定内賃金には，基本給に加えて管理職手当や住宅手当などの固定給が含まれる。

　賃金額をどのように決定するのは，マネジメント上重要な意思決定になる。賃金額の決定は，大きく２つに分かれる。一つは**賃金総額**の決定で，もう一つは，**個別賃金額**の決定である。

　賃金総額の決定は，企業が生み出した付加価値のうちいくらを賃金支払いに充てるかの決定になる。付加価値の従業員への分配比率を示す**労働分配率**に大きく影響を受ける。

　一般的に，賃金総額は以下の４つによって決まる。

　　労働集約度：労働集約度が高い産業では労働分配率が高くなる。
　　業界水準：業界の一般的な暗黙の水準のようなものがあり，労働集約度

が変わらなくても業界によって労働分配率が変わる場合がある。

経営理念や経営戦略：企業の経営理念や経営戦略によって労働分配率が
変わる。

企業業績：労働分配率が変わらなくても，生み出す付加価値，すなわち
企業業績が上がれば賃金総額は上がる。

一方，個々の従業員への配分額を決めるのが個別賃金額の決定である。個別賃
金額の決定基準は，大きく以下の5つに分かれる。

個人属性：年齢，学歴など個人に属する要因。

情意：モチベーションや企業への忠誠心など。

能力：職務遂行に必要となる能力。

職務：担当している職務の重要性や難しさ，担当できる人の希少性など。

成果：職務遂行の結果。

どの基準によって個別賃金額が決まるのかによって，賃金の呼び方が異なる。
個人属性で決まる賃金が**年功給**であり，情意および能力によって決まる賃金が**能
力給（職能給，能力主義賃金**ともいう）である。また，職務で決まる賃金が**職務
給（仕事給**ともいう）であり，成果で決まる賃金が**成果給（成果主義賃金**ともい
う）である。

完全に成果だけで賃金が決まる企業もほとんどないだろうし，また，個人属性
だけで決まる企業もないだろう。多くはこれらの組み合わせによって個別賃金額
が決まっている。

ただし，企業によって，相対的に成果が重視されていたり，また，個人属性や
情意が重視されたりする場合があるだろう。どの基準を重視するのかは，賃金が
果たす機能を考慮に入れたうえで慎重に検討する必要がある。

6.3　モチベーション

　日本の労働生産性（就業者1人当たり国内総生産）の水準（49.5ドル）は，OECD諸国の平均（59.4ドル）を大きく下回っている。（2020年。日本生産性本部による調査。ちなみに米国は80.5ドル）。しかし，だからといって，その分，労働時間を長くするわけにはいかない。従業員が活き活きと活躍するためには，適切な労働時間をマネジメントする必要があるからである。

　したがって，限られた時間内で労働生産性を上げていくことが重要な課題となる。労働生産性に寄与する要因はさまざまであるが，最も重要な影響を及ぼす要因が，個々の従業員の**モチベーション**（motivation）である。

　モチベーションを高めるマネジメントを考えるためには，モチベーション理論を理解することが必要になる。なぜなら，効果的なマネジメントを考えるためには，モチベーションが上がったり下がったりするメカニズムを理解する必要があるからである。モチベーション理論は，そのようなメカニズムを的確に示してくれるのである。

　モチベーション理論は多く存在している。なぜなら，1つの理論は，メカニズムの一部しか説明できないからである。モチベーションに影響を及ぼす要因はさまざまであり，メカニズムも複雑で入り組んでいる。このため，1つの理論ですべてのメカニズムを説明することはできないのである。

　したがって，現場で適切なマネジメントを行うためには，1つの理論を知っているだけでは不十分である。なぜなら，現場ではさまざまな現象に遭遇するからである。適切に対応するためには，さまざまな理論の中から，当該現象に対応するために最も適切な理論を参照することが必要となる。武器は多い方がよいのである。

　本節では，代表的なモチベーション理論である**5階層欲求理論**，**期待理論**，**目標設定理論**について説明する。

●図表 6-6　5 階層欲求理論●

■5 階層欲求理論

　この理論は，アメリカの心理学者であるマズロー（A.H.Maslow）が唱えた理論[5]で，主として以下の 2 点を主張している。一つは，人間の欲求は，大きく 5 つに分けることができるということであり，もう一つは，これらの欲求が階層性をなしているということである。

　5 階層欲求理論によると，人間の欲求は，以下の通り，**生理的欲求，安全的欲求，社会的欲求，尊厳的欲求，自己実現欲求**の 5 つに大きく分かれる。

　　生理的欲求：空腹，渇き，眠気などといった肉体的欲求。
　　安全的欲求：物理的および心理的障害からの安全を求める欲求。
　　社会的欲求：愛情，友情，仲間意識などを求める欲求。
　　尊厳的欲求：注目や承認，地位，名誉などを求める欲求。
　　自己実現欲求：成長感や達成感を感じたり自分の能力を存分に発揮した
　　　　りしたいという欲求。

　また，5 階層欲求理論によると，これらの 5 つの欲求は，**図表 6-6** のとおり階層性をなしている。

　何も欲求が満たされていない状態では，まずは生理的欲求が欲求の主流となり，

99

それ以外の欲求はそれほど強く感じない。食欲や睡眠欲が満たされていないときは，通常であれば，まずそれらを満たしたいと考えるだろう。

しかし，生理的欲求がある程度満たされると，もはやそれほど強い生理的欲求は感じなくなり，代わって，安全的欲求を強く感じるようになる。心身ともに安全に暮らしたいという欲求が強くなるのである。

安全的欲求が満たされると，今度は，それに代わって社会的欲求が強まる。生理的欲求や安全的欲求といった基本的な欲求が満たされると，今度は仲間とともに仲良く暮らしたいという欲求が高まるのであろう。

社会的欲求が満たされると今度は尊厳的欲求が強まる。ただ，仲間と仲良く過ごすだけではなく，仲間から認められ，尊敬を受けたいという欲求が強くなるのである。

尊厳的欲求も満たされると最後は自己実現欲求が強くなる。他者の評価に関係なく，自らが望むことを実現したいという欲求が強くなるのである。

マズローによると，ある程度欲求が満たされた社会で従業員を惹きつけモチベーションを高めてもらうためには，低位の欲求を十分に満たしたうえで，社会的欲求や尊厳的欲求，自己実現欲求といった高位の欲求を満たす報酬を提供することが必要となる。この理論は，その後のモチベーション理論にも重要な影響を及ぼした。X理論・Y理論[6]や2要因理論[7]など，マネジメントに多大な影響を及ぼしたモチベーション理論も，5階層欲求理論の影響を強く受けているといわれている。

■期待理論

この理論は，行動がある結果をもたらすであろうという主観的な期待の大きさと，その結果が持つ誘意性の高さによってモチベートされると考えモデル化している。アメリカの経営心理学者であるヴルーム（V.H.Vroom）が提唱し[8]，組織行動論学者であるローラー（E.E.Lawler Ⅲ）[9]が完成させたといわれている。5階層欲求理論が，モチベーションの源になる欲求に焦点を当てているのに対して，期待理論は，モチベーションが生じるプロセスに着目している。

期待理論によると，人のモチベーションは以下の3つの要因によって決まる。

成果に対する主観的期待：努力すればその分だけの成果が上がると本人が信じている程度。

報酬に対する主観的期待：成果が上がれば報酬を貰えると本人が信じている程度。

報酬自体の魅力度：本人が報酬を欲している程度。

　期待理論では，この３つの要因のトータルの大きさでモチベーションが決まると考える。このため，３つの要因のかけ算によってモチベーションのレベルが決まると考える。かけ算として考えるもう一つの理由は，３つの要因のうち１つでも０があると，モチベーションが０になってしまうと考えるからである。

■目標設定理論

　この理論は，目標そのものが重要なモチベーションの源泉になるという前提のもとに構築されている。目標設定理論の完成にはさまざまな研究者がかかわっているが，アメリカの組織行動論学者であるロック（E. A. Locke）とラザム（G. P. Latham）が最も大きな貢献をしたと考えられる[10]。

　目標設定理論によると，人は，目標を受け入れた場合，目標が明確であればあるほど，また，目標が高ければ高いほどモチベーションを高める。目標を受け入れるというのは，目標が重要であることを認識したうえで，頑張れば達成できるレベルの目標であることを理解している，ということである。

　目標設定理論によると，仕事に取り組む場合，目標を受け入れているのであれば，目標が明確であればあるほど，高ければ高いほどモチベーションを高めることになる。

6.4　リーダーシップ

　リーダーシップ（leadership）の定義を共有することは重要である。おそらく，「リーダーシップ」という概念を知らない人はいないだろう。一方で，「リーダー

101

シップとは何ですか？」と問われると，答えに窮する人がいたり，人によって答えが違ったりするだろう。しかし，人によってイメージするものが異なると，適切で建設的な議論を行うことができない。同じイメージを共有しながら議論を進めるために，定義を共有することが重要になるのである。

リーダーシップの定義は，時代とともに変遷してきた[11]。リーダーシップ研究の黎明期では，支配するためのコントロールや権力が強調されてきた。しかし，1930年代になると，リーダーシップを発揮する人の個人的な資質に注目されるようになる。

その後1940年代に入ると，個人的な資質よりも行動の方に焦点が当てられるようになる。1960年代頃からは，ただ指示したり導いたりするだけでなく，メンバー間の人間関係へ配慮する行動も注目されるようになる。

1980年代に入ると，組織への貢献意欲を引き出し，組織を変革に導くリーダーシップに注目が集まるようになり，2000年代以降は，共通の目標達成に向け，リーダーがメンバーに及ぼす影響力に焦点が当てられるようになる。時代とともに，生まれ持った資質ではなく，組織目標を達成するために必要な機能に焦点が当てられるようになってきたといえるだろう。

現代では，リーダーシップは，「職場やチームの目標を達成するために及ぼす他のメンバーへの影響力」と定義づけられている。リーダーシップをカリスマのような特別な才能や組織の権限に基づき発揮されるものと考えている人にとっては，やや意外な定義かも知れない。しかし，リーダーシップを組織目標達成に必要な機能と考えれば，カリスマや権限に基づく影響力だけでなく，たとえば，困っている人に寄り添うとか，さまざまな人の意見に耳を傾ける，とか，次々と新しいアイデアを提案する，などといったことも，重要なリーダーシップであるといえよう。このため今日では，この定義は世界的に共有されたものとなっている。

なお，リーダーシップとよく混同されて用いられるのが**マネジメント**という概念である。実際に，実務では，リーダーシップとマネジメントが，ほぼ同義で用いられる場合もある。しかし，マネジメントは，一般的には，「人を通じて，そして人とともに，物事を効率的および効果的に成し遂げるプロセス」と定義されている[12]。また，マネジメントの重要な役割には，「計画すること」，「組織化すること」，「リードすること」，そして「コントロールすること」が含まれる[13]。

そのように考えると，両者は重なる部分はあるものの，明確に異なる概念である
ことがわかる。

　本節では，変革型リーダーシップ理論とサーバント・リーダーシップ理論を紹
介する。どちらも，学術的にも実務的にも，最も注目を浴びている理論の一つだ
からである。

■変革型リーダーシップ理論

　「優れたリーダーを1人思い浮かべてみてください」といわれたら，みなさ
んはどのような人を思い浮かべるだろうか？　人によってさまざまだろうが，た
とえばマーチン・ルーサー・キング牧師とか，インド独立の父ガンジーやマザー・
テレサ，徳川家康などを思い浮かべるかも知れない。ビジネス界でいえばスティー
ブ・ジョブズや松下幸之助の名前も挙がるかもしれない。

　これらの人達が優れたリーダーであるということについては，およその人が合
意するだろう。だとすると，これらの優れたリーダーには，何か共通点があるの
ではないだろうか？　そのような問題意識から生み出されたのが，アメリカの組
織行動論学者であるバス（B. M. Bass）によって提唱された**変革型リーダーシッ
プ理論**である[14]。

　変革型リーダーシップ理論とは，フォロワー（リーダーシップを受ける人・リー
ダー以外のほかのメンバー）自身の個人的利益を超越し，組織パフォーマンスを
高めることへの貢献意欲を引き出すリーダーシップの特徴を明らかにした理論で
ある。変革型リーダーシップ理論という名称だが，必ずしも組織変革だけに焦点
を当てているわけではなく，むしろ，組織の構成員であるフォロワーを貢献意欲
が高いフォロワーに変革していく意味合いが強い。

　変革型リーダーシップには，以下の4つの特徴があるといわれている[15]。

　　ミッション・ビジョンの提示：ミッションやビジョンを示し，フォロワー
　　　　のプライドを高め，尊敬や信頼を獲得する。社会へのインパクトや
　　　　会社のミッションと関連づけながら職場目標を達成することの重要
　　　　性を伝える行為などが含まれる。

103

モチベーションの鼓舞：高いレベルが期待されていることを示し，重要
な目標を分かりやすい方法で示す。現在取り組んでいる仕事がいか
にすばらしい仕事なのかということをわかりやすく伝えたり，仕事
に取り組む意義を熱く語ったりすることなどが含まれる。

知的刺激：知性，合理性，注意深い解決方法を示す。解決が難しそうな
課題に対して，これまでと全く違ったアプローチを提案したり，こ
れまで疑問に思わなかったようなことについても新たに考えるよう
に求めたりすることなどが含まれる。

個別配慮：各フォロワーに配慮し，各フォロワーに対して個別にコーチ
し，アドバイスをする。フォロワーの感情に配慮して発言したり，
リーダーのことを好ましくないと思っているフォロワーにさえ個人
的な配慮を行ったりすることなどが含まれる。

変革型リーダーシップ理論は，日本を含む世界中で研究が行われ，その正しさ
が検証されている。また，変革型リーダーシップ理論をもとにしたリーダーシッ
プ開発プログラムも展開されており，学術界にも実務界にも大きなインパクトを
及ぼしている重要なリーダーシップ理論といえるだろう。

■サーバント・リーダーシップ理論

変革型リーダーシップ理論が世界中で注目されるようになるにつれ，その問題
点も指摘されるようになる。強力さゆえのダークサイドの問題，後継者育成を阻
害する可能性，フォロワーが思考停止してしまう可能性，文化的影響を考慮して
いない点などである。

このため，変革型リーダーシップ理論へのアンチテーゼとして別のリーダー
シップ理論が注目を浴びるようになる。その中のでも大きな注目を浴びているの
が**サーバント・リーダーシップ理論**である。この理論は，実務家であるグリーン
リーフ（R. K. Greenleaf）によって提唱され[16]，その後，さまざまなリーダー
シップ研究者によって洗練され今日の形に発展した。

サーバント・リーダーシップ理論とは，フォロワー中心主義，利他主義，道徳

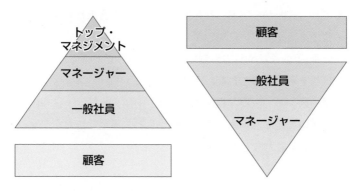

●図表 6-7　サーバント・リーダーシップの考え方●

的・倫理的価値によって特徴づけられる，チーム・フォロワーに奉仕するリーダーシップをモデル化した理論である。

　図表 6-7 の左図は，従来の企業の考え方を図示したものである。しかし，企業にとって一番大事なのは，顧客であり，その顧客に直接対応するのは一般社員である。そのように考えると，企業にとって一番重要なのは一般社員であり，それを支えるのがマネージャーで，一番下から支えるのがトップ・マネジメントとも考えられる。これを図示したものが右図である。この右図は，サーバント・リーダーシップの考え方を反映しているといえよう。

　サーバント・リーダーシップには以下の 7 つの特徴があるといわれている[17]。

　　誠実さ：オープンなコミュニケーションをとること，言動を一致させること，責任を取ることなどが含まれる。
　　利他主義：他者を助けること，進んで他人のためにリスクをとること，他者のニーズを優先することなどが含まれる。
　　謙虚さ：他者へ敬意を示すこと，ステータス・シンボルを避けること，他者の努力を強調することなどが含まれる。
　　共感・癒やし：落ち込んでいる人へ寄り添うこと，進んで多様性を受け入れること，コンフリクトの和解を促進することなどが含まれる。
　　フォロワーの成長促進：フォロワーの能力や効力感を促進すること，現

在の仕事と関係するかどうかにかかわらず能力向上の機会を提供すること，失敗から学ぶことを促すことなどが含まれる。

公平・公正：フォロワーに対して公平なマネジメントを心がけること，不公平・不公正なやり方や制度に異議を申し立てること，フォロワーの権利を重視することなどが含まれる。

エンパワーメント：重要な意思決定を行う前にフォロワーに相談すること，適切な自律性・権限委譲を行うこと，重要な情報をフォロワーと共有することなどが含まれる。

これらの7つの特徴を示すことが，フォロワーを下から支え，目標達成に適切に導く影響力の発揮につながるのである。

■変革型リーダーシップとサーバント・リーダーシップ

本節では，変革型リーダーシップとサーバント・リーダーシップという対照的な2つの理論を概観してきた。果たして，これらの理論のうち，どちらの方が効果的なのであろうか？ また，読者であるみなさんが発揮するとすればどちらを選ぶだろうか？

恐らく，どのような状況であっても必ず効果的であるといった万能のリーダーシップは存在しないのであろう。リーダーシップが効果的であるかどうかは，ほかのメンバーの性格や能力，取り組んでいる目標や課題，職場やチームが置かれている環境，そして何よりも本人の性格や能力によって大きく異なるはずである。

だとすれば，さまざまなリーダーシップ理論を知ったうえで，当該状況で最も効果を発揮するリーダーシップを発揮することが必要になる。本節で紹介した理論以外にも，魅力的な多くのリーダーシップ理論が存在する。視野を広げてさまざまなリーダーシップ理論に触れることが，自らのリーダーシップを効果的にするために必要なことなのであろう。

第 7 章
財務と会計

　日々のニュースや新聞・ネット記事をみる中で，たとえば，「(ユニクロやジーユーなどの衣料品会社を傘下に持つ) ファーストリテイリングの今期の売上高と営業利益」のような報道を目や耳にした方は多いと思う。COVID-19 のパンデミック時には，売上高や利益の情報だけでなく，企業の資金繰りや資金調達にかかわるニュースや新聞・ネット記事が見受けられた。本章では，売上高や利益，資金調達といった内容にかかわる財務と会計について取り上げる。

　具体的には，資金調達と企業の活動について説明したうえで，会計の仕事について取り上げる。そのうえで，資金の流れを記録するための手段である簿記と簿記の一連の手続きを経て作成される財務諸表について説明する。最後に，財務会計と管理会計という 2 つの会計領域についてみていく。なお，以下では**第 13 章**で詳述する，株式会社を前提とする。

7.1　資金調達と企業の活動

　資金調達の方法は，投資家と金融機関との関係と深くかかわる。その理由は，企業の資金調達が，投資家や金融機関などから資金を調達することとかかわっているからである。

　企業の代表的な資金調達は 2 つある。第一に，企業は株式の発行を通じて，資金を調達する。**第 13 章**で説明するが，投資家（株主）が株式の発行市場において株式を購入すると企業に資金が出資されることになる。企業が株式の発行を通じて投資家から調達した資金は返済の義務がないことから，**自己資本**と呼ばれ

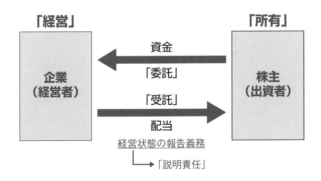

●図表 7-1　所有と経営の関係における説明責任●

る[1]。投資家は株式を購入すると株主となる。**第13章**で説明するが，株主は株主総会における議決権と会計期間ごとに純利益（額）に応じて配当金を受け取る権利を有する。

　第二に，企業は金融機関（銀行等）からの借入れや社債券の発行によって資金を調達する。この資金は，後に返済の義務があることから他者に帰属する。したがって，借入れや社債券の発行によって調達した資金は**他人資本**と呼ばれる。加えて，この資金は，返済期限まで一定期間ごとに利息を支払う必要があることから**有利子負債**という。

　わが国では，戦後から1990年前後までは，資金を主に銀行の融資によってまかなう資金調達が主流であった。企業は主要銀行との取引関係を築くことで，必要な時にタイムリーに資金調達ができた[2]。

　1990年以降になると，株式市場に上場している企業は株式による資金調達の割合を高めている。現在でも，銀行からの借入れは主要な資金調達の方法であるが，1990年以降，銀行を取り巻く経営環境が変化したことや大手銀行が倒産するという事態が生じたことによって株式による資金調達の割合が高まった[3]。

　図表7-1にあるように株式会社は資金を提供する株主と，株主から経営を委託された経営者によって運営される。このような関係を**所有と経営の分離**という。詳しくは**第13章**にて説明するが，この関係においては，経営者は株主（委託者）から資金を委託されて企業経営を遂行するので受託者となるが，**説明責任**（accountability）を果たすため，財政状態や経営成績はどうなっているのかについ

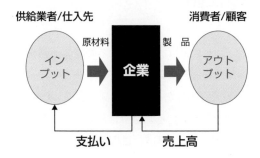

●図表 7-2　企業活動のプロセス●

て株主に報告する義務を負う。本章 7.3 と 7.4 で詳述するが，経営者の株主に対する説明責任を果たす手段が**財務諸表**（financial statements）の公開であり，株主以外のステークホルダーに対しても財務諸表を通じて企業にかかわる情報が提供される[4]。

　企業は調達した資金で活動を継続していく。企業の活動（製造業の場合）のプロセスは**図表 7-2** のようにインプットとアウトプットにかかわる活動を繰り返し行う。以下ではインプットとアウトプットという活動において調達した資金がどのように活用され，さらにどのように企業が資金を回収するかについて説明する。

　企業が調達した資金はインプットのために活用される。企業は製品を製造するために，外部の供給業者などから購買活動を通じて原材料などを仕入れ，製造活動を行う。企業が調達した資金は，製造活動を開始・継続するために，この供給業者 / 仕入先に対する購入代金をはじめ，従業員の給与，水道光熱費や土地・建物の賃貸料といった各種の費用の支払いのほか，機械・設備の購入などに充てられる。

　さらに，企業はアウトプットを通じて自ら資金を回収する。すなわち，企業は販売活動を通じて，生産活動によって製造した製品を消費者や顧客に提供し，売上高として資金を回収する。回収した資金は，先に述べた通り，各種の費用の支払いや機械・設備の購入に充てられる。

　企業はインプットとアウトプットにかかわる活動を繰り返し行うことによって利益を獲得し，企業活動の継続が可能となる。こうした活動を毎期繰り返しながら企業は成長を遂げ，**第 13 章**で説明する企業価値の向上を目指す。

7.2 会計の仕事

　企業における**会計**（accounting）は，企業の経済活動を貨幣などを用いて計数的に測定し，その結果を報告書にまとめてステークホルダーに伝達することである[5]。たとえば，前節で説明したように，企業は調達した資金を運用して，製造・販売といった経済活動を営んでいる。会計は所定のルールにしたがって経済活動を数値で測定し，報告書にまとめる[6]。この手段として，前節で取り上げた財務諸表がある。

　会計の仕事には経理・財務部門が大きく貢献する。具体的には，株主や債権者から調達した資金の運用結果として財政状態や経営成績等を株主や企業外部のステークホルダーに財務諸表を通じて報告することに対して，経理・財務部門は大きな役割を果たす。これは本章 7.4 で説明する財務会計とかかわる。加えて，経理・財務部門は，経営層をはじめ事業部長・部門長といった組織の業績に対して責任を負う**経営管理者**（manager）に対して計画の策定や事業部や部門の業績評価，意思決定（たとえば，設備投資や計画の達成に必要な活動の決定）に必要な情報を伝達する[7]。これは本章 7.4 で説明する管理会計とかかわる。

　企業の PDCA サイクルと関連づけて，経理・財務部門の仕事を整理すると次の通りである（**図表 7-3**）。すなわち，経営層や経営管理者（マネジャー）が計画（Plan）の策定と計画を実行（Do）する際に，金銭的（お金），財産的（物）な面でのチェック（Check）機能を果たすことで，現場や経営層による是正行動（Action）を支えることが経理・財務部門に求められる。加えて経理・財務部門は決算における財務諸表の作成・報告と年次計画となる予算の策定に従事する[8]。**図表 7-3** は，日常的に発生するチェック（Check）の段階から，月次や年次で仕事が発生する是正行動（Action）と計画（Plan）における仕事を順にまとめたものである。

　以上のように，経理・財務部門は調達した資金の運用結果として財政状態や経営成績等を株主や企業外部のステークホルダーに財務諸表を通じて報告することと，計画の策定や事業部や部門の業績評価，意思決定に必要な情報を経営層や経営管理者に対して伝達することに貢献する。

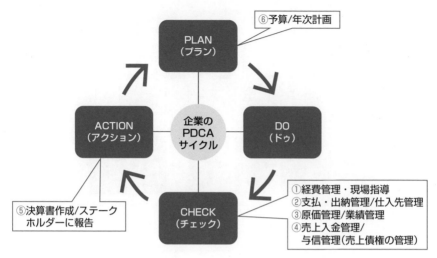

●図表 7-3　財務・経理部門における仕事●

⑥予算/年次計画

PLAN（プラン）

企業の PDCA サイクル

DO（ドゥ）

ACTION（アクション）

CHECK（チェック）

①経費管理・現場指導
②支払・出納管理/仕入先管理
③原価管理/業績管理
④売上入金管理/
　与信管理（売上債権の管理）

⑤決算書作成/ステーク
　ホルダーに報告

（出所）河辺亮二（2019）[8] を参考に作成。

【コラム 7.1：経理・財務部門の仕事の変化と今後】
　経理・財務部門の仕事は，AI（Artificial Intelligence）の進化によって，日々の定型業務や決算，財務諸表作成といった仕事が今後は自動化される見込みである。今後の経理・財務部門の仕事は，分析や改善の提案といった価値の高い情報を提供することへ重要度が置かれるようになっている[9]。

7.3　資金の流れとその記録（簿記）と財務諸表

　本節では，資金の流れを生み出す**取引**（transaction）を記録するための手段である**簿記**（bookkeeping）と，簿記の一連の手続きを経て作成される財務諸表について**図表 7-4** に基づいて説明する。

●図表 7-4　簿記一巡の手続き●

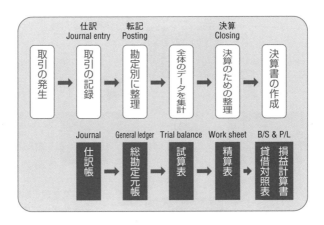

■資金の流れとその記録（簿記）

　企業の経営活動を把握してステークホルダーに会計情報を提供するためには，企業の活動を数値に置き換え，記録することが必要となる。企業の活動を数値に置き換え，計算書である帳簿に記録する方法として，**複式簿記**（double-entry bookkeeping）が採用されている[10]。

　複式簿記は，取引を複数の科目で記録する。具体的には，**図表 7-5** のように T 字の帳簿を用いて企業の事業活動の結果生じる取引を科目に基づいて記録する。T 字の帳簿の左側を**借方**（debit），右側を**貸方**（credit）と呼ぶ。取引を記録する作業を**仕訳**（journalizing）といい，仕訳の際には**勘定科目**（account）が用いられる。勘定科目とは，複式簿記の仕訳や財務諸表などに用いる表示金額の内容を表現する名称（たとえば，現金，商品，売上，借入金，資本金など）のことである。簿記における取引は後述する財務諸表の構成要素を変動させる事柄を意味する。具体的には，**図表 7-6** にあるように**資産**（assets），**負債**（liabilities），**純資産**（net assets），**収益**（revenue），**費用**（expense）に関する借方・貸方の 8 要素の組み合わせで処理を行う[11]。

　仕訳されたデータは，現金や売上などの勘定科目ごとの口座である**総勘定元帳**に書き写される。この書き写す行為を**転記**という。仕訳で取り扱うすべての元帳

112

●図表 7-5　帳簿における借方と貸方●

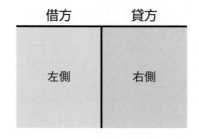

●図表 7-6　簿記の二面性と組み合わせ●

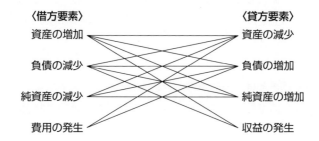

を集めたものという意味合いから総勘定元帳と呼ばれる [12]。

　多くの企業では 12 月 31 日あるいは 3 月 31 日に決算日を迎える。企業は決算時点で，仕訳帳の内容が事実に即しているか否かを検証するために試算表（trial balance）を作成する。試算表は形式の違いにより，残高試算表，合計試算表，合計残高試算表がある。そのうえで，精算表（working sheet）を作成する。

　精算表とは，決算の準備段階として試算表に集約された総勘定元帳のデータを整理し，後述する貸借対照表と損益計算書を作成する一連のプロセスを一覧表形式でまとめた計算書である。精算表作成のプロセスでは，決算において財務諸表を作成するのに整理（修正）手続きを必要とする項目がある。こうした整理（修正）手続のことを決算整理といい，その際に行う仕訳のことを決算整理仕訳という。

　決算整理が完了すると決算書すなわち財務諸表の作成が完了する。以下では，財務諸表について説明する [13]。

【コラム 7.2：仕訳と財務諸表の自動化】
　実務ではアプリケーション・ソフトを活用することで仕訳は自動化されており，帳簿に手書きで記入することはほとんどない。さらに最近では，free 株式会社や株式会社マネーフォワードが提供するクラウド会計ソフトは，人工知能がネットバンキングやクレジットカードなどから得られる取引データから勘定科目を推測し，自動で仕訳をするようになっている[14]。

■財務諸表

　ここでは財務諸表として**貸借対照表**（balance sheet）と**損益計算書**（profit and loss statement），**キャッシュフロー計算書**（cash flow statement）を取り上げる。

1. 貸借対照表

　まず，貸借対照表とは，一時点の財政状態を示す計算書である。財政状態とは資金をどのように調達し，どのように運用しているのかという状態のことを意味する。図表 7-7 のように貸借対照表は**資産**，**負債**，**純資産**で構成され，次の等式が成り立つ[15]。

　　　資産＝負債＋純資産
　　　資産－負債＝純資産

　まず，貸借対照表の左側に着目する。貸借対照表の左側は資産からなり，資金の運用状況を表す。資産は，企業が経営活動を遂行するために所有する財貨である[16]。
　次に，貸借対照表の右側に着目する。貸借対照表の右側は負債と純資産からなり，資金の調達源泉を表す。負債は，資産取得のために出資者以外の第三者より調達した他人資本を意味する。純資産は，後述するように負債を資産から控除したものであり，**自己資本（株主資本）**と呼ばれる。純資産には，株主によって拠出された元本である資本金と資本剰余金，それを活用して過去に得た利益の社内留保分である利益剰余金などがある[17]。なお，純資産の区分と内訳の詳細な説明はここでは割愛する。
　貸借対照表の資産と負債は，流動（資産または負債）か固定（資産または負債）

●図表 7-7　貸借対照表●

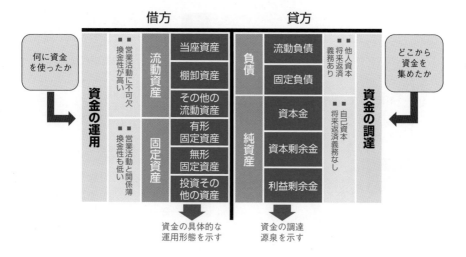

に分類される。**流動資産**（current assets）は比較的短期間に現金化される資産（短期とは一般的に 1 年）である。たとえば，現金預金や売掛金，受取手形などの売上債権，商品，棚卸資産などがある。**固定資産**（fixed assets）には，有形固定資産（機械や設備，事務用機器備品，建物や土地など），無形固定資産（特許権，営業権，借地権など），投資その他の資産（子会社株式，出資金），繰延資産（創立費，開業費，新株発行費，社債発行差金など）がある[18]。

　流動負債（current liabilities）とは短期間に支払・給付引渡期限の到来する負債であり，支払手形や買掛金，短期借入金や未払金などがある（短期とは一般的に 1 年）。**固定負債**（fixed liabilities）は，流動負債に属さない負債であり，社債，長期借入金などがある[19]。

2.　損益計算書

　損益計算書とは，一定期間の経営成績を表す計算書である（**図表 7-8** 参照）。経営成績は，**収益**から**費用**を差し引いた**利益**（earnings, income, profit）で説明される。収益とは，企業活動で獲得した成果である。費用とは，成果を獲得するために費やした努力である。収益は，製品製造や商品の仕入に要した費用，従業員へ支給される給与，水道光熱費，土地・建物の賃貸料などの費用の支払い，金融機関などからの借入金の利子などに充当される。収益から上記の支払いを済

●図表 7-8　損益計算書●

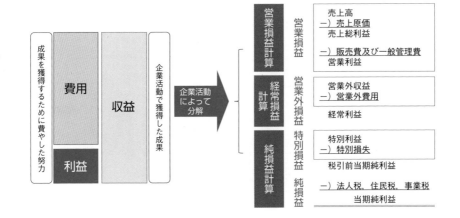

ませた後に残る残額を**利益**といい，次年度以降の内部留保や株主に対する配当金の支払いに充てられる[20]。

　図表 7-8 にあるように収益から費用を差し引いて利益が計算される。損益計算書では利益が段階的に計算される。段階的に計算される利益にはそれぞれ意味がある。

　まず，売上高から売上原価（販売した商品を生産するために要した製造原価など）を差し引くと**売上総利益**が算出される。いわゆる粗利である。

　次に，従業員への給料や店舗の家賃・水道光熱費などの販売費及び一般管理費を売上総利益から差し引いて**営業利益**を算出する。この営業利益は本業の儲けを意味する。営業利益から営業外収益 / 費用（営業外費用として，たとえば借入金の利子がある）を加減して**経常利益**が計算される。この経常利益は，その企業の当期業績を意味する。

　続いて，経常利益から特別利益 / 損失を加減して**税引前当期純利益**を算出する。経常的ではない，臨時的性格の強い利益・損失を加味した利益を意味する。最後に，税引前当期純利益から法人税などを控除して，企業の最終的な成果である**当期純利益**を算出する。この当期純利益は，前期繰越利益と併せて，株主への配当金の原資となる[21]。

I	営業活動によるキャッシュフロー	
	営業収入	×××
	原材料または商品の仕入支出	-×××
	人件費支出	-×××
	その他の営業支出	-×××
	小計	×××
	利息及び配当金の受取額	×××
	法人税等の支払額	-×××
	営業活動によるキャッシュフロー	×××
II	投資活動によるキャッシュフロー	
	有価証券の取得による支出	-×××
	有形固定資産の売却による収入	×××
	投資有価証券の売却による収入	×××
	貸付けによる支出	-×××
	投資活動によるキャッシュフロー	×××
III	財務活動によるキャッシュフロー	
	短期借入れによる収入	×××
	社債の発行による収入	×××
	社債の償還による支出	-×××
	自己株式の取得による支出	-×××
	財務活動によるキャッシュフロー	×××
IV	現金および現金同等物の増加額	×××
V	現金および現金同等物期首残高	×××
VI	現金および現金同等物期末残高	×××

3. キャッシュフロー計算書

　最後に，キャッシュフロー計算書について説明する。企業は手元に**現金**（cash）がなければ，黒字であっても常に倒産の危機にさらされる。これを**黒字倒産**という。安心して経営活動を遂行するには，現金の状況を常に把握しておく必要がある。その理由として，損益計算書の収支と現金収支は必ずしも一致しないことが挙げられる。たとえば，売上が認識されたとしても取引によっては現金が後から回収されたり，原材料の仕入代金は後で支払う場合がある。したがって，実際に企業が使える現金と損益計算書の利益との間にギャップが生じてしまう。そこで，キャッシュフロー計算書は，当該会計期間のキャッシュフローの流入・流出情報より，期首から期末にかけての現金の増減を把握するために役立つ[22]。

　キャッシュフロー計算書では，**図表 7-9** で示すように，３つの活動から当該

会計期間のキャッシュフローの流入・流出情報が提供される。**営業活動による
キャッシュフロー**は，営業取引による支出・収入を意味する。**投資活動による
キャッシュフロー**は，有価証券や固定資産の取得・売却による支出・収入を反映
する。**財務活動によるキャッシュフロー**では，短期・長期借入れによる収入，短
期・長期借入金の返済による支出，株主への配当金による支出などが反映される[23]。

　なお，**第13章**で説明する証券取引所に上場している企業は，企業が作成する
財務諸表について，外部監査機関たる**監査法人**ないしは**公認会計士**による**監査**を
受けることが義務づけられている。公認会計士が行う監査とは，財務諸表が会計
基準に基づいて適正に作成されているか否かに関してチェックを行い，意見を表
明することを意味する。

7.4　会計情報の活用：財務会計と管理会計

　前節で説明した財務諸表は，**財務会計**（financial accounting）と**管理会計**
（management accounting）という領域で活用される。

　財務諸表は**会計基準**というルールにしたがって作成される。ルールにしたがっ
て財務諸表が作成されることで，企業の活動資金を受託した経営者は，資金の委
託者である株主に対する説明責任を果たすことができる。以上のように，企業の
各種のステークホルダーに正しい会計情報を提供する会計学領域，すなわち外部
報告を目的とした領域を**財務会計**という。財務会計は，株主以外の企業の各種の
ステークホルダーにも説明責任を果たし，意思決定に役立つ情報を提供すること
に貢献する[24]。

　図表7-10はステークホルダーの会計情報の利用目的と利用方法をまとめ
たものである。たとえば，株式や社債の証券投資家は，投資収益予測のために，**ファ
ンダメンタル分析**（**収益性・安全性・成長性**）による企業評価を行う際に会計情
報を用いる[25]。

　株主は，投資判断や株式の売却の意思決定をする際に，会計情報を用いる。加
えて，機関投資家のように多額の資金を人々から委託されて企業に投資している
場合には，財務諸表を判断材料として，その企業をモニターし，必要に応じて投

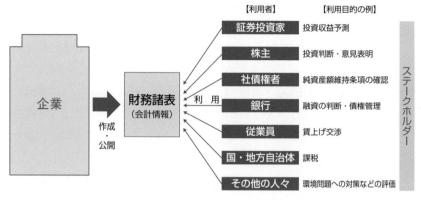

●図表 7-10　会計情報の利用者・利用目的・利用方法●

（出所）桜井久勝・須田一幸（2022）[24] を参考に作成。

資先の経営に対して意見表明をしながら影響力を行使する[26]。

　銀行は，企業に対する貸付業務（貸付の可否，貸付の条件，貸付後の債権管理の決定）や債券管理（財政状態や経営成績のモニタリング）のために，企業の財政状況と経営成績を把握するために財務諸表を分析する。銀行にとって融資と債権管理が銀行の業績を左右するからである[27]。

　社債権者は，社債の購入に際してあらかじめ定められている財務上の特約（純資産額維持条項など）について社債の発行企業が遵守しているかどうかを判断するために，社債購入後に財務諸表に基づいて判断する。社債は無担保社債として発行されるため，社債の発行企業は社債投資家の信頼を確保するため財務上の特約を遵守することが求められている。一方で，社債権者は社債購入後に財務諸表を用いて発行企業が財務上の特約を遵守しているか判断する必要がある[28]。

　従業員も財務諸表を活用することがある。たとえば，組合が春闘にてベース・アップとボーナスの交渉を行うにあたって，会計情報を分析する。また，成果配分制度や業績連動報酬を導入している企業では，企業の財政状態や経営成績が自分の収入と直結するため従業員自身も会計の知識を理解しておくことは有効であるといえる[29]。

　このほか，税務当局は企業から各種の税金（法人税，住民税，事業税など）を徴収することになる。その際，損益計算書で計算される当期純利益をもとに課税

所得を算定することから，財務諸表が活用される[30]。

　近年では，企業が及ぼす影響が広く社会に及んでいる。たとえば，企業の環境問題への対策などの成果を金額的に測定した環境会計の情報によって，企業はステークホルダーをはじめ広く社会に企業の環境問題への取り組みにかかわる情報を開示している。さらに，環境問題だけでなく，人権といった社会的課題や企業のガバナンスといった ESG（環境：Environment，社会：Social，企業統治：Governance）をもとに投資をする動きが高まってきている。こうした動きを踏まえ，企業は，財務諸表による会計情報の開示に加え，非財務情報の開示を行うようになっている[31]。

　複式簿記によって作成された財務諸表は，企業が自社の経営状況を把握し，管理する際にも重要な役割を果たす。たとえば，「昨年度までの財政状態から今年度の経営活動をどのように改善すればよいのか」，また「次年度以降の経営活動をどのような方向に導けばよいのか」など，事業活動に責任を負う経営管理者（たとえば，部長）には常に重要な意思決定が求められる。企業内部で適正な経営活動へと導くために，財務諸表から提供される会計情報を活用して企業経営の管理業務を支援する領域を**管理会計**という。

　経営者であるトップマネジメントが担うプロセスとして戦略策定，経営管理者が担うプロセスとして**マネジメント・コントロール**（management control）という概念がある[32]。戦略策定は，組織目的の決定，目的の変更，目的達成に用いられる諸資源およびこれら資源の取得・使用・処分に際して，準拠するべき方針を決定するプロセスである。マネジメント・コントロールは，経営管理者が組織目的の達成に資源を効果的かつ能率的に取得し，使用することを確保するプロセスである[33]。このマネジメント・コントロールのプロセスで管理会計が用いられる。

　以上を踏まえ，管理会計の主な利用者は企業内部の経営管理者である。過去の会計情報をもとに組織の業績を把握するだけでなく，組織を先導するために計画としての会計情報を経理・財務部門の担当者が作成する。近年では，管理会計において，会計情報で測定される業績を説明する要因となる**非財務情報**（顧客満足，品質，従業員満足など）が活用されることもある[34]。

　管理会計は**業績評価**と**意思決定**のために活用される。業績評価は，経営管理者

●図表 7-11　財務会計と管理会計の相違●

	財務会計	管理会計
情報の利用者	企業外部の ステークホルダー	企業の経営管理者
法律や制度との関係性 による相違	強制される	強制されない
報告書の詳細さ	要約（主に企業全体）	詳細 （部門別・製品別など）
測定尺度の相違	貨幣が測定尺度	貨幣以外も利用
時間志向	過去	未来

（出所）Jiambalvo（2020）[34] を元に作成。

が計画の数値目標である予算と実績をもとに組織や従業員が目標を達成できているかどうかを把握し，予算と実績に差があった場合にその原因を明らかにし，目標の達成に必要な行動をとることである。意思決定は，設備投資をしたほうがよいか，遊休資産を有効活用できる方法がないか，新製品を製造する原価をいくらにするかなど，経営管理者が将来の行動を考えることである。業績評価は計画をもとに過去の事象を振り返ることを中心とするのに対して，意思決定は，将来の事象について決定することを中心とするところが大きな違いである[35]。

　最後に，財務会計と管理会計の相違をまとめると図表 7-11 の通りである。第一に，「情報の利用者」に関して，財務会計は，企業外部のステークホルダーに対して，説明責任を果たすことを目的としている。管理会計は主として企業の経営管理者に対して，業績評価と意思決定に必要な会計情報を提供することを目的としている[36]。

　第二に，「法律や制度との関係性」に関して，財務会計は，会社法や金融商品取引法などの法律や企業会計基準にしたがって会計情報の作成が強制される。管理会計は，法律や制度に強制されることはない。むしろ，後述するように目的に応じて自由に会計情報が作成される[37]。

　第三に，「報告書の詳細さ」に関して，財務会計は企業全体の要約を会計情報として提供する。管理会計は目的に応じて，部門別や製品別といったように，詳細な情報を提供する[38]。

第四に，「測定尺度の相違」に関して，財務会計では，貨幣が測定尺度の中心にある。管理会計では，先述の通り，貨幣以外に顧客満足，品質，従業員満足などの測定も行う。なお，財務会計においても，先述の通り，企業に対して開示が求められる情報が多様化していることから，貨幣以外に測定した情報を開示する動きが高まっている[39]。

第五に，「時間志向」について，財務会計の情報は過去の財政状態や経営成績である。これに対して，管理会計の情報は，過去の会計情報をもとに業績を把握するだけでなく，組織を先導するために計画としての会計情報を主としている[40]。

第III部

企業の活動を方向づけ，
成長させる諸活動

第8章
組織・戦略とマネジメント

　マネジメントとは何か。どうすれば，事業をうまく経営できるのか。この問題は，古代エジプトや中国ですでに認識されており，企業以外の組織，たとえばローマ・カトリックや軍隊などでも同様の問題が存在したという[1]。多くの経営者がその問題に直面したのは20世紀初頭で，技術革新と大量生産が本格化し，企業の規模が著しく拡大していったときである。「科学的管理」が脚光を浴び，組織やマネジメントの研究も盛んになり，さまざまなアプローチが生まれた。その結果，1960年代にはすでに「マネジメント理論のジャングル」[1]と呼ばれるまでになった。

　その後，実務面では新しい事業をグローバルに展開していく中で，どのように組織を集中化あるいは分権化させていくか，あるいはどうすれば分業をうまく調整していけるかなど，経営者は複雑な組織運営を余儀なくされた。激しさを増す競争環境に呼応するように，理論面では1980年代に競争業者に対し，いかに競争優位を築くかを論じる「競争戦略論」が台頭してくる。さらに，21世紀に入るとデジタル社会が到来し，地球環境問題もまた喫緊の課題となった。企業は現在，デジタル化（**第9章**），社会的責任（**第10章**），グローバル化（**第11章**），イノベーション（**第12章**）など，多くの課題に直面している。

　これまで経営者は，時代によらず経営環境の変化に向き合いながら経営戦略を計画・実行し，マネジメントを行ってきたといえる。一方，どのように環境が変化しても，基本部分で変わらないところもある。本章では，その源流に立ちかえってマネジメント，分業の効率性，組織，戦略について順に取り上げる。

8.1　マネジメント

　最も汎用的な「経営」の定義は，**第1章**で示したとおりである。ただし，企業経営という場合，厳密には組織の最上位ではステークホルダーに対するコーポレートガバナンス（**第14章**）と自社の戦略実施や業務遂行にかかわるトップマネジメントが混在している。本章では，基本的に後者（自社の事業運営）を対象にし，以下では後者に対してマネジメント，両者を区別しないときに経営と表記することにする。

■研究アプローチ

　図表8-1は，1960年代の「ジャングル」状態を6学派（The Six Schools of Management）に整理したものである[1]。この分類は時代とともに変遷し，現在「学派」の意義は失われているが，マネジメントに対する研究アプローチの原型が示されており，これを出発点としたい（**図表8-1**）。

　1つ目が**管理過程学派**（management process school）で，後述するファヨール（J. H. Fayol）の考えを基礎にしている。マネジメントを行うとは「人々を通じて，人々と一緒にものごとをなさしめること」をいう。「オペレーショナル」学派ともいわれるように，マネジャーが行う「共に働く個人やグループが効率よく目標達成ができるように環境をデザインし，維持する」業務に焦点があてられる[1,2]。

　2つ目は**経験学派**（the empirical school）で，実務の経験，歴史，事例を研究して，一般化（理論化）を試みたり，そこから有益な経営技法を導き出したりしようとする。現在，このアプローチは実証研究のほか，ビジネススクールの授業や実務家向けのケーススタディとして活用されている。ケーススタディとは，複数の情報源を用いて実生活や実務にみられる現象を探究する研究方法をいう。ビジネススクールの教材として提供されるものは，企業経営などに関する何らかのテーマに対し，参加者の議論を促すことを目的に，1社（または複数社）の企業に対して整理されたデータやストーリーを提供する。なお，実証研究の手段と

●図表 8-1　初期のマネジメント理論の分類●

(出所) Koonz & O'Donnell (1964)[1] pp.26-33 の記述を整理して作成。
(原書では管理過程学派を中心に位置づけている)

して活用する場合は，何らかの仮説を検証するために企業の実態などが厳密に分析される。

　３つ目は**人間行動学派**（the human behavior school）で，組織の中の個人，個人間関係，リーダーシップなどを探求するもので，**組織行動論**がこの流れに入る（**第６章**）。組織で働く人間にとって身近なテーマであることから，理論面，実践面の両方で重要な位置づけを占めている。

　４つ目は**社会システム学派**（the social system school）で，社会システムの中に組織を位置づけ，マネジメントのあり方を探究する。社会学とも親和性が高く，CSR（**第10章**）やコーポレートガバナンスなども深く関連している。

　５つ目は**意思決定学派**（the decision theory school）で，組織を情報処理システムとして捉え直し，不確実性に対処するための情報と組織の意思決定が大きなテーマになる（**第９章**）。行動経済学，ゲーム理論など周辺領域との関係も深く，それらの知見や手法が各分野で活用されている。

　６つ目は経営管理を数学的なモデルとしてとらえる**数理学派**（the mathematical school）で，**図表8-1**では，これを一つの学派として独立させている。現在は，学派の違いによらず実証研究において，あるいは実務において統計手法や AI アルゴリズムなどが道具として広く活用されている。

8.2 マネジメント理論の源流

　マネジメントは一つの機能であって，事業のマネジメント，マネジャーのマネジメント，従業員と仕事のマネジメントの３つがあるとされる[3]。マネジメントの目的は，マネジメント・プロセスを通じて組織の目標達成のために個々の努力の調和を図ることであり，調整活動（coordination）の良し悪しが問題になる[2]。ところが，組織図（後掲の**図表 8-3 ～図表 8-5**）をみるとわかるように，現実には**ヒエラルキー**（階層構造）が存在する。すると，組織ヒエラルキーに応じて必要なスキルは異なるのではないかという疑問がでてくるであろう。

　この問いに対し，カッツ[4]（R. L. Katz）が一つの回答を提示している。雑駁にいうと，必要なスキルには**コンセプチュアルスキル（概念化能力）**，**ヒューマンスキル（対人関係能力）**，**テクニカルスキル（業務遂行能力）**の３つがあって，組織ヒエラルキーが上位ほどコンセプチュアルスキル，下位ほどテクニカルスキルが必要になるという。初出は 1955 年の HBR（Harvard Business Review）と古いが，1974 年に再掲載された後，現在では「**カッツ・モデル**」として広く受け入れられている。こうした経緯は，企業経営の現実に対する洞察によって提示された説が，長い年月をかけて定着し，それが再び実務に生かされていく端的な例を示している。実践としてのマネジメントは，正確には科学とはいえない。しかし，実践の根底にある体系化された知識を科学と呼ぶなら，両者は排他的なものではなく補完的なものになる[1, 2, 3]。

　現場からデータを集め，分析し，知見の体系化を試みる科学的方法の源流をたどっていくと，20 世紀初めの科学的管理（scientific management）に行き着く。「経営管理論」の出発点ともいえる，テイラーの科学的管理とファヨールのマネジメント・プロセスの２つに注目する。

■科学的管理[5]

　テイラー（F. W. Taylor）は，マネジメントの主たる目的は雇用主に最大限の繁栄をもたらし，従業員に対しても最大の繁栄を保証することだという。しかし

ながら，雇用主と従業員の利害はしばしば対立してしまう。そこで，彼は経験則
（the rule of thumb）を脱し科学的管理の導入によって両者の利害を一致させ
るべきとした。テイラーの状況分析と具体的対応は，以下のようなものであった。

1．工場の作業現場の状況：当時の生産現場は経営側のマネジメント体系が整
備されておらず，単純な**出来高払い制度**であった。そのため，労働者が生産
性を向上させ生産量が増えると経営側はそのコスト負担に耐えられなくなり，
賃率を引き下げるという悪循環に陥っていた。それが労働者の不審を買い，
自然的怠業や組織的怠業を許すことになった。**自然的怠業**（natural
soldiering：本能に基づく手加減）とは，できれば楽をしたいと考える人の
自然な感情に基づく行為で，**組織的怠業**（systematic soldiering：計画的
手加減）とは，互いに示し合わせて実際は怠惰に働いているのを真面目に働
いているようみせかけ，故意に生産性を向上させないようにすることである。

2．組織的怠業の根本的原因：職長による**内部請負制度**（経営者から仕事を請
け負い，自分の裁量で作業者に仕事を割り振る制度）にそもそもの原因があっ
た。経営者は賃金のコントロールはできても生産性に直結する工場のライン
スピードをコントロールできていなかった。

3．対応：テイラーは，仕事の効率性を高めるためには**作業の細分化**
（subdivision）が必要と考えた。労働者が一日に達成すべき**仕事の標準量**
として「課業（task）」の概念を導入し，作業者が1つの作業に要する時間
と作業者の動作を分析（**時間研究／動作研究**）し，達成可能な作業目標を設
定した。合わせて，出来高制度を改め，課業を達成した者には高い賃率，未
達の者には低い賃率を適用する**インセンティブ**を与え，「自主性とインセン
ティブ（initiative and incentive）」を柱とした制度を作り，対応を行った。

　生産現場に対してこうした科学的アプローチを導入したことは，画期的であっ
たといえる。しかしながら，拙速な時間研究などを行い現場がストライキを起こ
すこともあった。また，そもそも人間に対する理解が不十分で，マネジメントの
対象が現場の課業管理に限られている，生産性を労働力だけで考えている，労働
者のインセンティブとして金銭面だけを考慮しているなどの大きな欠陥もみられ
た。

■マネジメント・プロセス [6]

　マネジメントのプロセスと一般原則（general principle of management）
を初めて示したのがファヨールで，彼は管理過程学派の始祖ともいわれる。これ
は，以下のように要約される。

　　1．**マネジメント・プロセス**：オリジナルは「計画，組織，指揮，調整，統制」
　　　であるが，いろいろな考え方，解釈がある [2]。

　　2．**マネジメントの一般原則**（14項目）：14項目の中で本章に直接関連する
　　　項目では，**分業**（専門化）（division of work），上司は一人とする**命令の
　　　一元性**（unity of command），**公正な従業員報酬**（remuneration），**権限
　　　の集中**（centralization），自ら計画し実行する**自主性**（initiative）が挙げ
　　　られる。

上記のとおり，プロセスをどのように考えるかについては必ずしも一様ではない。
「計画，組織化，人材を配置する，目標に導く，統制する」とされることもある [2]。
また，日本の生産現場で実践されてきた**PDCA**（Plan（計画）-Do（実施）
-Check（見直し）-Act（改善））サイクル [7] もまた，マネジメント・プロセス
として考えることができる。このPDCAサイクルはISO関連のマネジメントシ
ステム規格（ISO9000s，ISO14000sなど）の中に組み込まれている。

　実務家にとって経営の原則が明らかになることは，自組織に対する理解を深め，
マネジメントのあり方を再考する機会になる [1]。ただし，そこには相反する主張
が併存しうるという批判もある [8]。たとえば専門化について，やみくもに仕事の
専門化を進めるのが望ましいのではなく，効率を高めるように専門化を進めるべ
きではないのか。あるいは，命令の一元性について，人を組織ヒエラルキーに配
列し，かつ**統制の幅**（span of control）を小さくすることが最適だといえるのか。
これらを突きつめると，最適な組織は何かという問題につながっていく。この問
題は，後述の「コンティンジェンシー理論」の登場で一応の解決をみることにな
る。

8.3 分　業

　業務を分割していく際にどれくらい専門化の程度を細分化するか，統制の幅と
それに伴う命令系統をどのように定めるか。これらは，**分業の効率性**に直結する。

■見えざる手 [9]

　なぜ組織を作るのか。複数の人々の分業によって効率化が図られるからだとい
うのが一つの答えになる。18世紀にこの考えを表明した人物として知られてい
るのが，アダム・スミス（A. Smith：**図表 8-2**）である。主著の『国富論』では，
どのような産業でも分業が進めばその程度に応じて労働の生産力が向上するとい
い，ピンの製造工程を 18 の作業に分解することで，従来に比べ 240 〜 4,800
倍の効率化が達成できる例が示されている。

　彼は，人間には元来，動物とは異なりモノとモノを交換する傾向があり，自分
が生産した大量のモノと他人が生産した大量のモノが交換されることで，社会の
あらゆる階層に豊かさが広がっていくと考えた。個人が自己の利益を追求しても，
社会全体の利益促進につながるメカニズムを「**見えざる手**（an invisible
hand）」ということばで説明している。

　ところが，現実の製造現場で従業員がそれぞれの能力を生かさなければ，ある
いは組織が個々人の能力を十分発揮できるようマネジメントされていなければ，
分業の効果は十分発揮できない。見えざる手による自然な調整に任せるのではな
く，組織内部の問題として働く人間や組織のあり方を検討する必要がでてくる。

■組織内分業

　1970年代になると，企業は事業の拡大などに対してうまくマネジメントでき
るようになり，経営者は自信を深めた。チャンドラー（A. D. Chandler Jr.）は
市場の見えざる手の力は組織ヒエラルキーによるマネジメント（**見える手**：the
visible hand）に置き換わっていると述べた [10]。

●図表 8-2　アダム・スミス●

(出所) エジンバラ，スコットランド：2019 年筆者撮影。

　組織において協働が有効になされるためには，分業と調整が不可欠になる。**業務間の調整**が必要になるのは，分離された課業の間に相互依存性が存在するからである。たとえば，工場で仕入れ作業を行う仕事と生産を行う仕事を考えると，必要な部材が適切に調達できなければ生産活動に支障がでるため，日々調整を行っていくことが必要になるであろう。相互依存のパターンが安定的であれば大きな問題にならないが，予測できない事態が起きるような**偶発性要因**（コンティンジェンシー，contingencies）が大きいほど調整の負担は重くなる。そこで，**標準化**（作業手順，製造業では扱う部品など）を進めて調整が必要となる状況を回避させておき，予期しない状況に対する対応手続きを定めておいたり（計画による調整），コミュニケーションをとって調整を図ったり（フィードバックによる調整）することで対応が図られる[11]。

┌───┐
【コラム 8.1：現代の分業】
　時代は大きく変化し，人間と機械の分業が進展しているところに現在のワークプレースの特徴がある。プログラムで記述できる作業は自動化され，機械学習などのアルゴリズムを使って膨大なデータから一定のルールを導き出すことができるようになってきている。
└───┘

■組織の境界

　企業は孤立した存在ではなく，多くのパートナーと協働を行っている。ところが，**組織間関係**では組織ヒエラルキーを用いたマネジメントが有効に働かない。そもそも，資源配分と生産の調整が価格メカニズムを通じてなされるとするならば，なぜ企業という組織が存在するのか。それに回答を与えたのが**取引コスト論** [12, 13] で，組織の境界を組織間の「取引コスト」の視点（transaction cost perspective）でとらえる。

　この理論では，市場と企業は一組の取引を完遂するための代替的道具で，市場を通じて取引をするよりも，少ない費用で取引を組織化できる場合に企業が生まれ，取引コストが**組織の境界**を定めると考える。たとえば，製造業者が自社で行っている生産業務の一部を外部調達しようとする場合，実際にかかる調達費だけではなくサプライヤーを探索，交渉，契約するコストがかかる。また，いったん外部調達に切り替えてしまうともとに戻れなくなり，後々価格の大幅引上げを要求されるかもしれない。そのような取引コストを勘案して，外部業者がコスト的に有利であれば外部調達するであろうし，そうでなければ自社で生産機能を保有（**内部化**）し続けるであろう。一般に，環境が複雑で，限られた程度でしか合理的ではありえない（限定合理性）意思決定状況で，とりわけ取引相手が少数である場合においては**機会主義**（opportunistic behavior）の脅威にさらされる。このとき，市場での取引コストは高くなるため，組織（内部化）が選択されることになる。

　組織の境界について，「**内部資源**」の視点から考察することもある。ペンローズ [14]（E. T. Penrose）は，企業は内部の生産資源（人的・物的）の集まりで，経営者が内部資源を活用することで資源の能力は高まり，新たな成長機会が生まれる。それが，組織の境界の拡大をもたらすと考える。これは，後述の資源ベースビューのもととなる考え方でもあり，信頼と協働に基づく成長の可能性にもつながっていく。

　さらに，それを推し進めた「**共創**（co-creation）」の視点がある。21世紀に入り，地球規模で企業経営を考え，企業同士や企業と地域などが連携して新しい社会を共創していこうとする考え方が登場してきた [15]。利他主義と組織間の

信頼を土台にして組織の境界を拡張させ，新しい社会の構築に向かっていこうとしている（**第9章**）。

8.4　組　織

　組織研究は，２つに大別される。一つは**マクロ組織論**（**OT**：Organization Theory）で，組織構造，課業相互の関係づけや調整，組織デザインなどを扱い，もう一つは**組織行動論**（**OB**：Organizational Behavior あるいは**ミクロ組織論**：**第6章**）と呼ばれ，個人や小集団行動などを対象にする[16]。ここでは，前者について扱う。

■**組織の定義**

　なぜ**組織**を作るのか。経済効率性から離れて，他人と協働する（組織をつくる）ことで個人ではできないことを成し遂げられるからだ，というのも一つの答えである。組織の定義を簡潔に示したのがバーナード[17]（C. I. Barnard）で，「2人以上の人々の意識的に調整された（consciously coördinated）活動や諸力の体系」とする。すると，企業は典型的な組織だということになる[18]。

　バーナードによれば，人は生物的，心理的，社会的要因を持った複雑な存在である。「5人で石を動かすために協働する」例を使って，組織とは異なる目的を持った個人が集まり，権限を受容し，組織目標を達成していくために協働すると考えた。なお，個人は組織が提供する報酬などの**誘因**（inducements）と引き換えに組織に貢献するので，貢献度より誘因が大きいことが協働の条件になる。

　マネジャーには他人の仕事に責任を持つ役割だけではなく，事業の成果や貢献に対して責任を持つ役割がある[19]。たしかに，道路をふさぐ巨大な石をのけるために「5人で石を動かす」作業を行っても，石が動かなければ協働の目的は達成されない。そこで，分業の効率性だけではなく組織全体の目標達成に関する指標が必要になる。バーナードが示したのは，次の2つの評価軸であった。

　1. 個人のパフォーマンス：能率（efficiency）といい，個人の満足度で測

133

定する。

2. 組織全体のパフォーマンス：**有効性**（effectiveness）といい，目的の達
成度で測定する。

なお，上記では協働の能率を個人の能率の合成物とみており，一般に使われる
「効率性」と意味が異なる（**第9章**）ため「能率」としている。

■組織構造

分業をうまく働かせるために，組織構造の検討が行われる。代表的な構造とし
て職能別組織，事業部制組織，マトリックス組織の3つをクローズアップする。
まず，1つ目の**職能別組織**は，調達，生産，販売，研究開発など職能別に部門を
つくる形態である（**図表8-3**）。ここでは企業全体の企画や調整を行うスタッフ
部門が付加されている（**ラインアンドスタッフ型**の職能別組織）。

2つ目の**事業部制組織**は，事業単位に部門をつくり，その中に調達，生産，販
売などの機能を持たせている（**図表8-4**）。**事業の多角化**とともに登場した形態
で，各部門が行う事業に対して，業務上の決定や実行を行う権限を委譲する。ま
た，その上位にある社長と本社スタッフは全社的な戦略意思決定や資源配分など
の役割を担うことになる。

3つ目の**マトリックス組織**では，複数の立場から業務を管理する（**図表8-5**）。
図では，職能別にかつ事業別に管理するような組織となっている。命令の一元性
に反し，複数の指示・命令系統を有することが特徴である。

では，この3種類でどれが望ましいのだろうか。組織研究が行きついた一つ
の帰結は唯一絶対の組織（構造）はなく，環境に依存するという否定的な結論で
あった。この立場を支持する理論を**コンティンジェンシー理論**という。たとえば，
図表8-6は環境不確実性が高い場合，組織構造が**有機的**（organic）であるほ
ど組織成果は高く，環境不確実性が低い場合には，組織構造が**機械的**
（mechanistic）であるほど組織成果が高い状況を示している[20]。

コンティンジェンシー理論の限界もある。経営環境も企業も変化している状況
で，企業はもっと自律的に戦略行動をとるのではないか。日々の業務を遂行して
いく中で組織学習を行い，自らの能力（capabilities）をダイナミックに向上さ

●図表 8-3　職能別組織●

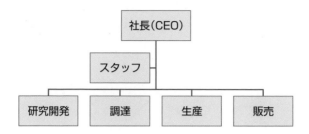

●図表 8-4　事業部制組織●

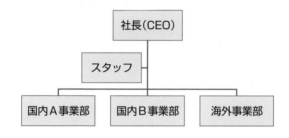

●図表 8-5　マトリックス組織●

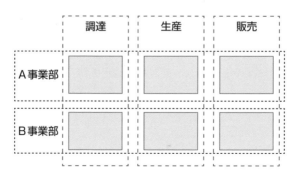

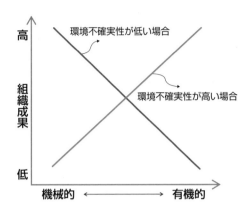

●図表 8-6　組織の環境適応●

高

組織成果

低

機械的　←──────→　有機的

環境不確実性が低い場合

環境不確実性が高い場合

せていくのではないか。さらに主体的に環境を創造することができるのではない
か。これらの問いが，組織論を次の段階に発展させる契機をもたらすことになっ
た。

8.5　戦　略

　戦略ということばは，「指揮能力（generalship）」を意味するギリシャ語のス
トラテギア（strategia）に由来し，戦争を意識しているという（military
strategy：stratus＝army，ag＝guide）。東洋では，紀元前の孫子の兵法まで
さかのぼることができるとされる[21]。たしかに，「敵を知り，己を知れば百戦危
うからず」という原則は，現代の市場をめぐるライバルとの戦いに通用するかも
しれない。だが，ライバルを敵とみて倒すことだけが，経営戦略の本来の目的で
はない。ライバルと切磋琢磨して良い品質の商品を作ることで顧客や社会を豊か
にし，その結果が売上や利益となって自社に還元されていく側面がある。

■経営戦略の定義

市場は「見えざる手」によって調整されるのではなく，むしろビジネスによって創造されるもの[3]と考えることもできる。では，事業を構想する経営戦略とはどのようなものであるのか。代表的な2つの考え方を紹介する。

まず，経営戦略とは合理的，分析的なプロセスとみる考え方がある。一定の分析フレームワークに基づいて業界や自社の内部環境と外部環境を分析し，戦略アイデアを導いて計画を立案していく[22]。要約すると，基本的な長期目標の決定，およびそれらの目標を実行するために必要な一連の行動の採用と資源を割当てること[23]となる。それに対し，戦略策定は計画的なものではないとする考え方もある[22, 24]。企業は業務を実行しながら，経営環境との相互作用を通じて組織学習を繰り返していく。経営戦略とは，その結果生み出されていく創発的なプロセスだと考える。

■経営戦略の階層構造[25]

経営理念は，当該企業の存在意義（why）を公に示すものである（**第3章**）。3年後あるいは5年後にどのような姿になりたいか，経営目標を定めたものを経営ビジョンという。その目標と現時点の状況にはギャップがあるに違いない。この点に注目すると，経営資源と外部環境の制約の中で，そのギャップを埋めるために何をすべきか（what）についての方策を定めたものが経営戦略として位置づけられる。また，それをどのような手段で実施していくかについての方策（how）を**戦術**という。

経営戦略にも階層がある（**図表8-7**）。最も上位にあるのが，**全社戦略**（corporate strategy）である。大企業になると複数の事業を同時に経営している。むやみに多角化して自社の理念と異なる事業に進出することは，ステークホルダーの支持を得られないであろう。全社戦略では，自社の事業領域を定め，事業の組合せを最適化し，どのように成長していくか，そのために経営資源をどのように獲得し，配分するかなどを決定する。

次の階層として位置づけられるのが**事業戦略**（business strategy）である。

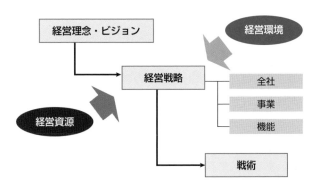

●図表 8-7　経営戦略の位置づけ●

（出所）奥村（1989）[22]pp.70-74 を元に作成。

特定の業界，製品・市場セグメントでいかに競争業者と競争し優位性（competitive advantage）を確保するか，あるいはそれを持続的なものにするかがイシューになる。ここでは詳しく触れないが，競争戦略には競争相手に対し，自社をどのようにポジショニングして優位性を築くかを考えるポジショニングアプローチと，内部資源に着目し，そこに競争優位の源泉があるとみて，それをどう強化して持続性を発揮していくかを考える資源ベースビューがある。

　さらに下の階層にあるのが機能別戦略である。調達，生産，販売などの機能ごとに，配分された経営資源の効率化を最大限に図る方策を考える。

■組織と戦略の関係

　企業にとって，組織と戦略は独立したものではない。チャンドラーは，「組織は戦略に従う」という命題を提示した[23]。企業が多角化などで成長を遂げ規模が拡大していくと，機能別組織ではうまくマネジメントできない。そこで事業単位に組織をくくり（事業部制），権限を事業部に委譲することで解決が図られた。このような経緯は，戦略が先で組織構造が後に続くことを示唆している。

　チャンドラーの命題はよく知られているが，そのアンチテーゼも存在する。組織風土や能力によって戦略が限定されるという意味で「戦略は組織に従う」とする逆の命題も提示されている。

第9章
システムとIT

　事業には商品をめぐる競争と事業システムをめぐる競争があるといわれる[1]。後者は，原材料の調達から顧客に製品・サービスを届ける仕組みや能力の構築を意味する。そのために活用される主要な技術としてIT（Information Technology）が挙げられる。IT基盤を整備することによってデジタル・データの流れをうまくコントロールし，既存事業の支援を行うことができる。さらに，新しい事業を展開したり（**増力化**），業務プロセスを大きく見直してコストダウンを成功させたりする（**省力化**）こともできるようになる。

　以下，デジタル・データを扱う技術の総称をIT，それを利活用するためにハードウェア，ソフトウェア，ネットワークなどの資源を組み合わせて構築したシステムをIT基盤とする。本章では，システムの基礎概念を解説したのち，ITによるマネジメント支援，ITの戦略的活用，デジタル・トランスフォーメーションなどを取り上げる。

9.1　システム

■システム

　システム手帳，システムキッチン，コンピュータシステム，あるいはサッカーの陣形を4-4-2システムというなど，システムということばは日常にあふれている。いずれのシステムも，その対象には人，物，生物など何らかの要素があって関連し合い，全体を構成しているところが共通している。システムを定義する

●図表 9-1　システムのモデル●

と，「目標を達成するために調整（coordinate）された要素の全体」[2] というこ
とになる。

　システムの全体構造は要素間の関係づけによって定まる。要素間を媒介するも
のとしてモノの流れに注目すれば物流システム，カネであれば会計（経済）シス
テム，情報であれば情報システムが認識されていることになる。なお，どのよう
なシステムでも制御のために情報が必要になる。すると，組織は人間のシステム
（**第8章**）でもあり，情報の授受を媒介とする意思決定システムとしてもとら
えることができる[3]。このように，同じ現象でも観察者の関心によって対象とす
るシステムは異なってくる。

　システムを入力（x）→出力（y）へ変換するプロセス（$y = f(x)$）とすると
き（**図表 9-1** 上），箱に当たる部分がシステムの機能に該当する。システムの機
能とは，結果の生成（入力を変換してシステムの目的を出力する働き）を意味す
る。企業は，サプライヤーからの資源を入力して，自社の製品・サービスを顧客
に提供するシステムとみることが可能である（**図表 9-1** 下）。

■システムの評価

　この図をもとに，システムの評価のしかたを考えてみよう。図の「箱」と「矢
印」に着目して，どれだけの資源（x）を投入して成果（y）がもたらされたか（**効
率性**），あるいは目標がどれだけ達成されたか（**有効性**）という2つの尺度が
システムの評価として用いられる[4]。一例として大学生の授業を考えてみると，い
かに短い時間で毎回の課題をこなしたか（効率性），どれだけ良い成績評価が得
られたか（有効性）で自分の学習システムが評価できることになる。他方，組織

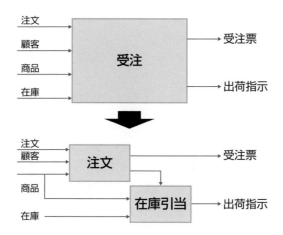

●図表 9-2　業務フローの階層構造●

の評価に適用すれば，どれだけ少ない資源で業務を実施したか，その結果どれだけの組織の目的を達成できたかが問題になるであろう（なお，効率性の指標として，バーナード（C. I. Barnard）のいう組織の「能率」はこれと異なることに注意されたい：**第8章**）[5]。

■システムの構造

　複雑なものには階層構造がみられるという[6, 7]。**図表 9-2** は受注業務の分析例で，受注業務（上図）が注文と在庫引当（下図）に分解されている。上図の箱がシステムの全体を表しており，そこに含まれない外部を環境という。システムを定めれば，環境とシステムの境界が定まる。企業は，環境（システム外部）に属するパートナーや消費者などと経営資源をやり取りする**オープン・システム**である。一方，環境とのやりとりのない閉じたシステムを**クローズド・システム**という。地球は，太陽からのエネルギーを受けて地圏，水圏，気圏，生物圏を維持し続けているシステムであるが[8]，地球上で生きる人類全体を社会システムとみるなら，それは地球外（社会）と交流のないクローズド・システムだということになろう。

　企業の外側にもシステムが存在する。企業は，サプライチェーンなどのシステ

ム（**第4章**）の一部であったり，スマートフォンなどのデジタル機器が相互に
コネクトされて，1つの経済圏（システム）を構成したりしている。サブシステ
ムへの分解（subsystems within systems）とは逆に，システム同士をつなぐ
大きなシステムの体系を**システム・オブ・システムズ**（system of systems）[9]
と表現したりする。

■創発性

システムを分析するとき，要素に分解して詳細を分析する場合と，システム全
体を分析する場合がある。**図表9-2**のような業務分析が前者の典型例である。
それに対し，後者では対象物の集合全体のふるまいを把握することが重要にな
る[10]。たとえば，地球の温暖化を探究するには前記の4つの圏を意識した広い
視点で地球全体の循環系を包含する大きな分析枠組みが必要になるであろう[11]。

システム全体の俯瞰が重要である理由は，システム全体から個々の要素に還元
できない性質が生まれる可能性があるからである。耳が聞こえるのは，外からの
空気振動が鼓膜に伝わり電気的インパルスに変換されて脳に伝わることによる。
ところが耳の細胞一つひとつを細かく分析してもなぜ聞こえるのかはよくわから
ない。また，授業でのグループワークを考えてみよう。「三人寄れば文殊の知恵」
ともいわれるが，1人で考えていても良いアイデアが生まれなかったのに皆でワ
イワイ話し合っているうちに思いもつかなかったアイデアがひらめいたりする。
これらの例は，要素の性質の総和を超えた特性が全体に現れていることを示唆し
ている。これをシステムの**創発性**（emergence）という。

9.2　経営情報システム

ITを活用して，業務処理とマネジメント支援を統合させたシステムを構成す
ることができる。このうち，マネジメント支援に対するシステムをMIS
（Management Information Systems）と呼ぶ。MISの考えは，情報によっ
て業務や組織の実態を映し出そうとする「写像観」の考えに基づいている。

9

システムとIT

●図表 9-3　MIS の階層構造●

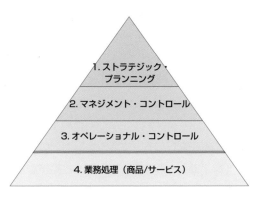

（出所）Davis（2006）[12] p.216 Fig.2 を元に作成。

　データは世の中の事象などを記号化したもので，情報の原材料になる。情報とは，それがひとまとまりになって意味や価値が付加されたもので，人や組織の意思決定と深くかかわっている [13]。すると，ヒト・モノ・カネなどのあらゆる経営資源の実態をデジタル・データで把握し，マネジメントの各層へ適切に情報提供して意思決定を支援するのが MIS だということになる。その際，マネジメントのヒエラルキーとして想定するのは次の 3 階層である [14]。

1．**ストラテジック・プランニング**：最上位の階層にあって，組織目標の設定と変更，および目標達成のための経営資源に関する決定を行うプロセスを指す。

2．**マネジメント・コントロール**：中間の階層にあって，組織目標を達成するために経営資源の効果的・効率的な獲得と利用を具体化するプロセスを指す。

3．**オペレーショナル・コントロール**：下位の階層にあって，特定の業務が効果的・効率的に遂行されることを確実にするためのプロセスを指す。

MIS にデータを提供するのが業務処理で，図では最下層に描いている。

4．**業務処理**：各階層に必要なデータは日々の業務からもたらされ，データベースに記録されていく。それを含めたシステムの全体像は，**図表 9-3** のようになる。

■MISの3階層

　MISの階層（1.〜3.）では，意思決定のタイプが異なっている。一般に上層にいくほど一回限りの判断事項が多く（非構造的），下層にいくほど反復的（構造的）である[15]。意思決定の構造が明確であれば，それを自動化（プログラム化）できる可能性がでてくる。たとえば，「商品Aの店頭在庫が10未満になったら自動発注する」というオペレーショナル・コントロールレベルの意思決定は，業務アプリケーションで代替可能である。マネジメント・コントロールの代表例は管理会計システムで（**第7章**），部門別予算に対する実績などを日次，月次，年次のサイクルで回していく。

　それに対し，新しい地域に店舗を増設する投資案件や，企業買収のような意思決定は日々繰り返されるわけではない。このようなストラテジック・プランニングに属する意思決定では，外部環境のリサーチや個別の検討が必要で，**ヒューリスティック**（経験や直感など）に頼らざるを得ない面がでてくる。

■業務処理の階層

　図表9-3では，業務担当者のオペレーション（4. 業務処理）が最下層に位置づけられている。業務アプリケーションの処理単位を**業務トランザクション**（transaction processing）という。小売店でのレジ処理，経理部門の仕訳処理，調達部門の発注処理，スマホでの電子決済などが該当し，トランザクション単位でデータがデータベースに蓄積されていくことになる。

　業務処理のためのIT支援は，経理の伝票処理や人事の勤怠管理など間接部門における大量の定型処理の効率化から始まり，その後営業，調達，生産，物流などの基幹業務に行き渡ったことで，シームレスな情報の流れ（モノやカネなどの動き）とデータの一元管理が可能になっている。IT基盤の整備では，業務処理アプリケーションを自社独自に構築することもあれば，ERP（Enterprise Resources Planning）と呼ばれる業務統合パッケージを導入することもある。あるいは，ベンダー（IT製品・サービスの販売会社）が提供するクラウド・コンピューティングに切り替え，「持たざる経営」を実践する企業も増えている。

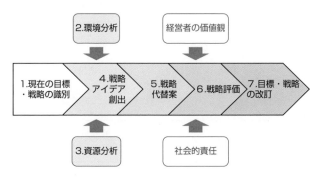

●図表 9-4　経営戦略策定プロセス●

（出所）Hofer & Schendel[16] が整理した図（p.48, Figure 3.1）を簡略化。

■ストラテジック・プランニングの例

　ここで，**図表 9-3** の 1. の典型例として戦略策定プロセスに光をあててみたい[16]。**図表 9-4** が一般的な流れで，これを全社レベルの戦略や事業レベルの戦略策定に適用することが可能である。

1. **戦略の識別**：対象となる組織の現行の戦略を把握し，評価を行う。

2. **環境分析**：当該組織が直面している経営環境を分析し，競争状況を把握するとともに，事業機会と脅威を識別する。

3. **資源分析**：内部環境を分析して，経営資源全般を評価し，強みと弱みを評価する。

4. **戦略アイデア創出**：SWOT 分析（後述）を実施する。さらに，当該組織の目標と現状のギャップを把握し，戦略アイデアを創出する。

5. **戦略代替案**：戦略アイデアをもとに，代替案を作り込む。

6. **戦略評価**：代替案を評価する。その際，経営環境と内部環境分析結果からみて望ましいものであるか，同時に経営者の価値観を反映しているか，株主やステークホルダーの観点から社会的な責任を果たすことになるかについて確認する。

7. **目標・戦略の改訂**：評価結果を受けて 1 つ（またはそれ以上）の代替案を選択し，目標や戦略を改訂する。

●図表 9-5　SWOT 分析●

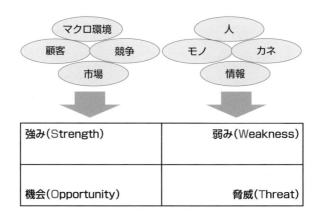

このステップで最も知恵を絞るところが「4. 戦略アイデア創出」のところである。環境（外部環境）と資源（内部環境）の分析結果を整理し，アイデア出しを行う。その際に，しばしば**SWOT 分析**が活用される。

SWOT とは，環境分析と資源分析の結果をマトリックスに整理した図をいう（図表 9-5）。この分析では，まず**外部環境**（政治・経済・社会 / 文化・技術などの**マクロ環境要因**と顧客，市場，競争状況などの**ミクロ環境要因**）を把握する。次に，自社の目標達成に機会をもたらす要因があれば「**機会（Opportunity）**」のセルに，脅威をもたらす要因があれば「**脅威（Threat）**」のセルに分類する。同時に，**内部環境**（ヒト・モノ・カネ・情報，技術，組織ケイパビリティなど）で自社の目標達成に向けて強みとなる要因があれば「**強み（Strengths）**」のセルに，弱みとなる要因があれば「**弱み（Weakness）**」のセルに分類する。

以上をもとに，内部要因（S と W）と外部要因（O と T）を掛け合わせて戦略アイデアを構想する。

1．S × O：強みを生かして，機会に対応するアイデアを考える。
2．W × O：機会を生かして，弱みを克服するアイデアを考える。
3．S × T：強みを生かして，脅威を克服するアイデアを考える。
4．W × T：脅威に対応しつつ，弱みを克服するアイデアを考える。

9.3 ITの戦略的活用

　IT基盤を整備するために，経営者は**情報化投資**（IT投資ともいう）を行う。その際，経営者は何に投資をし，どれだけ便益が得られるかについて，**ストラテジック・プランニング**（図表9-3）を行う。たとえば，売上増やコストダウンがどれくらいになるか，事業にどれだけ寄与できるか，コスト面としてハードウェア，ソフトウェア，システム開発にかかわるエンジニアなどの人件費などを見積り，定量的・定性的な面から費用対効果を算出することになる。

　投資の種別には，全社的なITインフラの整備，AIなど新しい技術の適用，Webを活用した新規事業，サプライチェーン改革，業務アプリケーションの改変など，多様な案件（代替案）に優先順位がつけられ，決定がなされる。

　以下では，IT基盤を整備・拡張することで可能になる組織・事業変革，ビジネス・エコシステム，デジタル・トランスフォーメーションの3つについて，新しい話題を盛り込みながらそれらの概要を整理する。

■組織・事業変革

　IT基盤の活用目的は組織内部のマネジメント支援にとどまらない。経営者は，情報システムの戦略的活用と競争優位実現に強い関心を抱く。ITがもたらす組織や競争環境に対する複合的影響が大きな話題になったのは1980年代である[17,18]。米国で，MIT90と呼ばれる大規模な研究プロジェクトが実施され，マネジメント・プロセス，戦略，技術，組織構造，個人と役割に対するインパクトが，当時すでに明らかにされている[19]。

1．ITは仕事のやり方を根本的に変えることを可能にする。
2．ITは組織内，組織間のあらゆる層の機能を統合することを可能にする。
3．ITは多くの産業で競争条件を変えつつある。
4．ITは新しい戦略的機会を与える。
5．IT適用に成功するためにはマネジメントや組織構造に変化が必要である。
6．グローバルな競争環境に対するため，組織変革によって組織をリードして

いくことが必要である。

　その後，基幹業務システムとMISの有機的な統合化や，IT関連技術のイノベーション（**第12章**）が起き，1.～6.を包含する**デジタル・エコノミー**が現実のものになった[20]。

【コラム9.1：IT投資と労働生産性（ソローのパラドックス）】
　IT投資が増えても労働生産性は高まっていないのではないか。1987年にソロー[21]（R. M. Solow）が投げかけた問いかけは，ITイノベーションと生産性の実証問題に発展し，世界中で大きな論争を巻き起こした。何人もの研究者が関連データを長期にわたって収集し，精緻な検証を行った結果，マクロ経済レベルでも企業レベルでも生産性向上に寄与しているという結論にほぼ達したのは，21世紀に入ってからであった[22]。

　ITが組織をどのように変えるかについて，デジタル・データのネットワークに着目してみよう。SNSなどのコミュニケーション・ネットワークが社会を覆いつくしているが，こうしたネットワークには本来組織階層や境界が規定されているわけではない。ネットワークを技術的に支えているのが，データフォーマットや通信プロトコルの標準化である。技術的に接続できれば自由にデータ交換ができてしまうため，組織の内部情報がシステムの境界を越えて意図せずオープン化されてしまうことがしばしば起きる。情報セキュリティや個人のプライバシーが問題になるのは，そのためである。また，マネジメントのために意図的に作る組織ヒエラルキーとは異なり，自己組織化するコミュニケーションの中からネットのインフルエンサーのような中心（hub）が形成されていったりする。

　一方，情報の流れをうまく調整することにより，**図表9-3**のような階層構造に整合した情報流を構成してマネジメントに活用することもできれば，組織の壁を越えた柔軟なコミュニケーションによって，硬直化した組織の協働体系（**第8章**）を変化させることができるようになる。

　ITの活用によってワークプレースが大きく変化した例として，**グループウェア**が挙げられる。グループウェアとは，オンライン上で共働作業などを支援するソフトウェアをいう。2019年に発生した新型コロナウイルスの感染拡大によってリモートワークが進み，オンラインのワークプレースでグループウェアを活用

した共同作業が急速に普及した。そのことにより，多くの人たちがグループウェア本来の特徴であるコミュニケーション，コラボレーション，コーディネーションの促進 23 を実感することになった。

■ビジネス・エコシステム

　複雑なシステムの例として，**エコシステム**（生態系）に焦点を当ててみる。エコシステムとは，本来ある地域に生息する生物とそれを取り巻く環境全体のことをいい，企業のサステナビリティ活動にも関連している。例として，里山のエコシステム，森のエコシステム，海洋のエコシステム，あるいは最も大きなエコシステムとして地球全体を考えることもできる。もともと生物学由来の概念であるが，それをアナロジーとして企業経営に応用した**ビジネス・エコシステム**ということばが登場している。

　ビジネス・エコシステムとは，多くの企業，地域住民，行政などが集結し，分業と協業を通じて共存共栄の関係を築く経済共同体 24 で，共通の IT 基盤上で参加者が共生（symbiosis）していくイメージである 25。生物学でいうエコシステムとの違いは，自発的な契約に基づくビジネス・ネットワークに基づいていること 26 や，生態系が均衡しておらずシステムがダイナミックに変化していることなどが挙げられる。典型的なビジネス・エコシステムとして，大手 Web 業者が e コマース，金融，流通サービスを手掛け，1 つの経済圏を形成している例が挙げられる。また，大手スーパーが小売業を超えて地域の金融機関や病院などを巻き込み，地域密着型の各種サービスを行うプラットフォーム作りをしている例もある 27。9.1 に照らして考えると，システムの境界が拡大され，新しい価値が創発されているようにみえる。

　そこでは，同じプラットフォーム上で事業者間の競争がしばしば起きる。そのようすは，生物の適者生存をめぐる戦いにもたとえられる。同時に，ビジネス・エコシステム同士の競争も起きる。スマートフォンの OS（オペレーティングシステム）の上で展開されているサービスをビジネス・エコシステムとみると，iOS（iPhone の OS）と Android の 2 つが大きな勢力となっていて，利用者獲得をめぐる熾烈な競争が行われてきた。また，たとえば産地直送の野菜を扱う

●図表 9-6　Society 5.0 ●

（出所）日本経済団体連合会 [28]　p.10　図 2 を元に作成。

Web 業者にはいくつかあって，それぞれ農家と消費者を結ぶサプライチェーン
を構築している。それらを Web 上のビジネス・エコシステムとみるなら，ある
Web サイトは地元の地産地消を目指し，またある Web サイトはこだわりのあ
る食材を全国から調達するところを強みにするなど，業者間での差別化競争が起
きている。

　以上のように，ビジネス・エコシステムでは同一プラットフォーム上の供給業
者や補完事業者などと協力・連携して，いかにして価値創造を行うかという側面 [29]
と，同一プラットフォーム上で自社がどのようなポジションを確立して生き残る
かという側面 [30] が混在している。

■デジタル・トランスフォーメーション

　現在は，狩猟社会，農耕社会，工業社会，情報社会に続く，「デジタル革新と
多様な人々の創造・想像力の融合によって，社会の課題を解決し，価値を創造す
る社会（Society 5.0）」[31] の実現に向かっている（図表 9-6）。デジタル・デー
タを活用して創造社会に移行する取組みをデジタル・トランスフォーメーション
（DX：Digital Transformation）[32] という。そのために，既存の産業構造を変
革し，産学の垣根をまたいで新しい価値を創造するスタートアップ促進の仕組み
（ベンチャー・エコシステムと呼んでいる）が求められている [33]。

　しかしながら，現実には日本企業の IT 投資はまだまだ既存事業の効率化が中
心になされているという報告もある。IT の活用目的として，自社の事業戦略を
支援・形成するための取組みとともに，企業同士の競争を超えて，互いに協力し

合いながらビジネス・エコシステムを創出し，さらにそれを社会次元まで拡張させていく取組みに期待がかかっている。

第10章
社会とのかかわり

10.1　企業倫理とコンプライアンス

■企業倫理とは何か

　「倫理」とは何だろうか。広辞苑第7版によると，「人倫のみち。実際道徳の規範となる原理。道徳。」と定義づけられている。人に「倫理」があるように，企業にも「企業倫理」が存在する。企業倫理とは，企業が経営活動をするうえで，法令の遵守のみならず道徳的観点から守るべき考え方を指している[1]。

　では，なぜ企業倫理が重要なのか。企業倫理が存在することにより，消費者をはじめとしたさまざまなステークホルダーと企業との間に，基本的な信頼関係を築くことが可能になるからだ。

　たとえば，ある食品メーカーAが商品の安全性を検査するのに時間がかかり，当初契約した納期に間に合わない状況になったとする。その際,その食品メーカーAは，納期遅延の違約金を回避するために，食品の安全性を検査せずに出荷してしまってよいのだろうか。この時，食品メーカーAに企業倫理が存在する場合，納期遅延の違約金を支払ってでも，商品の安全性を確保するために検査を継続実施することを選択するだろう。これにより，消費者は安心して食品メーカーAの商品を購入することができる。

　企業倫理の対象となるのは，上記のような商品の安全性の問題だけではない。インサイダー取引（後述）や贈収賄，個人情報，差別，環境，労働者の人権など，さまざまな面で企業の倫理が問われることになる。これらのうち，一定の範囲は法律などにより規制されているが，法的規制がない事項もあり，それらすべてが

企業倫理の対象となる。法的根拠がない問題に関しては，まさに経営者や従業員の道徳的観点から判断することになる。

■コンプライアンスとは何か

もしも，世の中に規制や規則が存在しなかったら，どうなるだろうか。社会は無秩序で混沌としたものになってしまうだろう。また，仮に規制や規則が存在していても，それを遵守しなければ無意味なものになってしまう。

企業にも同じことがいえる。「**コンプライアンス**」，すなわち「**法令遵守**」とは，企業およびその従業員が規制や規則を遵守することを指す。

遵守する対象は，大きく2つに分けられる。1つ目は，国や自治体などの公的機関や各業界団体によって定められる法令，規制，基準などである。それらに違反した場合，罰金などの罰則が与えられることがあるうえ，企業評価を著しく落とすことになる。2つ目が，企業が独自に設定したルール，すなわち社内規定である。社内規定に違反した場合，罰金のような外部による直接的な罰則はないが，その多くが法的ルールを遵守するためであったり，社内の秩序を守るためのものであるので，その影響は大きい。違反した従業員に対する減給，停職，免職といった独自の罰則を設けている企業も多いだろう。

近年，日本においても，企業の不正会計問題や商品偽装問題といった一連の不祥事を経験し，コンプライアンスが重要視されるようになってきた。メディアやソーシャルネットワークが発達した現在，企業のルール違反はすぐに露見し，社会の批判に晒されることになる。その影響は甚大であり，閉業に追い込まれることも少なくない。すでに多くの大企業が，自社のコンプライアンス状況を監督するための部署や委員会を設け，従業員の教育や行動の監視，必要な是正措置の実施などを行っている。

■情報開示と透明性

それでは，日々変化する社会経済環境の中で，企業が責任ある経営を行っているかを，私たちは何に基づいて判断すればよいのだろうか。また，株式などの有

価証券を売買する金融市場の公正性と健全性を確保するにはどうすればよいのだろうか。そこで必要となってくるのが，「情報開示」と「透明性」である。

情報開示は，英語では disclosure（ディスクロージャー）といい，とくに経営に関しては，投資家などの判断に影響を与える企業情報をすべて適時に公開することを指す。開示対象は，金融商品取引法，会社法といった法律に基づく法定開示や各証券取引所の規則に基づく適時開示など義務づけられている制度上のものと，企業が自発的に行っている任意のものに大別される。金融商品取引法で求められている開示情報としては，有価証券発行時に開示する（発行開示）有価証券届出書や，すでに流通し取引されている有価証券の投資判断のために開示する（継続開示）有価証券報告書，四半期報告書などがある。

一方，任意で開示する情報としては，決算発表説明会やアナリスト説明会などのほか，近年の社会的責任に対する関心の高さを反映し，非財務情報である社会的責任活動に関する報告書（CSR 報告書など）や財務情報と非財務情報を合わせた統合報告書を作成する企業が増えてきている。情報開示において重要なことは，企業にとって良い情報のみならず，企業経営にとって不利となるような悪い情報も提供することである。それにより，投資家をはじめとしたステークホルダーは，対象企業を正しく評価できるのである。なお，企業の関係者等が公表前の内部情報をもとに対象企業の株式等を売買することはインサイダー取引といい，法的に規制された違法行為である。

次に，透明性とは何か。透明性は，英語でトランスパレンシー（transparency）といい，投資家や消費者などの企業情報へのアクセスしやすさを指す。言い換えれば，企業が，外部に対し，どれだけ情報を入手しやすい環境を整備しているかともいえる[2]。たとえ立派な報告書を作成したとしても，それが専門家しか知らないような一部の場所でのみ公開されているのでは，すべてステークホルダーに対し公平に情報開示できているとはいえない。すべての市場参加者，さらにはステークホルダーが同じ情報に基づいて対象企業の価値を判断できるようにするためには，透明性の確保は必要不可欠である。

10.2　社会的責任課題への取り組み

　本節では，企業の社会とのかかわりを，より具体的にみていく。なお，ここで
いう「社会」とは，企業と関連するすべてのステークホルダーを指す。例として
は，投資家，従業員，消費者に加え，地域社会，環境，サプライチェーン，市民
団体・NPO・NGO，政府などが主なステークホルダーとして挙げられる。

　また，企業と社会とのかかわりを考える際，「企業環境（business
environment）」という概念も忘れてはならない。企業環境とは，企業と関係性
を持つ外部要因またはその集合体である。その対象範囲は広く，有形・無形，コ
ントロールの可否，主体的・客体的にかかわらず，企業と何らかのかかわりがあ
るすべての要因を指している。よって，上記のステークホルダーに加え，インター
ネットの普及やグローバリゼーション，企業の社会的責任を重視する国際的潮流
なども企業環境に含まれるといえる。こうした企業環境が変化することで，企業
と社会の間にすでにあった課題が顕在化したり，新たな課題が生じたりする。

　本節では，企業環境の変化に伴う企業とステークホルダー間の課題に対して，
企業がどのような働きかけを行っているかを紹介する。

■環境とサステナビリティ活動

　世界的に社会経済が大きく変化する中，企業に求められる期待も大きくなって
いる。その一つが，環境や気候変動への働きかけである。かつて，企業の生産活
動などによって引き起こされる公害や大気汚染などの問題は，外部不経済と呼ば
れ，経営活動の外側で第三者に悪影響を及ぼすものとされた。しかし，経営活動
の環境に対する影響が多くの人々によって認識され，また企業自身もその影響を
自認するようになったことで，企業と環境の関係性は変わってきている[3]。

　まずは，法律による規制である。環境基本法をはじめとした環境法令の対象は，
公害，自然保護，資源の利活用など多岐に亘る。具体的には，大気汚染，水質汚
濁，土壌汚染，さらには騒音，振動，悪臭，廃棄物処理，リサイクルなどを規制
する法律が存在し，企業がこれらを遵守することで，経営活動が環境へ悪影響を

及ぼすことを未然に防いでいる。

　また，企業の環境に対するより積極的な働きかけもある。企業による持続可能な経営に向けた活動を**サステナビリティ**活動という。サステナビリティとは，日本語で**持続可能性**といい，企業が長期的視野に立って経営活動が継続できるよう社会環境に配慮することを指す。国際的には，とくに環境面での持続可能性を指すことも多い。

　近年，多くの企業が社会的責任活動の一環として，または事業として，環境問題の解決を目指した事業を行っている。その一つとして挙げられるのが，**グリーン調達**や **CSR 調達**である。グリーン調達とは，企業や政府などの組織が原料・商品・サービス等を他企業から購入するにあたり，環境負荷の少ないものや環境配慮を行っている企業から優先的に購入することである。CSR 調達とは，調達基準の中に環境，労働者の権利など企業の社会的責任（CSR）に関する項目を入れることである[4]。

【コラム 10.1：企業の環境改善に向けた取り組み】

『海洋プラスチックごみがパソコンに』

　世界的なパソコン製造販売大手であるヒューレット・パッカード（米国）は，プラスチックを扱う企業の責任として，プラスチック廃棄物に対する取り組みを行っている。同社は，1991 年以来，回収した同社プリンターカートリッジや衣料用ハンガー，使用済みペットボトルをリサイクルして，新しい製品を製造している。さらに，毎年，800 万トンのプラスチックが海に流入し海洋汚染の原因の一つとなっている問題に対応するため，海に流れ込む可能性の高いプラスチック（オーシャンバウンド・プラスチック）を回収し，製品にリサイクルする取り組みを行っている。

（出所）ヒューレット・パッカード社レポート『The Battle Against Plastic Pollution』7 頁より，https://h20195.www2.hp.com/v2/GetDocument.aspx?docname=c06614535（閲覧日：2022 年 8 月 25 日）

『調達を通じた環境への配慮』

　世界最大のスーパーマーケットチェーンであるウォルマート（米国）は，同社の環境への悪影響に対する抗議キャンペーンが起こったことをきっかけに，温室効果ガス排出量を削減するため，調達を通じた環境配慮を行うことにした。2009 年，同社は，サプライヤーに対して商品の環境と社会への影響を測る 15 の質問を行い，これに答えない場合は取引関係を見直すと発表した。さらに，近年では，同社のリーダーシップにより，サプライヤーの環境・社会に関するパ

フォーマンスデータのプラットフォーム「The Sustainability Insight System (THESIS)」がリリースされた。これにより，同社を含む加盟企業が，サプライヤーの環境・社会に関する取り組みの情報を共有できるようになった。

（出所）ウォルマート サステナビリティハブ HP：https://www.walmartsustainabilityhub.com/（閲覧日：2023年2月5日）

■労働者の人権とサプライチェーン

　人権に対する関心が高まっている今，企業単体のみならず，サプライチェーンにおける**労働者の人権**などへも配慮することが求められている[5]。労働者の人権保護という考え方は古く，19世紀のイギリスにはすでにあったとされている。しかし，その内容や範囲は，年々高度化し広がっている。

　労働者の人権とは，労働者が人間らしく幸せに働ける権利であり，賃金を不足・遅滞なく受け取ること，過剰・不当な労働時間がないこと，安全かつ衛生的な労働環境で働くこと，属性（性別，人種など）によって不利な扱いを受けないこと，同一の労働に対して同一賃金を受けること，病気などの理由で必要となる合理的な便宜を受けることなど，その対象は多岐に亘る（**図表10-1** 参照）。

●図表10-1　労働者の人権に関連する事項●

1	賃金の不足・未払，生活賃金	14	テクノロジー・AIに関する人権問題
2	過剰・不当な労働時間	15	プライバシーの権利
3	労働安全衛生	16	消費者の安全と知る権利
4	社会保障を受ける権利	17	差別
5	パワーハラスメント（パワハラ）	18	ジェンダー（性的マイノリティを含む）に関する人権問題
6	セクシュアルハラスメント（セクハラ）	19	表現の自由
7	マタニティハラスメント／パタニティハラスメント	20	先住民族・地域住民の権利
8	介護ハラスメント（ケアハラスメント）	21	環境・気候変動に関する人権問題
9	強制的な労働	22	知的財産権
10	居住移転の自由	23	賄賂・腐敗
11	結社の自由	24	サプライチェーン上の人権問題
12	外国人労働者の権利	25	救済へアクセスする権利
13	児童労働		

（出所）法務省人権擁護局（2021），『今企業に求められる「ビジネスと人権」への対応　「ビジネスと人権に関する調査研究」報告書　詳細版』より筆者作成。

また，近年は，ディーセントワーク（decent work），すなわち，「権利が保障され，十分な収入を生み出し，適切な社会的保護が与えられる生産的な仕事」，または「働きがいのある人間らしい仕事」という考え方が国際的に浸透しつつある。日本においては，日本国憲法の第28条において労働基本権，すなわち団結権（労働者が団結して行動できるように労働組合を作る権利），団体交渉権（労働組合が賃金その他の労働条件の改善を求めて使用者と交渉する権利），団体行動権（要求を実現するためにストライキなどを行う権利）が保障されているが，現実には，過労死やパワハラ，属性による差別的扱いなど，さまざまな課題が残っている。

労働者の人権を考えるときに，大きく2つの視点がある。一つは，企業内の労働者の人権，つまり，自社の従業員が十分に労働者の権利を享受しているかという視点である[6]。日本においても，政府の働き方改革の旗振りのもと，従業員のワークライフバランスを整える取り組みがなされている。新型コロナ感染症の流行により，各社がリモートワークへの対応をせざるを得なくなる中，この動きはより促進されることとなった。

もう一つは，サプライチェーンにおける労働者の人権，すなわち，自社内ではなく，個社に原料や部品を供給している会社やサービスを提供している会社において労働者の人権が守られているかという視点である。とくに，サプライチェーンが開発途上国にある場合，児童労働や強制労働などによる生産が行われていることが発覚し，消費者による不買運動に繋がった例もあり，十分な注意が必要となっている。近年，とくにサプライチェーンの上流となる大企業において，サプライチェーンにおける人権リスクを特定し対処する「人権デュー・ディリジェンス（human rights due diligence）」を行う例も増えている。

【コラム10.2：労働者の人権に関する取り組み】

『リモートワークで従業員に「住む場所」の自由を』

電気通信事業大手のNTTグループは，ワークインライフ（健康経営）を推進するため，リモートワークを基本とする新たな働き方を可能とする制度を導入している。日本全国どこからでもリモートワークにより働くことを可能とする制度（リモートスタンダード）を導入することで，転勤や単身赴任を伴わない働き方を可能にする。

『サプライチェーンにおける人権問題』

　1997 年，スポーツメーカーのナイキ（米国）が製品の製造を委託するインドネシアやベトナムなどの東南アジアの工場において，児童労働や劣悪な環境での長時間労働がなされていることが発覚し，人権団体や消費者から批判が集中した。また，2013 年，バングラデシュの縫製工場が倒壊し，従業員など 1133 人が死亡した。同工場は，27 の有名ファッションブランドの下請け工場であった。同ブランドは，サプライチェーンにおいて労働環境や人権が守れていないことや命を奪ったことでブランド価値が低下することとなった。2021 年には，中国の新疆ウイグル自治区で強制労働により作られた綿を使用しているとして，H&M（スウェーデン）やナイキ（米国），ファーストリテイリング（ユニクロ）（日本）などが人権団体から批判される事態も起こっている。

『日本初の人権報告書』

　航空運送業大手の ANA ホールディングス（日本）は，英国現代奴隷法*への対応をきっかけに，人権尊重の取り組みを社外発信するための「人権報告書」を，2018 年に日本ではじめて発行した。「人権報告書」では，人権デュー・ディリジェンスの実施内容や，ステークホルダーとの関わり方などが記載されている。

*2015 年 3 月にイギリスで制定された現代奴隷労働や人身取引に関する法的執行力の強化を目的とした法律。

■ダイバーシティとインクルージョン

　ダイバーシティ（diversity）とは，日本語では一般的に「多様性」を意味する。ビジネスにおいて「ダイバーシティを推進する」と言ったとき，それは「社会を反映したさまざまな属性の人々を積極的に雇用・登用する」ことを指す。また，**インクルージョン**（inclusion）は，「包括・受容・一体性」などを意味し，「その属性にかかわらずすべての従業員が公平かつ敬意を持って扱われ，機会や資源に平等にアクセスでき，組織に十分に貢献できるようにする」ことを指す。

　では，「属性」とは，どのようなものがあるのだろうか。属性は，「観察可能な属性」と「内在的な属性」の 2 つに分けられる。観察可能な属性とは，性別，人種，身体的障がい，年齢，行動特性など，外見で識別できる属性を指す。一方，

内在的な属性とは，信仰，性的志向，精神的・知的障がい，職歴，知識・スキル，趣味など，外見での識別が困難な属性を指す。観察可能な属性と内在的な属性は，双方とも個人のアイデンティディを構成する重要な要素であり，企業で取り組みを進める際は，その両方を考慮する必要がある。

　ダイバーシティとインクルージョンは，なぜ企業経営において重要なのか。それは，倫理的意義のみならず，すべての従業員がその属性に関係なく能力を最大限に発揮できることで，企業の生産性向上やイノベーション，さらには企業価値の向上につながるからである。近年，欧米の企業を発端とし，ダイバーシティとインクルージョンへの取り組みは日本を含め世界中の企業に広がっている。

【コラム 10.3：ダイバーシティとインクルージョンに関する取り組み】
『誰もが創造力を発揮できる組織へ』
　情報通信業大手の BIPROGY（旧名：日本ユニシス）（日本）は，2013 年度から専任組織であるダイバーシティ推進室を設置し，『誰もが「個」の多様性を高め，属性やさまざまな制約に縛られずに創造力を発揮し，多様性を積極的に求め，活用する風土の醸成』を目指している。同社は，中期経営計画にダイバーシティ推進を含む「風土改革」を重点施策として明記し，経営幹部およびその候補にダイバーシティ経営への理解・実践を重要なコンピテンシー*として示すことで，トップからの推進を図っている。同時に，女性活躍推進，介護支援，育児支援，LGBT への理解・支援に関する現場レベルの取り組みにも力を入れている。また，「個」の多様性活用のため，個人が持つ様々な属性とそれらがもたらすコンピテンシー*のデータベース化も進めている。

*優秀な成果を発揮する行動特性。
（出所）BIPROGY 株式会社 HP：https://pr.biprogy.com/recruit/workstyle/p4.html （閲覧日：2022 年 8 月 25 日）
経済産業省（2020）『令和2年度「新・ダイバーシティ経営企業100選」100選プライム／新・100選ベストプラクティス集』https://www.meti.go.jp/policy/economy/jinzai/diversity/kigyo100sen/r2besupura.pdf
（閲覧日：2022年8月25日）

■コミュニティ

　企業にとって，コミュニティ（community），すなわち「地域社会」とのかかわりも重要である。企業にとって，地域社会は従業員が働く場であり，また製品やサービスを提供する場でもある。よって，企業は，地域社会と良い関係を構築

することで，倫理的意義のみならず，より良い経営環境を構築することや企業価値の向上につなげることができる。具体的には，当該企業にとって，ブランド認知の向上，自社に対する信頼感の向上，より良い職場文化の醸成といった便益がある。

現在，世界中の企業が，企業市民として地域社会とのより良い関係構築に取り組んでいるが，その対象範囲は企業の規模や資源，ポリシー等によってさまざまである。まず対象になるのは，本社や支店，工場を構えている地域とのつながりである。自社がとくにかかわりの強い地域社会への貢献活動を行う。一方，「地球全体」を地域社会ととらえている企業も多い。そういった企業は，地球規模の環境問題や貧困問題をも自社の責任の一部と位置づけ，積極的にそれらの解決に向けた活動を行っている。

【コラム 10.4：コミュニティに関する取り組み】

『リンパ系フィラリア症への取り組み』

医薬品業大手のエーザイ（日本）は，『ヘルスケアの主役が患者様とそのご家族，生活者であることを明確に認識し，そのベネフィット向上を通じてビジネスを遂行する。』を企業理念とし，すべての社員が就業時間の 1％を患者とともに過ごすことを推奨している。また，世界の 54 カ国で 9.4 億人以上に感染リスクがあり，2000 年には 1.2 億人が感染していたと推定されているリンパ系フィラリア症*蔓延国へ向けて，国際協力機構（JICA）や現地政府と協力し 2020 年までに治療薬 22 億錠を無償提供している。

*別名，象皮病。「顧みられない熱帯病」の一つ。寄生虫を蚊が媒介して，主に子供に伝播することで感染。疼痛を伴う外観の大きな変形，リンパ浮腫，皮膚の腫脹・硬化，陰嚢水腫が大人になるにつれ現れ，永続的な身体の障害へと進展させる。また，患者は，身体の障害だけでなく，社会的差別や貧困によって，精神的，社会的，経済的な損失にも苦しむことも多い。

（出所）厚生労働省 HP：https://www.forth.go.jp/moreinfo/topics/2017/03231141.html （閲覧日：2022年 8 月 25 日）

エーザイ株式会社 HP：https://www.eisai.co.jp/sustainability/atm/medicines/022.html （閲覧日：2022年 8 月 25 日）

国際協力機構 HP：https://www.jica.go.jp/project/all_oceania/004/index.html （閲覧日：2022 年 8 月29 日）

『バリューチェーン全体の生活水準向上を目指して』

一般消費財メーカー大手のユニリーバ（イギリス）は，「サステナビリティを暮らしの "あたりまえ" に」を企業のパーパス（目的・存在意義）としている。同社は，バリューチェーンを通じて生活水準を向上させることを目標に，従業員に生活賃金を支払うだけではなく，同社に物品・サービスを提供するサプライヤー

の従業員や小規模事業者も，生活水準が維持でき，学びの機会が得られるような取り組みを行っている。

（出所）ユニリーバ・ジャパンHP：https://www.unilever.co.jp/planet-and-society/（閲覧日：2022年8月25日）

10.3　各セクターとの協働

■市民活動団体・NGO・NPOとの協働

　普段の生活の中で，近くにある工場が排出した汚染物質などにより健康被害を受けているが，誰も解決してくれない状況だった場合，どうすればよいか。近隣住民を集めて，共に地方自治体や当該企業に訴えを起こすかもしれない。そのように，市民がさまざまな課題解決等のために自発的に団結して活動することを目的とした団体を「市民活動団体」という。そのうち，とくに自己利益だけでなく社会に役立つ活動を行っている市民活動団体をNPO（Non-Profit Organization：非営利組織）と呼ぶ。日本においては，「特定非営利活動促進法（通称NPO法）」により認証された法人格を持つ市民活動団体が，「特定非営利活動法人」，すなわち「NPO法人」とされる。加えて，同じく社会課題の解決を目的とした団体として，NGO（Non-Governmental Organization：非政府組織）がある。NGOは，その名のとおり，政府に属さない市民団体であり，NPOよりも対象の広い地球規模の問題の解決に取り組んでいる場合が多い。

　企業と市民活動団体・NGO・NPO（以下，市民活動団体とする）との関係は，大きく3つに分類できる[7]。1つ目は，市民活動団体が企業の活動を監視・批判・評価する形である。市民活動団体が企業活動をチェックして，良い点・改善点を評価するというものであり，従来の企業と市民活動団体の関係ともいえる。市民活動団体の活動によって明るみに出た企業の負の影響も少なくない[8]。次に，企業が市民活動団体の活動を金銭面や技術面で支えるという形である。企業から市民活動団体への寄付や技術提供がこれにあたる。そして，近年多くなってきているのが，企業と市民活動団体が協力する形である。企業と事業型の市民活動団体

が共に社会課題解決プロジェクトを実施するというものである。

　近年，企業が市民活動団体と協働することが多くなってきた。かつて市民活動団体は，企業の社会環境への影響を監視し，メディア等を通じて企業の無責任な行動を市民や政府に注意喚起する立場，すなわち批判者であることが多かった。しかし，現代の社会環境問題は複雑化しており，1つの組織だけでは対応できなくなっている。そこで，企業と市民活動団体が互いの強みや資源を補完し合い，社会課題解決への取り組みを行うパートナーのような存在になってきている。

　2つの異なる組織形態が協働することで，企業側は，市民活動団体の社会課題に関する専門知識やネットワークを活用できる，新しい事業・技術が生まれるきっかけになる可能性があり，従業員の社会貢献の精神が醸成できるといったメリットもある。また，市民活動団体側にも，企業の資金・人・技術を活用してより幅広い活動が行えることやビジネス視点のマネジメント手法が学べるといったメリットもある。しかし，企業と市民活動団体が近づきすぎることにより，市民活動団体が監視者としての役割を果たせなくなるのではないかという懸念もあることも忘れてはならない。

【コラム 10.5：企業と NPO の協働】
『ワコール×日本対がん協会・乳房健康研究会・J.POSH』
　女性の下着メーカーであるワコール（日本）は，2002 年から乳がんの早期発見，早期治療，術後のクオリティオブライフ向上の大切さを訴える活動に賛同し，支援している。具体的には，売り上げの一部をピンクリボン活動団体である公益財団法人日本対がん協会，認定 NPO 法人乳房健康研究会，認定 NPO 法人 J.POSH などへの寄付に加え，乳房健康研究会の監修による乳がん理解促進のための啓蒙活動や，乳房健康研究会，J.POS 検診機関を通じた検診が受けられる医療機関の紹介などを行っている。
(出所) ワコールグループ HP：https://www.wacoal.jp/pink_ribbon/index.html (閲覧日：2022 年 8 月 25 日)

『電通×日本 NPO センター』
　株式会社電通（日本）の社員で構成されるチーム（電通 B チーム）＊と，民間非営利セクターに関する基盤的組織である日本 NPO センターは，課題の発見・収集・解決を行うプロジェクト「課題ラボ」を設立した。具体的には，日本各地にある 5 万以上の NPO から最前線の課題を収集，編集したうえで，電通と日本 NPO センターが，プロジェクト化などをサポートしている。

*本業以外に，個人的なＢ面（趣味，特技等）を持った社員たちが集まり，いままでと違うやり方を提案する「オルタナティブアプローチ」チーム

(出所) 課題ラボ HP：https://qadailab.jnpoc.ne.jp/（閲覧日：2023 年 1 月 17 日）

■政府・公共セクター

　企業は社会的行動を自発的に行うべきか，政府が規制すべきかという議論はいまだに決着がついていない。それは，市民が企業に求める役割や文化，価値観が国や地域によって異なることが理由の一つと考えられる。しかし，近年，欧米のみならず多くの国の政府が企業の社会的行動を奨励している。それは，政府が企業の社会的行動が，社会問題や環境問題，さらには国際的な貧困に関連する問題といった公共の課題解決を補完するものであると認識しているためである。

　政府が企業の社会的行動を促す政策はいくつかの段階に分けられる[9]。第一に「賛同」である。つまり，政府が企業の社会的行動を支持していることを表明することであり，秀でた活動をした企業を表彰するというのもこれにあたる。第二に，「推進」である。企業の社会的行動に対し補助金や税制上の優遇措置などを行い，企業が社会的行動を行うインセンティブを与える政策となる。第三に，「協力（パートナーシップ）」である。政府と企業，市民団体，学界などがともに企業の社会的行動に関する基準を定めるような動きを指す。最後に，「義務化（規制）」である。政府が，企業の社会的行動に関し法的義務を課す。たとえば，証券取引所への ESG 関連情報の報告義務や企業による非財務情報開示義務，インドでの新会社法における CSR の義務化などがこれにあたる。各国の政府が，これらのどの段階の政策を実施するかは，政府の方針や企業との関係などを鑑みながら決めることになる。

■マルチステークホルダー・イニシアティブ

　世界を取り巻く環境は日々変化している。それに伴って，国境を越えて広がる課題や一国の政府や組織では対応できない課題，先進国と途上国の利害が対立する問題，環境・経済・社会の要素が複雑に絡み合った課題，既存の制度や枠組みを超えた課題など，社会的課題もより複雑化している[10]。企業が向き合わなくてはならない課題も，たとえば自社の国際的バリューチェーンに内在する強制労働や児童労働の問題など，一企業やその企業が所在する国の政府だけでの解決は難しく，同じく広範囲化および複雑化しているといえる。

　そのため，課題解決への取り組み方も変化させなければならなくなっており，一つの方法と実施されているのが，**マルチステークホルダー・イニシアティブ**（multi-stakeholder initiatives）である。マルチステークホルダー・イニシアティブとは，企業が政府，市民活動団体・NGO・NPO，他企業，コミュニティなどと協働し，各組織の資源，スキル，専門性を集めることで社会課題解決を目指す取り組みである[11]。マルチステークホルダー・イニシアティブの形式として挙げられるのは，協議，行動規範作成，認証システム，研究・イノベーションへの共同出資などである。たとえば，ある企業が自社のバリューチェーン内における児童労働の問題をマルチステークホルダー・イニシアティブで解決したい場合，同企業は，バリューチェーン内の原料供給企業のみならず，それらが所在する国の政府や同問題に詳しい市民団体を会議体に加えることで，国境にとらわれない統一された行動規範や規則を作成することができる。

　しかし，マルチステークホルダー・イニシアティブを実施するうえでの課題も存在する。最も大きな課題となるのが，参加者が多くなればなるほど，そして，その立場が多様になればなるほど，意見の調整に時間と手間がかかることである。一方で，ある一つの組織の意見ばかりが通るといった権限の偏りが生じるおそれもある。そこで，マルチステークホルダー・イニシアティブをうまく機能させるためには，イニシアティブの目標を明確にする，情報の透明性を確保する，相互の立場を積極的に学習・理解するといった取り組みが重要になる。

第11章
経営の国際化 [1]

　私たちの周りには，衣食住のどれをとっても，海外とのつながりを持つモノや
サービスがあふれている。それは，**国際化**（internationalization）と**グローバ
ル化**（globalization）の結果である。ここでは，国際化とは「企業の事業活動
が自国の国境を越えて他国に及ぶこと」，グローバル化とは「各国の経済が世界
経済へより統合され，相互依存を深める方向にシフトしていくこと」と定義する。
企業は成長するために新たな市場と新たな生産要素を求める。国際化はその対象
が自国の国境を超えて海外に拡がるということである。

　経営の国際化は国際的な政治や経済，社会，技術など，その時々の状況や変化
に影響を受ける。たとえば，2017年ごろに明らかになったミャンマーでのロヒ
ンギャ（イスラム系少数民族）に対する人権侵害，2018年ごろから始まったア
メリカと中国の貿易戦争，2019年の年末に始まった新型コロナウイルスの世界
的な感染拡大，2022年2月に始まったロシアとウクライナの戦争などは，国
境を超えるヒトやモノ，カネなどの移動に大きな影響を与えた。つまり，国際経
営では，自国内での経営と比べて，より広範囲にわたる，より多くの種類の経営
課題があり，それに対応していかなければならない。

　企業はなぜ経営を国際化するのか。経営の国際化においては何をどのように分
析し，それをどのように戦略立案や組織構築に活かすのか。そして，経営の国際
化にはどのような課題があるのか。こうした問いにこたえることが本章の目的で
ある。

11.1　企業が経営を国際化する目的

　企業は成長のために新たな**市場**（markets）や**顧客**（customers）と新たな**生産要素賦存**（factor endowments）を求めて海外に進出する。

　たとえば，日本企業は，少子高齢化と人口減少が進み規模が縮小していく日本市場だけで販売していたのでは売上の増加が見込めないために，より大きな販売市場を求めて，人口の多い国や成長が見込める国へ進出する。あるいは，資源に乏しく人件費がかさむ日本市場で生産していたのでは生産コストが高くなってしまうために，より安価な生産要素を求めて，原材料費や賃金の安い国へ進出する。さらに，より高度な知識や技術を持つ人材や専門領域に特化した人材，日本では得られない環境などを求めて海外に進出する，などが考えられる。

　海外に進出する際には，進出先の国についての十分な調査が必要となる。市場・顧客を求めて進出する場合は，市場の大きさはどのくらいか，市場の成長や将来性は見込めるか，購買力はどのくらいか，顧客の好みはどのようなものかなどを調べて，大きな市場になりそうかどうかを判断することになる。生産要素を求めて海外に進出する場合には，求めている原材料や土地，労働力や資本があるかどうかを確認するのに加えて，教育の質，技術力のレベル，運輸や通信などの社会インフラ，政治，経済，社会，文化面での安定度や透明性なども調べて，経営がしやすそうかどうかを判断することになる。そして，どちらの場合も，海外進出にあたって，費用はどのくらいかかるのか，収益への貢献はどのくらい見込めそうかも試算することになる。

11.2　国の違い

　世界にはさまざまな国がある。個人が旅行で海外の国に行ったら，風景や建物，言葉や食事，お金，文化や習慣の違いにすぐ気がつくだろう。現地の人とのやりとりがスムーズにいかないこともあるかもしれない。同じように，企業がビジネスで海外の国に行ったら，さまざまな違いに直面する。ある国ではビジネスがと

てもやりやすいのに，別の国ではとてもやりにくいということがあるかもしれない。**国の違いを理解することは国際化のためにとても重要である。**

国の違いには大きく２種類ある。一つは**自然にできた違い**で，国の位置や地形，気候，資源などである。もう一つは**人間がつくる違い**で，**フォーマルな制度**としての政治や経済，法律の違い，**インフォーマルな制度**としての社会文化の違い，倫理的な違いがある。

なお，**制度**とは，「人々が世の中はこういうふうに動いているという共通の認識」のことである。ゲームにルールがあり，メンバーはルールを守って遊ぶ前提があるのと同じように，制度にもルールがあり，メンバーはルールを守ることが前提となっている。また，ゲームにはいろいろな種類があるのと同じように，制度も国や地域によってさまざまである。

■自然にできた違い：国の位置，地形，気候，資源

国の位置や地形，気候，資源などはその国に与えられた条件であり，変えることはできない。そのため，地理的な位置関係はその国の特性や政策に影響し，時には，国家間の緊張や対立を招き，紛争や戦争に発展することもある。国の特性や政策を地理的な要素から研究する学問を**地政学**といい，そこから生じるリスクを**地政学リスク**という。スウェーデンの政治学者のルドルフ・チェーレンが1916年に提唱したもので，国の政策において重要な意味を持つ。典型的な例として，中国と台湾，韓国，北朝鮮，日本の関係がある。企業が国際化を進める際は，こうした地政学リスクを十分に分析する必要がある。

■人間がつくる違い（1）：フォーマルな制度——政治，経済，法律

政治体制とは，ある国の政府のシステムのことで，政治体制が経済と法律を形成する。政治体制は２つの軸で分類することができる。一つは**個人主義—集団主義**の軸である。個人主義は集団よりも個人を優先させる考え方，集団主義はその逆で個人よりも集団を優先させる考え方である。たとえば，個人の自由と全体の利益のどちらを優先するか，と考える時に違いがでる。もう一つは**民主主義—**

全体主義の軸である。民主主義では国民に主権があり，多くは選挙で選ばれた代表者が政治を担う。全体主義では特定の人物や政党が国民全体に対して絶対的な支配力を行使する政治体制である。この２つの軸は相互に関連していて，個人主義を重視する政治体制は民主主義（たとえば，アメリカ合衆国），集団主義を重視する政治体制は全体主義（たとえば，中華人民共和国）になる傾向があるが，その間に位置づけられる国も多く，体制の変化によって位置づけが変わることもある。

　経済は政治体制の影響を受ける。個人の自由が集団の利益より優先される国では市場経済が発達し，個人の自由より集団の利益が優先される国では，国家が多くの企業を支配しており，市場は自由ではなく，制限されている可能性が高い。経済システムは，市場経済，計画経済，混合経済の３種類に大別される。**市場経済**とは，需要と供給の相互作用により，財やサービスの生産量が決定される経済システムのことである。政府は公正な競争を保証し，企業は競争を通して効率化や改善，イノベーションを進めて利益の最大化を目指し，経済成長に寄与する。反対に，**計画経済**では，政府が生産量と販売価格を決定し，そのための資源配分を行う。国有企業には競争がないため，効率化や改善，イノベーションを進める動機がなく，利益の最大化も目指さない。**混合経済**は，市場経済と計画経済の間に位置づけられ，国有企業と私有企業とが混在する。昔は日本にも他の先進国にも国有企業があって混合経済だったが，現在は市場経済に移行している国が多い。現在の中国は混合経済の段階にある。

　法律は個人や企業などの組織の活動を制限するものである。法律も政治の影響を受けるため，たとえば，集団主義的な全体主義国家では，私企業を厳しく制限する法律を制定する傾向が，個人主義が支配的な民主主義国家では，私企業や消費者を保護する傾向がある。法律の体系は，大きく分けて，**慣習法**（common law）と**大陸法**（civil law）の２つがある。慣習法はイギリス起源の伝統や先例，慣習，判例に基づく法体系，大陸法はドイツやフランスなどで発達した成文化された法律と法典に基づく法体系である。この法体系の違いは，たとえば，企業が外国でどのような契約を結び，何かトラブルが起きた際にどのように解決するか，というところに影響する。慣習法では詳細な契約書となるが変化対応が柔軟とされ，大陸法では抽象的な契約書となるが変化対応はやや硬直的とされる。このほ

か，汚職や知的財産権の侵害，製造物責任などは，自国の法律と現地の法律の両方を遵守する必要があり，十分な注意が必要である。

■人間がつくる違い（2）
　：インフォーマルな制度 —— 文化・風習，社会制度，宗教など

　文化とは，「人々の集団の間で共有されている価値観や規範の体系であり，それらが一体となって生活を構成するもの」と定義できる。社会は，共通の価値観と規範を持つ人々の集まりである。国によっては複数の社会文化を持つこともあるし，共通の社会文化を持つ国々もある。価値観や規範は政治的思想，経済的思想，社会構造，言語，教育，宗教などのさまざまな要因に応じて時間とともに変化するため，価値観や規範の体系である文化も変化していく。つまり，こうした要因に影響を受けた人々の行動がパターン化して人々に共有されて定着したとき，文化が形成されたということである。オランダの社会心理学者ホフステード（G. Hofstede）は国民文化6次元モデルを提唱しており[2]，Hofstede Insights のサイトでは6次元モデルによる国の比較をすることができる[3]。

　なお，価値観や規範は，その文化の中にいる人々には当たり前であるため，人々の暗黙知に留まり形式知化されづらい。そのため，よそ者にはわかりづらく学びにくい。たとえば，あるジェスチャーが，自国ではいい意味なのに，他の国では悪い意味になることがある。あるいは，ある国の人々は宗教の戒律により食べられる食材や調理法が決まっているため，日本では食べられるものが限られてしまう。このような文化や伝統，宗教などは人々の判断や行動を決める要因である。経営の国際化においては，異文化リテラシーを高め，違いを受け容れ，すべての文化を尊重することが重要である。

■人がつくる違い（3）：倫理
　—— 人権，社会的責任，サステナビリティなど

　企業における倫理の問題は，国際経営では政治，経済，法律，文化が国によって大きく異なるため注意が必要である。国際経営では，人権，雇用，汚職，環境，

そして多国籍企業としての道徳的義務にかかわる問題などで企業の倫理が問われる。自国では認められないルールが進出先の国では認められている場合もあり，どちらのルールに従うべきかジレンマに直面することもある。

　たとえば，自国では中学を卒業する15歳まで労働は認められないが，進出先の国では12歳から働くことが許されており，家族の生活を支えるために働かざるを得ない状況にある場合を考えてみよう。こうした児童に働く機会を提供するのだから12歳の児童を働かせてよい，と判断していいのだろうか？　このような判断をするには，国際社会の動向の把握やILOやUNICEFなど国際的組織の条約等の遵守に加えて，判断基準となる哲学や考え方が必要であり，それにそって従業員が共有し行動できるように徹底する必要がある。

■国の違いを分析するツール：PEST分析

　国の違いを分析するツールとして **PEST分析** というフレームワークがある。政治（Political），経済（Economic），社会（Societal），技術（Technological）の頭文字をとったもので，これに法律（Legal）と環境（Environmental）を加えて，PESTLE分析やPESTEL分析とすることもある（**図表11-1** を参照）。進出を検討する国々について，これらの要因が現在どのような状況なのか，今後どのように変化するのかについて，量的（数値データなど），質的（記述など）を調査する。そして，それらの要因が自社にとって機会（opportunity）となるか脅威（threat）となるかを分析し，どの国に参入するか，いつ参入するか，ど

●図表11-1　PESTLE分析●

政治 Political	経済 Economic	社会 Societal	技術 Technological	法律 Legal	環境 Environmental
政治体制，政策，安定性，など	経済の種類，規模，動向，成長率，失業率，為替，株価，など	人口動態，価値観，規範，ライフスタイル，教育，伝統，など	研究・開発，発見・発明，技術革新，など	法律，条令，規則，契約など	気候変化，環境対応，など
企業戦略や事業計画に影響がある	売上やコスト，収益に影響がある	需要，ニーズやウオンツに影響がある	商品やサービスの開発や提供に影響がある	組織運営や事業遂行に影響がある	組織運営や社会的責任に影響がある

の程度の規模で，どういう方法で参入するかの評価に役立てる。

11.3　国際化の方法

　企業は新たな市場と新たな生産要素を求めて海外に進出するが，その方法は3つある。その3つとは，**貿易**（trade），**海外直接投資**（Foreign Direct Investment：FDI），**業務提携**（alliance）である。貿易とは，国と国の間で商品やサービスをやり取りすることである。海外直接投資とは，企業が全額出資して海外の国に法人を設立すること，または，現地の法人に資本参加することである。業務提携とは，合意や契約に基づいて製造や販売を委託し，協働することである。

■貿易（trade）

　貿易は，保護貿易から自由貿易へと変化しているが，その背後には貿易の理論がある。16世紀から17世紀にかけて提唱された**重商主義**（mercantilism）は，自国を豊かにすることが目的で，政府は輸出を拡大し輸入を必要最小限に抑制した。これはいわゆるゼロ・サム・ゲーム（win-lose の関係）となってしまう。

　そこで，1776年に提唱されたアダム・スミスの「**絶対優位の理論**（theory of absolute advantage）」では，政府が管理するのではなく需要と供給の市場メカニズムという「**見えざる手**」にゆだね，各国は強みに特化して分業を進め，自由な貿易をすべきと主張した[4]。さらに，19世紀のイギリスの経済学者リカード（D. Ricardo）による「**比較優位の理論**（theory of comparative advantage）」では，分業により生じた各国の強みのうち，比較して強み（とくに生産性の高さ）のあるものを生産，輸出し，比較して強みのないものを輸入すべきと主張した[5]。

　20世紀になって，スウェーデンの経済学者ヘクシャー（E. F. Heckscher）とオリーン（B. G. Ohlin）は，比較優位は生産性ではなく生産要素の賦存量（factor endowments），すなわち土地，労働力，資本の差から生じると主張した[6]。たとえば，労働力が豊富な国は労働を，資本が豊富な国は資本を集約的

に用いて生産，輸出し，自国には少ない生産要素を用いて生産されるものを輸入する，という考え方である。この理論は**ヘクシャー・オリーンの定理**と呼ばれている。さらに新しい貿易に関する理論では，プロダクト・ライフサイクル，先行者利得や，規模の経済などを貿易に応用する考え方がある。

　アダム・スミスの絶対優位の理論以降，国際経済では**自由貿易**が建前となっている。しかし，現実には，さまざまな政治的・経済的理由で政治が自由貿易に介入し，保護主義的になっている。政治的な理由には，自国内での雇用の維持，国家安全保障上重要な産業の保護，不当な外国競争に対する報復，危険な製品からの消費者の保護，外交政策の目標の推進，相手国の人権擁護などが含まれる。経済的な理由には，自国の産業の保護，とくに規模の経済や先行者利得を得るといったものなどがある。これらを実現するための貿易政策として，関税，補助金，輸入割当，輸出自主規制，現地調達要件，行政政策，アンチダンピング関税などの手段がある。貿易障壁は，企業や国にとって短期的なメリットはあるかもしれないが，長期的には国際競争力を弱めることになりかねない。

■海外直接投資（Foreign Direct Investment：FDI）

　FDI には大きく分けて 2 つの形態がある。一つは新規投資（greenfield investment：グリーンフィールド投資）で，進出先の国で新規に法人を設立するものである。もう一つは，進出先の国の既存の企業を買収または合併するもの（cross-border M&A：クロスボーダー M&A，あるいは brownfield investment：ブラウンフィールド投資ともいう）である。FDI によって進出先の国に自国と同様の組織を創ることを**水平展開**といい，バリューチェーンの一部を創ることを**垂直展開**という。

　FDI は，年ごとの上下はあるが，長期的には増加の傾向にある。最新の情報は UNCTAD のサイトから確認できる [7]。最大の理由は保護主義的な政策による貿易障壁を回避し，グローバル化する市場で十分な存在感を得るためである。歴史的には，市場の大きさや政治や経済の安定性などの理由から先進国間での FDI の流入が主だった。しかし，2000 年代後半から途上国や中進国への FDI の流入が増加し，2018 年には初めて先進国への流入を上回った。

受入国（host country）にとって，FDIの便益（benefit）は，資源移転効果，雇用効果，国際収支効果，競争と経済成長への効果などがある。一方，費用(cost)は，受入国での競争への悪影響，国際収支への悪影響，国家主権と自治権の喪失の懸念などがある。一方の投資国（home country）にとって，FDIの便益（benefit）は，進出先の国で得られた利益により国際収支の増加につながる。また投資国から受入国に輸出をする場合には，国内の雇用にもプラスに働く。また，進出先の国からスキルやノウハウを学び，自国に還元するという効果もある。一方，費用は，初期段階では受入国への投資による国際収支への悪影響が考えられる。また，受入国への輸出に代わり現地で生産する場合にも国際収支への悪影響があるうえに，自国での売上や利益が減り，雇用へも影響がある。

　FDIの投資や受け入れには政府の政策が大きく関係する。投資や受け入れを奨励・推進する政府もあれば，制限する政府もある。自由貿易を促進する世界貿易機関（World Trade Organization：WTO）は，貿易の自由化を進めているのと同様に，FDIにかかわる規制の自由化にも取り組んでいる。WTOの取り組みはWTOのサイトから確認できる[8]。

■業務提携（alliance）

　業務提携の代表的な方法は**ライセンシング**（licensing）と**フランチャイジング**（franchising）であるが，**戦略的アライアンス**（strategic alliance）が増えてきている。

　経営の国際化におけるライセンシングは，ある企業（**ライセンサー**）が持つ無形資産（特許，発明，技術方式，工程，著作権，商標など）の権利を進出先の国の企業（**ライセンシー**）に一定期間供与し，その見返りとしてライセンサーがライセンシーにその対価（**ロイヤルティ**）を支払う，という契約である。たとえば，ウォルト・ディズニーのキャラクターをあしらったTシャツを日本企業のユニクロ（企業名はファストリテイリング）がバングラデシュで製造し，日本で販売する，などである。

　ライセンシングの利点は，自社の法人を設立するよりもコストとリスクが少ないこと，進出先の国の知識が不足していたり，その国の政治や経済，社会の状況

が不安定，FDI が制限されていたりするなどの状況に対応できること，無形資産の活用を他社に任せられること，などがある。一方の欠点は，進出先の国の企業が生産・販売等を行うため，自社のコントロールが効かず，自社にその国のビジネスのノウハウも残らないこと，その国で得られた利益を他国で利用しづらいこと，企業にとって重要なノウハウが流出するリスクがあること，などである。こうしたリスクを軽減するには，企業相互にライセンシングを提供し合うクロス・ライセンシングや，ジョイントベンチャーの設立という方法がある。

　フランチャイジングはライセンシングに似ているが，契約がより長期にわたり，契約の内容が商品やサービスの提供方法などにまで及ぶという特徴がある。たとえば，ウォルト・ディズニーのテーマパークを日本企業のオリエンタルランドが運営している，などである。**フランチャイザー**は無形資産とビジネスノウハウを供与し，**フランチャイジー**は供与されたビジネスノウハウに基づいてビジネスを遂行する。利点はライセンシングと同様に，進出にかかわるコストやリスクが低く抑えられ，ノウハウの提供によりビジネスを比較的速く立ち上げられることである。欠点もライセンシングと同様だが，フランチャイジングはサービス業で利用されることが多いので，サービスの品質管理を徹底できるかどうかが課題となる。

　また，異なる国における潜在的・実質的な競合企業と協力関係を構築する戦略的アライアンスは，この数十年間で増え続けている。ジョイントベンチャーのように組織を構築するものから短期的な提携まで形はさまざまである。戦略的アライアンスには，進出先の国に入りやすくなる，コスト負担を分け合える，互いの長所を生かし短所を補い合える，国を越えて技術やサービスの基準を創りやすくなる，などの利点がある。一方，最大の欠点は，技術やサービスのノウハウを提携先の企業が得ることになるため，競争優位性を失う可能性があることである。しかし，提携先を慎重に選択し，リスクを最小限にとどめるような関係を構築し，関係を管理することで，この欠点を補うことができる。

■最適な国際化の方法を決める方法

　みてきたように，国際化の方法はいくつかあるが，投資・リスクの程度と所有・

●図表 11-2　リスクの高低と所有・管理の度合いによる国際化の方法のちがい●

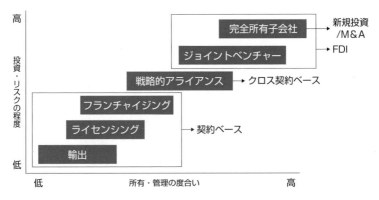

（出所）Root (1994)[9] に基づき作成。

●図表 11-3　国際化の方法を選ぶデシジョン・ツリー●

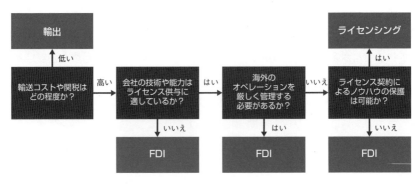

（出所）　Hill (2019)[10] に基づき作成。

管理の度合いによって，**図表 11-2** のように示すことができる[9]。契約ベースで
行う輸出やライセンシング，フランチャイジングは，投資・リスクの程度が低く，
かつ，所有・管理の度合いも低い。相手国にジョイントベンチャーや**完全所有子
会社**（wholly owned subsidiary）を設立する新規投資/M&A，FDI は，両方
とも投資・リスクの程度が高い。

　また，それぞれの方法の利点と欠点によって，どの方法を選ぶのがよいのかを，
デシジョン・ツリーとして**図表 11-3** のように示すことができる[10]。輸送コス

トや関税の程度が低い場合には，輸出を行うことが最もコストを低く抑えられる。輸送コストや関税の程度が高い場合で，企業が自社の技術や能力の流出を防ぎ，オペレーションに対する管理を厳しく行いたい場合には，FDI を行うことが最も適している。国際化の方法は，何を目的に，どのような利点・欠点に配慮して，国際化するのか，という企業独自の基準に基づいて，判断することが重要である。

■国際化におけるステークホルダーのとらえ方

　企業が国際化をする際に関係する**ステークホルダー**は，国際化する目的と方法，進出先の国によって範囲や数が変わる。たとえば，自国で産出した原材料を輸出し，相手国の製造企業に販売する，という場合，主なステークホルダーは，物流では自社と相手国の企業，貿易制度では自国の政府と相手国の政府である。

　同じ輸出でも，自国で生産した商品を輸出し，相手国で販売する場合は，相手国での流通チャンネル（商社，卸売業者，小売など）がステークホルダーとなる。相手国に完全所有子会社を設立し，製造と販売を行う場合は，相手国の社会や市民もステークホルダーとして配慮する必要がある。進出先の国が増えるほど，ステークホルダーの数も増えていく。いずれの場合も，企業は相手国の企業市民としての自覚と責任を持つ必要がある。

11.4　事業の国際化の戦略

　事業の国際化の戦略を考えるには，自国内での戦略の立案と同じフレームワークや理論が使える部分と，国際経営に独自のフレームワークや理論を使う部分がある。たとえば，業界の魅力度を分析する5つの力分析[11]，企業の経営資源を分析する VRIO 分析[12]，企業活動の価値連鎖を示すバリューチェーン[13]，企業の外部環境と内部要因の両方を分析する SWOT 分析（**第9章**）や 3C 分析[14]などは，自国だけでなく進出先の国での自社を取り巻く環境や自社状況を把握するために使うことができる。しかし，いずれも進出先の国ごとにマクロ環境は異なるため，国ごとに PESTLE 分析を行って，使い合わせる必要がある。

　事業を国際化する際の機能別戦略（オペレーション，マーケティング，財務会計，人事管理，R&D（研究開発）など）についても，自国内での戦略の立案や実施と同様の部分と，国際経営に独自な部分がある。独自な部分としては，進出先の PESTLE 分析と SWOT 分析，11.3 で示した国際化の方法などに合わせて対応する点である。つまり，進出先の国や地域ごとの状況と事業戦略に合わせて，機能別にも対応が必要となり，そのためのノウハウやスキルが求められる。

　オペレーションの中でも，サプライチェーン・マネジメントでは，たとえば，海外の国との貿易のノウハウや組織が必要になる。法務や財務会計では，海外との商品やサービス，お金のやり取りへの対応や投資に関する現地の法律の遵守が必要となる。そのためには，11.2 で示した国や地域ごとのフォーマルな制度や倫理を理解して，対応することが必要である。

　マーケティングでは，現地の市場に関する調査や市場に合わせた 4Ps の立案，実施が必要になる。たとえば，マクドナルドが月見バーガーを提供する，コカ・コーラが日本のイベントに合わせた広告を行う，などがこれにあたる。ここでは 11.2 で示したインフォーマルな制度の理解がとくに重要である。また，国や地域によって消費者一人ひとりの可処分所得や物価などの経済状況が異なるため，価格づけも国や地域に合わせる必要がある。

　人事管理では，現地で人材を雇用する場合は，現地の習慣や文化，倫理に沿った雇用条件を用意して教育や研修などを行わなければならない。一方，自国から人材を出向させる場合は現地に適応できる人材を選び，適応のための教育や研修が必要となる。また，家族がいる場合には，家族の理解を得ることは当然として，家族の構成員がそれぞれどのように暮らすのかというワークライフバランスの問題にもなる。さらに，海外赴任に伴う報酬や保険なども設計する必要がある。

　現地法人の組織編制には大きく３つのパターンがある。１つ目は，自国から経営陣を派遣するもので，自社の文化や仕事のやり方などの浸透を図れるという利点がある一方，現地の文化を理解しにくいという欠点がある。また，現地採用の優秀な人材が昇進の壁にぶつかるという欠点もある。多くの日本の多国籍企業はこのパターンをとってきた。２つ目は，現地で経営陣を採用するもので，現地の文化の理解ができるので，現地での優秀な人材の確保にも役立つ。一方で，本社と現地法人のつながりが弱まることや，本社人材が海外経験を得る機会が減る

ことが欠点である。3つ目は，自国，現地にかかわらずグローバルに経営陣を採用するもので，全世界から最も優秀な人材を経営陣に加えることができるので，全社的に事業や組織を強化することにつながる。一方で，こうした人材は報酬が高くつくことが欠点である。

　R&D は，将来の技術やサービスのイノベーションを担う部門であるため，全世界のどこに設置するかは戦略的にとても重要である。関連する産業のクラスター（産業集積）があること[15]，関連する技術を専門とする研究所や大学機関があり有能な人材が存在することなどが判断基準として考えられる。また，R&D の成果が具体的な商品やサービスへとつながるような組織づくりも重要である。

11.5　国際化に伴う諸課題

　経営の国際化においては，以下のような諸課題がある。

■地域協定と保護貿易への対応

　11.3 において，現実的には保護主義的になっていると述べたが，**地域協定**により，地域内や2国間で貿易障壁を削減する動きがある。WTO は加盟国間の貿易障壁を削減する活動を進めているが，164 か国の加盟国から合意を得ることが困難なため，各国は地域ごとや特定の国との間で貿易障壁を削減する協定を進めている。ただし，こうした協定は，協定加盟国同士では利点があるが，加盟していない国には不利になる。日本が加盟している FTA（Free Trade Agreement：**自由貿易協定**）と EPA（Economic Partnership Agreement：**経済連携協定**）は外務省のサイトに掲載されている。

　こうした協定の背景にはさまざまな地理的，政治的，経済的な理由があり，保護主義的な目的があることも否めない。たとえば，米国はトランプ政権の 2020 年に NAFTA（North American Free Trade Agreement：北米自由貿易協定）から USMCA（United States-Mexico-Canada Agreement：米国・メキシ

コ・カナダ協定）へ移行し，米国国内の雇用確保に動いた。イギリスはジョンソン政権の 2020 年に EU から離脱して，EU 域外との関係を深めている。こうした他国の動きは日本企業へも大きな影響を与え，リスクともなりうるため，日頃から国際関係の変化を把握しておくことが必要である。

■為替変動への対応

　国際経営においては，国や地域を超えた商品やサービスのやり取りの対価としてお金を用いるが，どの国の通貨をどの時点の**為替レート**で使うかによって，為替リスクが生じる可能性がある。輸出取引の場合，円安では為替差益に，円高では為替差損になり，輸入取引の場合はこの逆で，円安では為替差損に，円高では為替差益になる。為替レートはさまざまな要因で変動するため予測が難しいが，銀行が提供する為替リスクヘッジのサービスを利用することでリスク回避を図ることが一般的である。

■新たな法律や規制への対応

　国際経営では，国や地域での自然災害や気候変動などによるリスクもある。地震や火災，洪水などが典型的なリスクである。また，進出先の国や地域が環境に配慮した法律や規則に変えることが，事業継続のリスクとなることもある。たとえば，日本をはじめとする各国でカーボンニュートラルに向けた取り組みが行われているが，米国のカリフォルニア州では 2035 年以降ガソリン車とハイブリッド車の新車販売を禁止した。こうした国による規制は，トヨタなどの自動車メーカーに大きな影響を与える。また，国際連合（United Nations：UN）が提唱する 2030 年までの達成を目指す SDGs（Sustainable Development Goals：持続可能な開発目標）や，環境，社会，ガバナンス（Environment, Social, Governance：ESG）の基準を投資に組み込む責任投資原則（Principles for Responsible Investment：PRI）などのイニシアティブは，法的拘束力はないものの，国や地域の政治や経済の動向に影響する。こうした動向も把握しておくことが必要である。

■地政学リスクと安全保障への対応

　諸課題の最後は，地政学リスクと安全保障である。日本は米国と安全保障条約を締結しており，歴史的背景もあって米軍の基地を複数擁している。その米国は中国やロシアと対立関係にあるため，日本にもその影響が及ぶ可能性は大きい。2022年8月4日にガートナージャパンは，地政学リスクが今後の日本企業によるソフトウェア／クラウド・サービスなどのIT調達に重大な影響を及ぼすとの見解を発表している[16]。

　また，経済的な手段による海外の脅威から国家レベルの安全を守るために経済面での施策を講じる**経済安全保障**という考え方が重要になっている[17]。有事も視野に入れて，食料や資源・エネルギーの確保に加えて，半導体などの重要物資，金融や通信などの基幹インフラ，先端技術の知的財産の保護などの対策が必要と考えられているためである。2022年5月には「経済施策を一体的に講ずることによる安全保障の確保の推進に関する法律案（通称，経済安全保障推進法案）」が成立し，①重要物資のサプライチェーン強化，②基幹インフラの信頼性確保，③重要先端技術の開発推進，④非公開特許制度，という4つの分野で法制化が行われた。経済安全保障という考え方は，政府と企業や大学などが一体となって取り組む課題であり，とくに経営の国際化で問題が発生した場合，国レベルのリスクになることも想定して対応する必要がある。

11.6　おわりに

　国際化とグローバル化は私たちの生活に豊かさをもたらしている。経営の国際化によって，さまざまな商品やサービスが国境を越えて取引されることで，品質の良いものを安価に手に入れられる。未来に責任を持つ個人として，また，企業の社会的責任の観点から，この豊かさを実現するために，自然環境や他の国の人々が犠牲になってはいないだろうか，地球の未来を壊してはいないだろうか，と問う必要がある。たとえば，電気自動車のバッテリーに使われるレアメタルの生産は環境破壊や人権侵害を起こしているという指摘もある[18]。経営の国際化には

「誰も取り残さない」という SDGs のスローガンの実現に向けた覚悟が必要である。

第12章
企業のイノベーション

　この章を読み始めたあなたは，いまどんな状況にいるだろうか。

　ファミレスにいて，ノートPCでレポートを作成中だけど，スマホでインスタとTikTokをなんとなくみてる。耳にはワイヤレスのイヤホン，腕にはスマートウォッチ。あ，ネコ型の配膳ロボットがテーブルの間をやってきて，さっきタブレットで注文した飲み物を持ってきた。なんか，癒されるー。写真あげとこ。この章，なんか難しそうだから，ebookでみんながハイライトしているところだけ読めばいいっかな…。

　…なんていうシチュエーションの人もいるかもしれない。この状況の中に**イノベーション**があふれている。イノベーションは，私たちの生活を便利で豊かにしてくれている。

　イノベーションは，企業が成長し，存続するための条件でもある。イノベーションによって，企業は価値のある**モノ**や**サービス**を創り，それらを消費者に提供して利益を得ている。企業は，イノベーションにかかわるさまざまな活動を行っている。たとえば，イノベーションのための戦略立案や組織づくり，イノベーションのきっかけやタネとなる技術開発や研究，イノベーションを起こすための人材の育成，リーダーシップの養成などを行っている。また，企業のイノベーションは政府の政策や大学などの研究からも影響を受けるため，そうした組織との連携も行っている。

　イノベーションとは何か，だれがどのように起こすのか，どんな問題や課題があるのか，などの問いにこたえていくのが本章の目的である。

12.1　はじめに

　「イノベーションとは何か？　定義を示せ」と問われたら，どう答えればいい
のだろうか。実は，イノベーションの定義は学術的には1つに決まっていない。
しかし，起点となる定義はある。それは，シュンペーター（J. A. Schumpeter）
とドラッカー（P. F. Drucker）の定義である。イノベーションを定義する際には，
必ず引用されるものだ。

　ヨーゼフ・シュンペーター（1883-1950）は，オーストリア出身の経済学者
である。シュンペーターがはじめてイノベーションを定義した，とされている。
シュンペーターのイノベーションの定義は，経済活動の中で生産手段や資源，労
働力などをそれまでとは異なる仕方で新結合すること，である[1]。この定義で重
要なのは「**新結合**（new combination）」という言葉で，これによって新たな
経済的価値と社会的価値を創り出す。ビジネス・プロジェクトで「"○○×○○"
で新たな提案をせよ」という課題がよくあるが，これはまさしくシュンペーター
の新結合を実践することである。

　シュンペーターによれば，経済構造には絶えず内部からの革命が起きており，
古い構造が絶えず破壊され，新しい構造が絶えず生み出されている。これを**創造
的破壊**（creative disruption）という。破壊から創造に至るプロセスには，新
たな結合，つまり，イノベーションが必要だ。ここで重要なのは，先に破壊があっ
てから創造がある，という点だ。既存の状態を維持したままではシュンペーター
のいうイノベーションは起きない。既存の状態を破壊した後に，それまでとは異
なる仕方で生産要素を組み合わせることで，新たな価値が創造されるのである。

　ピーター・ドラッカー（1909-2005）もオーストリア出身で，現代経営学の
父と称される経営学者である。多くの著書が日本語に訳され，ドラッカーを信奉
する経営者は多い。ドラッカーのイノベーションの定義は，より優れ，より経済
的な財やサービスを創造すること，である[2]。イノベーションは企業の成長や拡
大を実現し，**企業家**（起業家とも書く。entrepreneur）は変化をとらえ，変化
を機会にイノベーションを起こす。ここで重要なのは，ドラッカーは財だけでな
くサービスもイノベーションの対象に含めている点である。以前の日本ではイノ

ベーションを技術革新と訳すことが多かった。しかし，ドラッカーの定義に照らすと，この訳語はイノベーションの一部しかとらえていないことが明らかである。

　また，ドラッカーは企業の目的は顧客を創造し維持することにあり，企業にはマーケティングとイノベーションという2つだけの基本機能がある，とも述べている。つまり，企業は，イノベーションによって消費者のニーズやウオンツを満たす新しい価値を創造し，マーケティングによってその価値を消費者に伝え，購買行動を促す。ドラッカーも，既存の価値を新しい次元へと転換させる，というイノベーションの特徴を指摘しているといえる。

12.2　イノベーションの定義

　シュンペーターとドラッカーの定義をふまえて，本書としてのイノベーションの定義を示しておきたい。本書では，イノベーションを「既存の静的な状態を破り，ヒト・モノ・知識の新たな組合せの結合によって，これまでにない経済的・社会的な価値を創り出すこと」とする。これは，次のイノベーションの3つの特徴を表すことを意図している。

イノベーションの3つの特徴：
① 既存の状態を変えようとする意図を前提とする
② 能力，技術・生産要素，知識などの経営資源を活用する
③ 経済的な利益にとどまらず，社会的な価値ももたらす

　ドラッカーにならって，本書のイノベーションの対象は製品や商品にとどまらず，サービスも含まれる。さらに，仕事のやり方など，プロセスやオペレーションの刷新もイノベーションに含む。なぜなら，昨今の変化の激しいVUCA（ヴーカ）（Volatility（変動性）・Uncertainty（不確実性）・Complexity（複雑性）・Ambiguity（曖昧性））という将来の予測が困難な世界では，従来のやり方や仕組みが通用しなくなって課題や問題がでてくることもあり，それらを一新するイノベーションも必要となっているためである。

　イノベーションに似た言葉に，**インベンション**（invention）や**リノベーショ**

ン（renovation）があるが，これらとの違いを知ることで，何がイノベーションか，何がそうでないのかがより明らかになるかもしれない。

　インベンションは，発明と訳され，それまで存在しなかったまったく新しい技術や物質，法則や方法などを考え出すことである。一方，リノベーションは改修と訳され，すでに存在しているものをよりよくすることである。言い換えると，インベンションは費用を使って新しい技術や物質を創り出したり新しい法則や方法などを発見したりする行為，イノベーションはそうしたものを使って人々の行動に変化をもたらして利益を得る行為，リノベーションはすでにあるものの機能や効能をよりよくする行為である。

　たとえば，音楽を聴くためにスマートフォン（スマホ）を使う人は多いだろう。スマホで音楽が聴けるのは楽曲が MP3 などの電子ファイルの形で流通しているからである。以前は，楽曲は CD やカセットテープ，レコードといった物体の形で流通していた。つまり，楽曲を流通させる技術と仕組みの変化に合わせて音楽を再生する装置も変化し，音楽を楽しむ方法も変化したということである。

　この変化の中に，イノベーション，インベンション，リノベーションをみることができる。インベンションにあたるのは，R&D（研究開発）の部門で行ったテープレコーダーや CD，MP3 といったメディアの技術の開発だ。つまり，新しい技術の研究や開発を進めたり，それによって特許を取得したりする活動である。

　イノベーションにあたるのは，ソニーがウォークマンを開発したときに，テープレコーダーから録音機能をなくして小型化や軽量化を図り，音楽を携帯していつでもどこでも聴けるようにしたところだろう。ウォークマンによって音楽を携帯するという消費者の新しい行動が生まれた，ということだ。

　その後，テープから CD，MP3 へという技術の変化に合わせてウォークマンの機能を変えていったのはリノベーションだろう。なぜなら，音楽を携帯するというコンセプトは変わっていないからだ。一方，アップルが開発した iPod はイノベーションである。なぜなら，アップルは音楽を手軽にインターネットからダウンロードして自分でプレイリストを作成して楽しむ，という消費者の新しい行動を生んだからだ。

　ここで興味深いのは，インベンションよりもイノベーションが競争優位を作るという点と，インベンションがなくてもイノベーションを起こせるという点だ。

先の例でいえば，ソニーはインベンションによって技術を持っていたが，消費者がどのような音楽を聞く体験を欲しているのか，どのような価値を求めているのか，といったニーズやウオンツをとらえきれていなかったために，ウォークマンにつづく，消費者の行動を変えるようなイノベーションを起こせなかった。

　近年は，モノ消費からコト消費へ，機能価値から感性価値へと消費者の価値観が移行しており，イノベーションを起こすには，消費者のニーズやウオンツ，流行やトレンドなどに対する**インサイト**（ものごとの本質に関する洞察や気づき）が重要である。しかし，インサイトを得るには，企業内の限られた人員の活動だけでは限界がある。また，企業単体でも限界があり，他のステークホルダーとのコラボレーション（協業）も重要となる。

　一方，次の12.3で述べるように，イノベーションを起こす主体は企業だけではない。行政や大学，NPO，コミュニティ，個人もそれぞれが主体となりうるし，それらが関係して構築されるエコシステムも主体となりうる。むしろ，エコシステムでとらえる見方があることで，個々の主体の現場・現物・現実の理解に基づくより高質のインサイトを得ることが可能となると考えられる。

12.3　イノベーションのとらえ方

　イノベーションには，対象や方法などによって，いろいろなとらえ方がある。ここでは，そのうちのいくつかを紹介する。

■イノベーションの対象

　すでに述べたとおり，以前の日本ではイノベーションは多くの場合「技術革新」と訳されてきた。とくに戦後の日本企業はものづくりを中心に発展してきたことが背景にあるためだと思われる。

　しかし，イノベーションの対象は，技術や物に加えて，方法や仕組み，サービスなども含む。技術は，製品そのものに関する技術（製品技術）と製品を生産する技術（生産技術）とに分けられる[3]。前者に関するイノベーションをプロダクト・

イノベーション，後者に関するイノベーションを**プロセス・イノベーション**とい
う。プロダクト・イノベーションは消費者のニーズやウオンツを満たすための製
品に関するイノベーションで，初期のウォークマンの開発がこれにあたる。プロ
セス・イノベーションは製品を効果的・効率的に生産するためのイノベーション
で，たとえば，初期のウォークマンを効果的・効率的に生産するための原料や部
品の調達，生産ラインの設計などが含まれる。

　一方，サービス・イノベーションは，サービス業におけるイノベーションで，
日本のサービス業（第3次産業）はGDPの7割以上を占めるため，日本経済
の発展にとって，とても重要である。とくに，新型コロナウイルス感染症対策が
必須となった現在では，Withコロナ，Afterコロナを意識して新たなサービス
を創り出すことが必要となっている。

■イノベーションのパターン

　イノベーションのパターンとしてよく聞く用語は，**漸進的（インクリメンタ
ル）・イノベーション**，**非連続的（ブレークスルー）・イノベーション**，**破壊的（ディ
スラプティブ）・イノベーション**である。

　漸進的イノベーションとは，既存の製品や生産プロセスに持続的に修正や改善
を続けることで，均衡を創造するイノベーションである[4]。既存の製品は，競合
との競争にさらされ，消費者からは新たなニーズやウオンツが出てくるが，これ
に対応するための製品や生産プロセスのイノベーションである。先の例では，ソ
ニーのウォークマンがCDやMP3に対応していったのをリノベーションだとし
たが，漸進的イノベーションだととらえることもできる。

　非連続イノベーションとは，シュンペーターが提唱した創造的破壊により均衡
を壊して新たな価値を創造するイノベーションのことである。

　破壊的イノベーションとは，既存の市場での競争のルールを壊すイノベーショ
ンで，競争優位にあった企業が優位性を失ったり，業界の構造が変わってしまっ
たりするような劇的な変化をもたらす。破壊的イノベーションはハーバード・ビ
ジネス・スクールの教授だったクリステンセン（C. M. Christensen）が提唱し
た概念で，機能向上を目指して漸進的イノベーションを追求していた優良企業が，

破壊的イノベーションを起こした企業に負けてしまうという「イノベーションのジレンマ」という概念とともに知られている [5]。

　破壊的イノベーションでは，新たな価値基準に基づいた新たな価値を提案することで新たな消費者を開拓することも含まれる。初期のウォークマンがこれにあたる。また，破壊的イノベーションでは，既存の製品に比べて性能は劣るが安価で実証済みの技術を用いることがよくある。ソニーは漸進的イノベーションによってウォークマンを高機能化，高価格化していったが，アップルの初期のiPodは手軽さやカッコよさという感性価値と低価格によって，破壊的イノベーションを起こしたといえる。

■イノベーションの主体と範囲

　従来のイノベーションは企業が主体であり，その企業の中だけで起きていることが多かった。つまり，自社内で発明した技術や製品を使って商品化するという流れである。これを，自社の組織内で閉じていることから，**クローズド・イノベーション**という。中には，自前で開発したもの以外を否定する「自前主義（not invented here syndrome）」や，すでに存在する技術や製品，アイデアを自前で再開発する「車輪の再発明（reinventing the wheel）」という事態も起きていた。この背景には，自社の技術やアイデアは他社よりも優れているという考えや思い込みがあり，発明やイノベーションの効率や効果といった観点からは重複や無駄が起きることになっていた。

　イノベーションの関係性を社外に開くのが，**オープン・イノベーション**である。オープン・イノベーションとは，自社内外の技術や知識，アイデアも活用するイノベーションである。ユーザーからの意見やアイデア，あるいは不満などをイノベーションに取り入れる**ユーザー・イノベーション**もオープン・イノベーションの一種だと考えられる。オープン・イノベーションは，カリフォルニア大学バークレー校教授のチェスブロウ（H. W. Chesbrough）が2000年代の初めに提唱したコンセプトである [6]。

　オープン・イノベーションでは，他社・他者が開発した技術やアイデア，知識や特許を積極的に取り込んで自社のものと掛け合わせたり，逆に，自社で開発し

た技術やアイデア，知識や特許を他社・他者に提供したりして，新たな価値をより効率的・効果的に創り出していく。この背景には，コンピュータ技術を用いてデータや情報，知識や知的財産を管理できるようになり，社内外とのやり取りがより一層しやすくなったことや，企業間や企業と行政，大学や市民との協働が進んできたことなどが挙げられる。アップルの iPod は iTunes という音楽配信のアプリケーションを利用するが，音楽やラジオ，ポッドキャストといったサービスを統合することで付加価値を提供している。

　イノベーションの主体は，企業だけではない。企業主体のイノベーションは企業の利益が優先されがちで，市民やコミュニティのニーズやウォンツに企業が対応しないこともある。そのギャップを埋めるのが，**ソーシャル・イノベーション**である。ソーシャル・イノベーションとは，社会のさまざまな問題や課題に対して，人々が共感をもとに知識や知恵を出し合って，より善い社会の実現を目指して，新たな社会的な価値を創り出したり，社会の仕組みを都度の文脈に合わせて刷新したりしていくことである[7]。ここでの主体は市民やコミュニティ，非営利組織（Non-Profit Organization：NPO），政府，行政や非政府組織（Non-Governmental Organization：NGO），そして営利企業である。営利企業であっても社会課題の解決や社会的な価値の創造を目的としている社会的企業（social enterprise）もある。特定の組織だけでなく組織内外の知を活用するという観点から，ソーシャル・イノベーションもオープン・イノベーションの一種だといえる。

　さらに，国そのものがイノベーションの主体になることもある。たとえば，国連が主導する**持続可能な開発目標**（Sustainable Development Goals：SDGs）や**気候変動枠組条約締約国会議**（Conference of the Parties：COP）は，国が主体となった社会変革を目指している。この場合のイノベーションの対象は地球や未来ということになるだろう。たとえば，SDGs ではパートナーシップが重視されており，イノベーションの主体がネットワークやエコシステムとなるべきことが示唆されている。具体的にみると，SDGs の 2030 アジェンダの前文には，すべての国およびすべてのステークホルダーが協同的なパートナーシップのもとで課題解決を図ることが示されており，地球レベルでの対応が必要とされ，各国の政府と企業や市民は具体的な行動を起こすことが求められている。

12.4　どのようにイノベーションを起こすのか

イノベーションは次のように３段階に分けられるとする研究がある[8]。

第１段階：ゼロから１へ
- それまでなかったアイデアが生まれ始める
- 創造性と想像力が求められる
- 人間がリードする
- 歴史や文学で歴史的構想力や未来を思い描く物語り力を養う

第２段階：１から９へ
- イノベーションが具体的な形をなし，成果を上げる
- 知性の拡大が求められる
- AI などデジタル技術がリードする
- 機械と協力したり機械と融合したりする変化を受け入れる

第３段階：９から10へ
- イノベーションが洗練され，人間の高次の感性的な欲求や美的な欲求を満たせるようになる
- 感性や美意識が求められる
- 人間が再びリードする
- 自分が築きたい未来を思い描き，実現していく

　第１段階は人間が主役である。第２段階は AI などのデジタル技術が主役となり，第３段階は再び人間が主役となる。しかし，第２段階においても，さまざまな技術を開発し使えるようにするのは人間によるイノベーションである。

　この研究を行ったのは一橋大学名誉教授の野中郁次郎とハーバード・ビジネス・スクール教授の竹内弘高だ。彼らの研究は 1980 年代後半から 1990 年代にかけての日本企業が組織的にイノベーションを起こした仕組みの研究から始まり，日本初の日本発の経営理論となる**知識創造理論**を提示した。この理論はナレッジ・マネジメントという名称で世界に普及し，現在も国内外で実践と研究が進め

られている[9]。

　知識創造理論を構成する基本的な概念は，暗黙知と形式知という２つのタイプの知識，それらの相互変換により新たな知識を創造する仕組みを示す SECI モ（セキ）デル，知識を創造する場所を示す「場」，そして，知識創造を促進する**実践知リーダーシップ**である[10]。ここでは，組織的にイノベーションを起こす仕組みを説明する SECI モデルを中心に解説する。

■知識とは

　あらためて「知識とは何か」と問われて知識を定義しようとすると案外難しい。情報やデータは知識ではない。人は知識を創れるが，AI（人工知能）は知識を創れるだろうか。

　知識創造理論では知識を「個人の全人的な思いや信念を真善美に向かって社会的に正当化するダイナミックなプロセス」と定義する。この定義には，知識とは経験から得られるものであり，人と人，人と環境の間の相互作用の中で，人が経験から創り出すものである，という知識の特徴が現れている。また，真善美に向かうということは，知識には，審美性を重視するアート思考，共通善を目指す価値基準が包含されていることを示す。

　知識には，暗黙知と形式知という２つのタイプがある。**暗黙知**とは，言葉で表現しにくい主観的で身体的な経験知で，過去の経験から個人に埋め込まれた思考スキルや行動スキルである。たとえば，自転車の乗り方は，説明をどれだけ聞いたとしても，自分で実際に自転車に乗って練習しなければ乗れるようにはならない。このように言葉で説明しきれない部分が暗黙知である。一方の**形式知**とは，言葉で表現できる客観的で理性的な言語知で，一般的な概念や理論，公式などである。たとえば，教科書やマニュアルは誰が読んでも同じ内容を知ることができる。

　暗黙知と形式知は連続体で，氷山にたとえられる。海面から出ている部分が形式知，水面に沈んでいてみえない部分が暗黙知である。氷山のたとえが示すように，形式知よりも暗黙知の方が圧倒的に大きく，言語化や認識がされていない無意識の部分が大半を占めることから，その可能性は無限大とも考え得る[11]。

192

12

企業のイノベーション

現代のマネジメントでは，形式知を重んじ暗黙知を軽んじる傾向がある。見える化といわれるように，あらゆるものごとを計量・測定し，評価することが重視されている。しかし，たとえば消費者の真のニーズやウオンツは，消費者自身も気がついていない暗黙知に留まっていることが多いため，これを形式知化することが必要になる。前述のソニーの例でいえば，もしもソニーが消費者の暗黙知に留まっている真のニーズやウオンツを探り，インサイトを形式知化していたら，ウォークマンにつづくソニー独自のイノベーションを起こしたかもしれない。

■ SECI モデルと「場」

暗黙知と形式知の相互変換と新結合により新たな知識が創られる。暗黙知と形式知の変換の組み合わせで4象限を構成することができ，**図表 12-1** に示すように暗黙知から暗黙知への変換を**共同化**（socialization），暗黙知から形式知への変換を**表出化**（externalization），形式知から形式知への変換を**連結化**（combination），形式知から暗黙知への変換を**内面化**（internalization）と名付け，このモデルをそれぞれの象限の頭文字をとって **SECI モデル**と呼ぶ。それぞれの象限の説明は**図表 12-1** のとおりである。

ここで重要なのは，SECI モデルは共同化から始まるという点である。暗黙知から暗黙知への変換は共感を通して起きる。したがって，消費者の暗黙知に留まっている真のニーズやウオンツを探るには，消費者の観察や消費者との共体験という共感の場を創る必要がある。そして，共感によって獲得した暗黙知を形式知化し，インサイトを言語化するには，消費者や社内外の人たちとの対話の場を創る必要がある。

デザイン思考も共感から始まるが，実はデザイン思考は SECI モデルと同様のプロセスである（**図表 12-2**）。

知識が創られる場所を「場（英語でも"ba"と表記）」と呼ぶ。場とは，人々がコンテクスト（文脈）と社会関係資本（信頼や愛，ケアなど）を共有して心理的安全性のある関係を築き，互いの主観を相互に受容し合う中で新たな知を創造する場所のことである。参加するメンバーが場の目的にコミットしていることや，多様な知が存在できるように場の境界が開閉自在で場が常に動いていることなど

193

●図表 12-1　SECI モデル：組織的知識創造の一般原理●

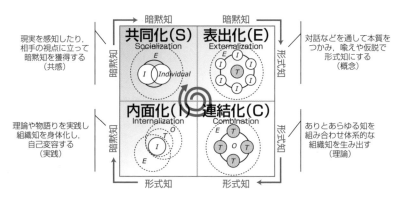

I＝個人（Individual）T＝チーム（Team）O＝組織（Organization）E＝環境（Environment）

（出所）野中郁次郎・遠山亮子・平田透（2010）．『流れを経営する』東洋経済新報社に基づき筆者改版。

●図表 12-2　SECI モデルの各フェーズとデザイン思考の 5 つのプロセス●

SECI モデルのフェーズ	デザイン思考のプロセス
共同化	（1）フィールドワークやインタビューによる共感
表出化	（2）対話を通して問題定義
連結化	（3）アイデアを出して（4）プロトタイプを創る
内面化	（5）テストする

が，知を創るための場の条件である。たとえば，大学の教室のようにたまたま同じ場所にいるだけで参加者同士が関係性を築いていない場合は場ではない。しかし，グループワークやディスカッションなどを行うなど，目的を共有し関係性ができてくると場になる。

　場に多様な知が存在するということは，参加者間の対立や矛盾をはらむ。しかし，知識創造理論では対立や矛盾は避けるものではなく，むしろ積極的に取りに行くものだととらえる。なぜなら，対立や矛盾は新たな知を創造するきっかけとなるからである。逆にみれば，多様な知が存在しない状況では新たな知の組み合わせを創ることができず，新たな知を創造することが難しくなる。たとえば，参加者の顔ぶれがあまり変わらない職場やコミュニティなどの場では新たな発想がでにくくなってしまう。

また，場は多重多層に存在していて，1人の人がいくつもの場を掛け持ちして，場をつなぐ役割を担うこともある。多重多層の場のネットワークを**知の生態系**と呼び，生物の生態系のように人々や組織間の知の共創により共存共栄を図る関係性が構築される。したがって，前述のオープン・イノベーションもソーシャル・イノベーションも知の生態系が構築されることによっておきているといえる。

12.5　イノベーションの課題と今後

イノベーションは企業やNPO，コミュニティといったミクロやメソレベルだけでなく，マクロレベルでの国の競争力も左右する。国を単位とした競争力やイノベーション力の比較は，世界経済フォーラムなど，複数の機関が毎年評価を行っているが，2011年以降の日本のランキングをみてみると**図表12-3**のようになる。日本の競争力は下降傾向にあるが，イノベーションの指標は上昇傾向にある。IMDのランキングでは日本は，2021年は2020年の16位から13位に上昇したが，起業やICT，海外直接投資に課題があるとされる[12]。

こうしたランキングのトップを占めるのは，レポートによってばらつきはあるが，スイス，スウェーデン，オランダ，フィンランド，デンマーク，ノルウェー，ドイツなどの欧州諸国と，シンガポールや香港，台湾，韓国などのアジア勢，そして米国である。とくに北欧諸国は，イノベーションの優等生といわれており，その方法や仕組みに関心が集まっている。北欧諸国は福祉国家の小国で，国をあげてイノベーション・システムやイノベーション・エコシステムを構築しているという共通点がある。

日本政府もイノベーションに取り組んでいる。イノベーションは日本政府が推進しているSociety 5.0[13]の実現の鍵である。日本がイノベーション大国となるために，日本政府はAIなどのデジタル技術の発展推進に加えて，多様な知をもたらす多様な人材の育成と，そうした人材がより一層活躍できる環境や制度の整備を行っている。こうした施策は形式知を重視する傾向にあると考えられるので，今後はさらに暗黙知を花開かせ人の無限の可能性を解放し創造力を推進する人間中心の制度や仕組みの構築が必要だ。

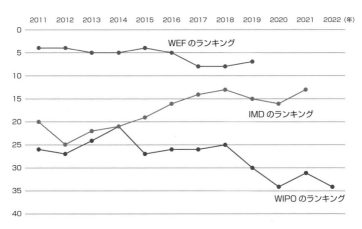

●図表 12-3　日本の世界競争力ランキングの推移●

（出所）　以下のデータを基に筆者作成。
　世界経済フォーラム　Global Competitiveness Report の Innovation の項目（※ 2020 年以降発行されていない），
IMD World Competitiveness Ranking，WIPO Global Innovation Index

　また，イノベーションを起こす前提として質量の豊かな学習も必要である。日本政府は文理融合の教育やリスキリングを推進している。学習の質量を高めるには，教科書などから形式知を暗記するような形式知寄りの個人別の学習ではなく，組織やコミュニティにおける実践の中での知識や技能の獲得と価値観や思考・行動の変容をもたらす組織的な学習が必要だ [14]。

　個人レベルでは，イノベーションを起こすために，個人の信念・思いを起点に理想を描き，実用的に動くことが必要だろう。また，試行錯誤（trial & error）ができる勇気と，先人の知恵に学ぶ謙虚さ，宇宙的な空間感覚と無限の未来を夢想できる想像力を持つことも必要だ。そして何より，人と環境からの暗黙知を無意識レベルで感知し獲得できるような受容と共感が必要である。

　ドラッカーが指摘するように，未来は知りえないが，自ら創る事はできる。理想の未来を共創することが，イノベーションの究極の目的である。

第 IV 部

企業とガバナンス

第13章
企業形態と株式会社

　企業は私たちの生活に身近な存在である。たとえば，セブン-イレブンなどのコンビニエンスストアやサイゼリヤなどのレストランチェーン，鉄道をはじめバス事業を展開するJR，eコマースやクレジットカード，ネット銀行などを手掛ける楽天など私たちの生活を支えてくれる企業が数多く存在する。これらの企業は株式会社として事業を展開している。しかし，企業の形態（種類）は株式会社だけではない。個人事業主として事業を営むということも可能であるし，資金調達の方法や企業の規模，所有と経営という観点から株式会社以外の形態を選択することができる。そこで，本章では，種々の企業形態についてみたうえで，株式会社について詳細に説明する。

13.1　種々の企業形態

　ここでは個人企業と会社の観点から企業形態について説明する。まず，**個人企業**は，いわゆる冒頭で取り上げた個人事業主である。個人企業では，1人の個人が出資者と経営者となる。出資者が経営を行い，利益はすべて個人に帰属する。資金調達の際に借入がある場合には，個人が全額返済する義務を負う（**無限責任**）[1]。

　個人企業は，出資者が1人であるのに対して，会社は，基本的には複数の者が出資し（1人の場合もある。会社法では出資者のことを社員と呼ぶ），共同して事業を行う企業形態である。会社は**法人**とみなされる。法人は会社の目的や規模，役割分担などを定める**定款**を作成して設立される。定款は，個人である自然人（生まれながらに権利と義務を有している人間）の人格を認知させるのと同じ

く，法人格を社会に認知させるものであり，事業の目的などが記載される。定款があることによって，会社は公に人格を持つ組織体である法人として認められる[2]。以下では，会社として**合名会社**，**合資会社**，**合同会社**（Limited Liability Company：LLC）について説明する。

　合名会社は**無限責任社員**1名以上の出資で設立可能である。出資者自身が出資する資金以外に調達する資金の代表は借入金である。出資者は無限責任社員となり，債務を全額返済しなければならない。無限責任社員は会社を所有し，かつ経営者となる。ただし，経営者が複数いる場合には，経営方針などで混乱が生じることがありうる[3]。

　次に，合資会社について説明する。合資会社は，無限責任社員と**有限責任社員**で構成され，無限・有限責任の各社員1名以上の出資が必要とされる。有限責任社員は債務に対して出資額を限度とする返済義務を負う。有限責任社員は出資した立場にはあるが経営に無関与であるのに対して，無限責任社員が会社を所有し，かつ経営者となる。有限責任社員が無限責任社員に経営を任せるというようにとらえることができる。全体の意思決定は社員総会によって行われる。合資会社は合名会社よりも資金を集めることができ，企業活動を拡大できる可能性が高い[4]。

　最後に，合同会社について説明する。合同会社は，2006年5月の会社法施行後に，新しく規定された形態である。合同会社は，出資した社員全員で経営を行う。すべての社員は会社の債権者に対して出資額を限度として，責任を負うため，有限責任制の企業形態といえる。出資者は会社を所有し，経営に関与することができる。ただし，会社が定める定款にて，出資のみの社員も認めることもできる。定款自治が重視されているため，意思決定のルールや運営方法等に関する社員の裁量範囲が広く，経営の効率化が図れる[5]。合同会社は，会社設立と運営にかかわるコストのメリットがあるため，近年増加傾向にあることに加え[6]，アマゾンやアップル，グーグルなどの日本法人が合同会社を選択している。

　以上取り上げた企業形態の問題点は，出資額が限られるということである。限られた出資者だけで莫大な資金を調達するには限界がある。不特定多数の人から資金を集めることができれば，この課題を解決することができる。こうした課題を解決する企業形態が**株式会社**である。以下では，株式会社について説明してい

く。

13.2　株式会社の仕組み

　株式会社は，投資家から資金を集め，株主から経営を任された経営者が利益を上げ，株主に利益が分配される企業制度である。株式会社の特徴として，**有限責任制**と**株式譲渡の自由**が挙げられるだろう。

　まず，有限責任制について説明する。会社法第104条では，「株主の責任は，その有する株式の引受価額を限度とする」という株主の有限責任が原則とされている。有限責任制により，株主は，株式の引受価額（新株等の申込に際して申込人が引き受ける新株等について希望する1株当たりの引受の額）を限度とする出資義務を負うにすぎず，会社債権者に対して何ら責任を負わない。これは，会社が破綻するという自己の最大危険に対して，出資者である投資家が予め負うべき義務を予測できるようにし，投資機会を保障することを目的としている。

　次に，株式譲渡の自由について説明する。会社法第127条では，「株主は，その有する株式を譲渡することができる」とされている。出資の証券化により，株主は株式を売買し，他人に譲渡することで，出資した金額を取り戻すことができる。

　このことは先に説明した有限責任制とかかわり，結果として株式会社は不特定多数の個人から資金を集めることができるようになる。すなわち，株主が会社に提供した資金は原則として財産の社外流出になるような払い戻しが認められない。株主から受け入れた金額そのものは資本金であるのに対して，財産は資本金を拠出した結果として保有する会社の財産を表す。財産の払い戻しが認められない理由は，債権者の保護が必要だからである。株主は株式の引受価額を限度に有限責任を負うだけで，債権者に対しては責任を負わないため，債権者の担保は会社の財産のみとなる。そうしたことから債権者の立場を確保するために，会社には財産を社外に流出させないよう求められている。このように，債権者とのかかわりから，株主が出資額を回収することは困難になるため，株主は株式を売買し，他人に譲渡することが認められており，売却のタイミングによって出資した資金を

●図表 13-1　各企業形態の特徴●

種類	合名会社	合資会社	合同会社	株式会社
出資者の責任と特徴	全員が無限責任	一部が無限責任，残りは有限責任	全員が有限責任	全員が有限責任
出資者の人数	1人でも可	無限・有限各1人以上	1人でも可	1人でも可
経営者	出資者	出資者/雇われた者	出資者	雇われた者
所有と経営	一致	一致/分離	一致	分離
企業の規模	小規模の企業形態	小規模の企業形態	比較的小規模な事業を想定するが，ジョイントベンチャーなど多額の投資を必要とする事業も想定している	設立時の出資下限額がないため，小規模企業にも適用可能であるが，大規模企業は，基本的に株式会社が適している

(出所) 亀川雅人・鈴木秀一 (2011)[2], 小山嚴也・出見世信之・谷口勇仁 (2018)[1], 桜井久勝・須田一幸 (2022)[23] をもとに作成。

回収する機会が確保され，出資額以上を回収することも可能となっている[7]。

　以上の2つの特徴によって，株式会社は，不特定多数の個人から資金を集めることができるようになる。これまで取り上げた合名会社，合資会社，合同会社と本節で取り上げた株式会社の特徴をまとめると図表 13-1 の通りとなる。

【コラム 13.1：形態別会社数】
　国税庁『令和2年度分 会社標本調査－調査結果報告－』によれば，4形態の会社数の総計は，2,718,318 社である。最も多い企業形態数は株式会社である。調査時点で株式会社は2,568,109 社あり，全体の94.5%を占める。続いて合同会社が133,890 社あり，全体の4.9%を占める。合資会社は12,967 社であり全体の0.5%，合名会社は3,352 社であり全体の0.1%を占める。

　最後に，以上の株式会社の仕組みは，会社の規模拡大のために不特定多数の個人から資金を集めることを可能にするだけでなく，**合併**や**持株会社**（holding company）の利用によってさらに会社の規模を拡大させ，持続的に経営を行っていくために必要な資金を調達することを可能にする[8]。

　合併や持株会社による経営統合は M&A として知られる。M&A は Merger(**合**

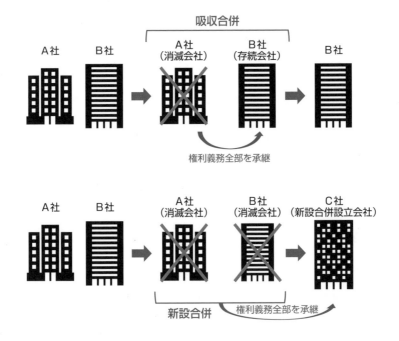

●図表 13-2　吸収合併と新設合併●

吸収合併

A社　B社　A社（消滅会社）　B社（存続会社）　B社

権利義務全部を承継

A社　B社　A社（消滅会社）　B社（消滅会社）　C社（新設合併設立会社）

新設合併　権利義務全部を承継

併）＆ Acquisition（買収）の略である。合併には，ある1社を存続会社として，その他の会社が存続会社に吸収される形で統合する**吸収合併**と，新たな会社を設立して既存の会社が吸収される形で統合する**新設合併**がある（**図表 13-2**）。両者を比較した場合，会社の解散や株式市場への再上場など手続きの煩雑さを理由として，吸収合併が選択されることが多い[9]。たとえば，家電量販最大手のヤマダホールディングスでは，家電販売を担う子会社のヤマダデンキが同じ子会社の大塚家具を吸収合併した。これにより法人としての大塚家具は消滅した。合併を通じて意思決定を迅速化し，家電と家具販売の相乗効果を高めることを狙いとしている[10]。

　持株会社による経営統合とは，持株会社が他の会社の株式を取得して複数の会社を統合することである（**図表 13-3**）。持株会社は，他の会社を所有することでその会社の事業活動を支配することを事業とする会社である[11]。先ほど例に挙げたヤマダホールディングスは，**図表 13-3** にある「持株会社」に当たり，

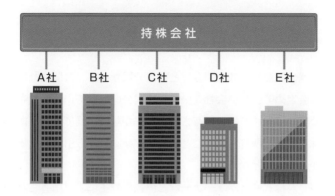

●図表 13-3　持株会社による経営統合●

家電販売を担う子会社のヤマダデンキや住宅事業を担うヤマダホームズを傘下に置いている。同社は，傘下に置いている各事業会社に主体的な事業活動を促すとともに，ホールディングスによる経営の管理・監督と各事業会社による業務の執行を分離することで，グループ全体の経営効率・ガバナンスを高め，本章 13.3 で後述する企業価値向上を目指している[12]。

　この他，M&A の形態には，他社の経営権を得ることを目的として，その会社の過半数以上の株式を取得する**株式取得**や他社の事業部門を買収する**事業買収**がある[13]。株式取得に関して，たとえば，家具の製造・販売で知られるニトリホールディングスは，ホームセンター事業を展開する島忠の株式を約 77.04％取得し，同社を子会社として傘下に収めている[14]。事業買収としては，たとえば，インターネット関連のサービスを手掛ける DeNA が TBS から横浜ベイスターズの株式のうち 66.9％を譲り受け，同球団を買収したことが挙げられる[15]。

13.3　株式公開と証券取引所

　本節では，株式会社の特徴を踏まえ，**株式公開**（Initial Public Offering：IPO）について説明したうえで，株式会社が不特定多数の個人から資金を調達する方法と，株主による株式の売買と企業経営について説明する。そのうえで，日

本における証券取引所について説明する。

■株式公開

　株式会社には**公開会社**と**非公開会社**という分類がある。公開会社は，定款で株式の譲渡制限を定めていない会社をいう。株式公開をしている会社も公開会社となる。**株式公開**とは，閉鎖的に所有された株式が証券市場で売買可能にされ，不特定多数の株主により所有されることを意味する。証券取引所に上場する会社は原則すべてが公開会社となる[16]。

　これに対して，株式会社がオーナーなど少数の株主により所有され，自由な株式譲渡が制限されている場合には株式非公開となる。市場への上場にかかわらず，会社が発行する株式を譲渡・取得する場合にはその会社の承認が必要となる。このように株式の譲渡制限事項の定めが定款に設定されている会社は非公開会社となる[17]。非公開会社には，上場基準を満たさない成長過程の会社が含まれるが，会社の規模にかかわらず上場していないサントリーホールディングスやアイリスオーヤマなど有名な会社もある。

【コラム 13.2：会社法施行以降の株式会社】
　2006 年 5 月の会社法施行以前は，株式会社は大規模な公開会社，有限会社は小規模な会社を想定していた。しかし，小規模な会社の多くが株式会社として設立されていたことを踏まえ，発行株式に譲渡制限を設ける非公開会社に有限会社と同様の機関設計を求め，株式会社という会社類型に有限会社を包含した。また，株式会社設立時の最低資本金制度を見直し，1 円から設立可能となった[18]。

　株式公開には，後述する一般市場と新興市場への上場がある。いずれの場合も新株を発行して資金を調達する**公募増資**と，既存の株主が保有する株式の売却（売り出し）が行われる。既存株式の売り出しについては，未公開時に株主が保有している株式が売り出されることである[19]。

　株式公開により資金調達の多様化が図れるほか，知名度の向上や社会的信用の増大といった効果がある。その一方で，不特定多数の投資家から資金調達を行う

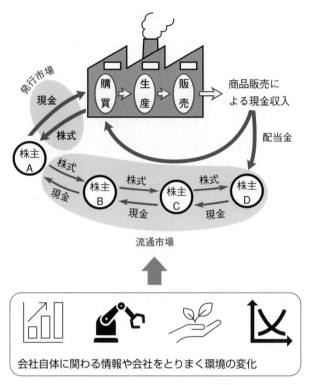

●図表 13-4　株式の発行と流通●

(出所）亀川雅人・鈴木秀一（2011）[2] をもとに作成。

ことから，業績など情報を開示する義務や経営における株主の関与が生じる[20]。

　非公開会社を選択する理由として，金融機関からの借入や社債発行による資金調達が選択としてあることが挙げられる。加えて，非公開会社であることによって，株主の意向に左右されない経営活動を行えることや株主に対しての情報公開に対するコストを負担しなくてもよいため，非公開会社を選択するケースがある[21]。

　株式会社は，株式公開し，投資家が株式を購入できるようになると，不特定多数の投資家から資金を調達できるようになる。**図表 13-4** のように株式会社は**発行市場**にて株式を発行し，投資家に売却することによって資金を調達することができる。発行市場は，株式会社が，証券会社を通じて新たに発行する株式への

出資者（投資家）を募集する場のことである。投資家は，発行市場において，新たな資金運用手段を得ることができる。株式会社は，株式を新たに発行することで，資金調達することができる。なお，発行市場は，人が集まる物理的な場所があるわけではない[22]。

調達した資金は，各種の経営活動を行うために運用される。たとえば，**第7章**で示したように製造業であれば，材料を購買し（インプット），生産活動を展開し，顧客に販売（アウトプット）するために調達した資金が運用される。調達した資金は，生産・販売活動を通じて徐々に回収することになるが，原則的に株主に返済する必要はない（**図表13-4参照**）[23]。

対して株主は，**流通市場**で株式を売却して（株式の譲渡が自由な場合を意味する），会社に出資した資金を自ら回収することが可能である。株主が株式を売買するタイミングは株価が大きくかかわる。株価は流通市場において株式が売買されることで成立する。流通市場は，すでに発行された株式が，投資家や株主の間で売買される場所である。流通市場は，証券取引所で行われる取引所取引や，証券会社を通じて行われる店頭取引のことを意味する。投資家や株主は，流通市場において保有する株式などの売付けや買付けを行うことができる。たとえば，会社の業績や社会的評価，保有技術，会社をとりまく経済環境や社会情勢の変化などの情報が株式を売買する判断基準となる（**図表13-4参照**）[24]。なお，流通市場における株主間の株式の売買は会社の財務に影響しない。すなわち，発行市場においては会社が株式を発行する際に，会社は資金調達をすることができるため，会社の財務に影響するが，その後，流通市場において株主間で株式の売買が行われたとしても，会社の財務には影響はしない[25]。

株式市場で投資家による評価を受けるためには，株式会社は企業価値を高めることが求められている。企業価値は，以下の等式にあるとおり，**株主価値と負債価値**からなる。

企業価値＝株主価値＋負債価値

企業価値は，将来得られると期待される**フリーキャッシュフロー**（free cash flow：損益計算書で算出される利益に調整を加えて算出したもの）を投資家（株主や債権者）が投資した分に対して会社に求める見返りを意味する**資本コスト**

（capital cost）で割り引くことで算定できる。上記の式のうち，負債価値は，他人資本である借入金や社債の約定利息と元本の返済額にしたがって決定される。株主価値は，企業価値から負債価値を差し引くことで算定することができる。株主価値を発行済株式数で割れば理論上の株価が算出される。企業価値を高めることができれば，株主価値も高まり，株価にも正の影響を及ぼしうる[26]。

　株式会社は，企業価値を高めるための努力が常に求められている。そのため，株式会社は，資本コストを上回る価値を創出し続ける必要がある。そこで，株式会社は，自己資本（純資産）からどれだけ効率的に最終的な利益である当期純利益を生み出したのかを示す**自己資本利益率**（Return on Equity：ROE）などの**資本利益率**が資本コストを上回っているかどうかを重要な指標としている[27]。

【コラム 13.3：企業価値の向上に資する M&A】
　13.2 で取り上げた M&A は買収企業にとって事業投資とみなされている。事業投資である以上，M&A は企業価値の向上に寄与する必要がある。企業価値の向上に寄与する M&A は，被買収企業が将来にわたってもたらすキャッシュフローの割引現在価値と M&A によってもたらされる新たに創造されるキャッシュフロー（たとえば，コスト節約やシナジー効果）の割引現在価値から M&A で必要となる投資額を差し引いた際にプラスになる必要がある。なお，このように，将来にわたって得られるキャッシュフローを資本コストで割り引いた現在価値から投資額を差し引いた金額を**正味現在価値**（Net Present Value：NPV）という。正味現在価値がプラスになる M & A は，資本コスト以上に価値を生み出し，企業価値の向上に資することを意味していることから，株価への正の影響が期待される[28]。

■証券取引所

　2022 年 12 月現在，日本の**証券取引所**は図表 **13-5** の通りである。日本には，東京証券取引所（東証），名古屋証券取引所（名証），福岡証券取引所（福証），札幌証券取引所（札証）の４つの証券取引所がある。各取引所には，**一般市場（本則市場）**と**新興市場**があり，それぞれに上場審査基準がある。

　一般市場では，流動性（市場に出回る株式の数・金額の多寡を示す尺度）やコー

●図表 13-5　各市場における一般市場と新興市場●

取引所	一般市場	新興市場
東京証券取引所 （2013年7月に大阪証券取引所と統合）	プライム市場	グロース市場
	スタンダード市場	Tokyo Pro Market
名古屋証券取引所	メイン市場	ネクスト市場
	プレミア市場	
札幌証券取引所	本則市場	アンビシャス
福岡証券取引所	本則市場	Q-Board

ポレートガバナンス（**第14章**で解説），経営成績・財政状態に係る定量的・定
性的な上場基準を満たす必要がある。新興市場では，ベンチャー企業向けの市場
であることから，会社の成長性が審査において重視される。株主数（上場時見込
み）や時価総額（上場時見込み），事業継続年数など一定の要件を満たしていれば，
設立間もない会社や赤字の会社でも上場できる。

> 【コラム13.4：コメダ珈琲の上場】
> 　コーヒー店チェーンの「コメダ珈琲店」などを運営する株式会社コメダホール
> ディングス（名古屋市，以下コメダ）は，2016年6月に東京証券取引所市場
> 第一部（現プライム市場），同年12月に名古屋証券取引所市場第1部（現プレ
> ミア市場）に上場している。コメダの上場の狙いは，上場をきっかけに知名度を
> 高め，中部地区以外や海外の店舗を増やすことにあった。同社は上場以降，確実
> に業績を向上させ，2022年2月の決算では過去最高の売上高を記録している[29]。

　特筆すべきは，2022年4月から行われた東京証券取引所の改変である。そ
れまでの東京証券取引所では，市場第一部，市場第二部，マザーズおよび
JASDAQ（スタンダード・グロース）の4つの市場区分がされていた。しかし，
日本証券取引所グループによれば，この区分では2つの問題が指摘されてきた。
　第一に，各市場区分のコンセプトが曖昧であり，多くの投資者にとって利便性
が低い，という問題点である。具体的には，市場第二部，マザーズ，JASDAQ
の位置づけが重複しているほか，市場第一部についてもそのコンセプトが不明確
であることが挙げられる[30]。

第二に，上場会社の持続的な企業価値向上の動機づけが十分にできていないという問題点である。たとえば，新規上場基準よりも上場廃止基準が大幅に低いことから，上場後も新規上場時の水準を維持する動機づけにならない。また，他の市場区分から市場第一部に移る際の基準が，市場第一部への新規上場基準よりも緩和されているため，上場後に積極的な企業価値向上を促す仕組みとなっていない[31]。

こうした経緯から，2022 年 4 月 4 日に，東京証券取引所では，「プライム市場・スタンダード市場・グロース市場」の 3 つの市場区分がスタートした。

【コラム 13.5：東京証券取引所の再編】

日本証券取引所グループによれば，**プライム市場**は，多くの機関投資家の投資対象になりうる規模の時価総額（流動性）を持ち，より高いガバナンス水準を備え，投資者との建設的な対話を中心に据えて持続的な成長と中長期的な企業価値の向上にコミットする会社向けの市場である。

次に，**スタンダード市場**は，公開された市場における投資対象として一定の時価総額（流動性）を持ち，上場会社としての基本的なガバナンス水準を備えつつ，持続的な成長と中長期的な企業価値の向上にコミットする会社向けの市場である。

最後に，**グロース市場**は，高い成長可能性を実現するための事業計画およびその進捗の適時・適切な開示が行われ，一定の市場評価が得られる一方，事業実績の観点から相対的にリスクが高い会社向けの市場である。

上場後においても継続して各市場区分の新規上場基準の水準を維持することが求められている。さらに，各市場区分はそれぞれ独立しており，上場会社が他の市場区分へ変更する場合には，変更先の市場区分の新規上場基準と同等の基準に基づく審査を改めて受け，その基準に適合することが必要とされている[32]。

13.4　株式会社と株主

株式会社に関しては，株主と経営者との関係を踏まえたうえで，株主の権利についても理解する必要がある。なぜなら，株主は会社に出資する一方で，経営者に経営を任せるため，株主には権利が付与されているからである。

株式会社では，株主と経営者は同一の人格ではなくなる。13.2 の冒頭で説明

したように，株式会社では，会社経営を行うために必要となる資金の提供者（＝出資者）である株主と，会社の経営を株主から委託された専門経営者に分けて業務を行うことになる。委託（株主）と受託（経営者）の関係においては，経営者は株主から経営を委託され，多数の株主の利益のために働く代理人となる。経営者は，株主から経営を委託されたことから，専門的代理人を意味する**エージェント**（agent：**代理人**）と呼ばれる。これに対して，株主は，経営者に経営を受託することから，**プリンシパル**（principal：**依頼人**）と呼ばれる[33]。

経営者は，株主から経営を委託されるのに対して，株主は，会社に対しての権利である**株主権**を有する。これはいわば出資に対する見返りを受ける権利と会社の重要な決定事項に参加する権利ととらえることができる。

株主権には，**自益権**と**共益権**がある[34]。自益権は，株主が会社から経済的利益を受ける権利である。たとえば，剰余金配当請求権（会社法第105条1項1号）や残余財産分配請求権（会社法第105条1項2号）などがある。剰余金配当請求権は，持ち株に応じた利益配当を受け取ることができる権利である。残余財産分配請求権は，会社が解散する際に債権者に対して負債の支払いが完了してもなお財産が残った場合に持ち株に応じて残余財産が分配されるという権利である。ただし，会社が解散するという事態は稀である。仮に，会社が解散するような事態では，会社は債務超過の状態が想定され，その場合には分配される残余財産はゼロとなる[35]。

共益権は会社の経営に参与する権利である。たとえば，株主総会における議決権（会社法第105条1項3号）などがある。議決権に関して，株主は1株につき1つの議決権を有することになり，株式を多く保有している株主ほど多くの議決権を有する。株主は議決権を有して，会社の最高意思決定機関である株主総会に出席し，会社の設立・合併・改組・解散や取締役と監査役の選任および解任のほか，重要な経営方針や問題，利益配当について決議する。この株主総会は株主によって構成され，会社の所有者である株主にとって議決権という自らの権利を行使し，会社の重要事項の決定にかかわる手段・場となる[36]。

13.5　所有と経営の分離

　最後に，**所有と経営の分離**について説明したうえで，所有と経営の分離によって生じうる経営者と株主との間で生じる問題と問題へのアプローチについて説明する。

　株主は，本来，株式の保有により株式会社の所有者であることから，株式会社を支配し経営を行う権限を有することが前提である。しかし，株式会社では，これまで説明してきたように不特定多数の株主が参加することになり，経営の意思や能力がない株主の参加も考えられる。すべての株主が経営に参加することは，経営の合理性に欠け，事実上不可能である。加えて，会社の規模が大きくなればなるほど，専門の経営者に経営を任せた方が，株主にとっての利益を高めることにつながり，結果として，株主の出資した意思に合致することが想定される [37]。

　そこで，会社法では，株式会社（公開会社）の所有と経営を制度的に分離するようにしている。すなわち，株式会社の経営は取締役に一任される（会社法第362条ならびに第363条）。一方で，株主は全員，議決権を有し，株主総会に出席し，重要な経営方針や問題について決議することにとどまる（会社法第295条2項）。さらに，有能な人材をできるだけ経営にかかわらせていくため，取締役を株主に限ることが禁止されている（非公開会社を除く。会社法第331条2項）[38]。

　しかし，このように所有と経営を制度的に分離した結果，経営者である取締役による業務執行の権限が強まってしまい，取締役の私的で恣意的な意思決定がされるおそれがある。そこで経営者と株主との関係において生じる問題とその問題に対するアプローチを理解する必要がある。1970年以降から，経営者と株主との関係を説明するために用いられてきたのが**エージェンシー理論**（agency theory）[39] である。

　この理論に基づくと，経営者と株主との関係を「契約関係」ととらえる。委託（株主）と受託（経営者）の関係で説明したように，経営者は，株主から経営を委託されたエージェントであり，株主は経営者に経営を委託するプリンシパルである。エージェンシー理論に基づくと，エージェントもプリンシパルも自己の利

益を最大化しようとするという問題が生じる。エージェントである経営者は自身の報酬を最大化しようとする。一方で，プリンシパルである株主はエージェントに支払った後の残余所得の最大化に関心がある。所有と経営を分離した結果，経営者である取締役の経営における権限が大きくなることで，経営者が株主の意向にしたがって会社を運営するとは限らないのである[40]。

このように，経営者と株主の目的は必ずしも一致しないことが想定されることに加え（**目的の不一致**），株主は経営者が自らの意向どおりに会社を経営しているのかを把握することが難しい（**情報の非対称性**）。そのため，株主の意向に従って経営者が業務を執行するような報酬制度をどのように設計すべきであるかという問いについて検討する必要がある。加えて，会社の機関（たとえば，株主総会，取締役会，代表取締役，監査役）をどのように設計すべきであるかという問いについても検討していくこととなる[41]。

経営者と株主との関係の変遷や従来の機関設計の問題点と新たな機関設計の必要性をはじめ，コーポレートガバナンスの詳細な議論に関しては，**第 14 章**と**第 15 章**にて取り上げていく。

第14章
企業のトップマネジメント

14.1 日本の株式会社とコーポレートガバナンス

　前章で述べたように，株式会社においては原則として「**所有と経営の分離**」が生じる。出資額を上限に責任を負う有限責任制と出資の証券化とを背景にして，資本家は株式を購入し，そのうえで会社の経営を専門経営者に委任する。株式会社は，言い換えれば，資金を豊富に持つ資本家と，資金はないものの経営能力に優れる専門経営者とを組み合わせる仕組みであり，優れた経営計画の策定・実行とそれに不可欠な設備投資とを可能にする制度である。株式会社の登場によって市場経済の仕組みを取り入れた国々の産業や経済は，飛躍的に発展できるようになった。株式会社が「近代的な企業形態」と評されるのは，このためである[1]。

　一方で，株式会社では，株主と経営者の利害は必ずしも一致しないため，株主の利益を無視して自己の利益を追求する経営者が出現する可能性がある。そこで，経営を監視・監督する仕組みとしての**コーポレートガバナンス**（corporate governance）が必要になる。

■コーポレートガバナンスの重要性

　コーポレートガバナンスは「企業統治」と訳される。会社は出資者である「株主のもの」であるという考え方のもと，株主の利益最大化を目的とした健全かつ効率的な経営が行われるように監視・監督する仕組みである。その骨格は，企業

の不正行為の防止と収益性の向上，そしてそれらを通じた中長期的な企業価値の
向上および持続的成長を目的として設計される。

　コーポレートガバナンスについて考えるうえで，注意すべき点は次の２つで
ある。

　１つ目は，**ステークホルダー間の関係と調整**が重要な意味を持つことである。
第２章で述べたように，企業には，株主以外に顧客，従業員，取引先，地域社会，
自治体・国などの多様なステークホルダーが存在する。また，近年，日本企業は，
海外に事業所や工場を保有し，国境をまたぐサプライチェーンを構築するなどグ
ローバルな事業展開を積極化しており，ステークホルダーの範囲も拡大している。
企業にとって事業を営むうえで重要な利害関係者であるステークホルダーの範囲
拡大は，当然のことながら，ステークホルダー間の調整コストを上昇させる。多
くの場合，それぞれのステークホルダーの目的や利害が相反するからである。

　たとえば，企業業績が好調に推移している期を想定しよう。そのような期にお
いては株主は，その企業が当期純利益を最大化することによって高額な配当や株
の売却益を手にすることを望む一方で，従業員や取引先は，給与・賞与の引き上
げや納入価格の引き上げを求める可能性がある。販売部門の責任者や従業員は，
次期以降の売上拡大を視野に入れて広告宣伝費の積み増しを要求するかもしれな
いし，地域社会は，地域貢献の一環として何らかの還元を期待するかもしれない。
たとえ会社の所有者が株主だとしても，企業経営が多くのステークホルダーとの
かかわりの中で成立している以上，ステークホルダーの意向を無視して事業を推
し進めることは不可能なのである。

　このようにステークホルダー間で利害の相反が生じうる状況下で，株主と他の
多くのステークホルダーの要求のどれを優先するのか，いかなる方法でそれらを
調整するかについては，個々のステークホルダーよりも経営に関わる情報を多く
保有する経営側が判断する。そのうえで，企業経営の第一の目的である利益の最
大化を図り，株主への還元を果たすことがコーポレートガバナンスの本来のあり
方である。

　２つ目は，コーポレートガバナンスは，その企業の「経営理念」や「経営ビジョ
ン」と切り離せない関係にあることである。上で述べたようなステークホルダー
間の関係の調整に関する経営者の判断は，その企業が社会で何を成し遂げるため

に存在するのか，5年後10年後のあるべき姿に向けてどのように活動していくのかといった，企業の「経営理念」や「経営ビジョン」に基づいて下される。つまり，多様な価値観を持つステークホルダーのうち，誰の利益や要求を優先してその企業の目的を達成するかというコーポレートガバナンスの方針は，その企業の運営（マネジメント）にかかわる中長期の経営計画や経営戦略よりも上位に位置づけられる概念であるといえる[2]。

> ## ■日本の株式会社とトップマネジメント：2002年の商法改正以前

　ここまではコーポレートガバナンスが「企業統治」と訳されているため，「企業」という用語を多用してきた。ここからは，株式会社の仕組みに光を当てるので，「会社」という言葉も頻出する。会社は，会社法に基づいて設立された営利目的の法人のことであり，英語でいうところの「カンパニー」に当たる。一方，企業は，利益を目的として活動している組織体のことであり，英語表現すると「ビジネス」となる。企業には法人と個人があり，法人はさらに公法人と私法人に分かれる。私法人はさらに営利法人と非営利法人に区分され，その営利法人が会社と呼ばれる。株式会社は，合名会社，合資会社，合同会社と並ぶ，会社の中の一形態である。

　会社において健全かつ効率的な経営が行われているかを監視・監督する仕組みとしてのコーポレートガバナンスには，いくつかの手法が存在する。その手法は多岐にわたるが，大別すると，「法律により義務づけるアプローチ」と「市場からの圧力を活用するアプローチ」に分けることができる[3]。

　法律により義務づけるアプローチの“法律”とは「商法」や「会社法」を指しており，そこには，株主の利害に反するトップマネジメントを株主総会で解任するといった機関設計・機関の役割に関する条項や，トップマネジメントが注意義務を怠り会社が損害を被った場合に株主が法的責任を追求できる株主代表訴訟などの責任追求に関する条項が盛り込まれている。会社の設立・組織・運営と管理について定めた法律である「会社法」は，固有の法律としては2005年に制定されたが，それまで実質的に会社法の内容をカバーする役割を果たしていたのは，「商法 第2編 会社」「有限会社法」および「株式会社の監査等に関する商法の

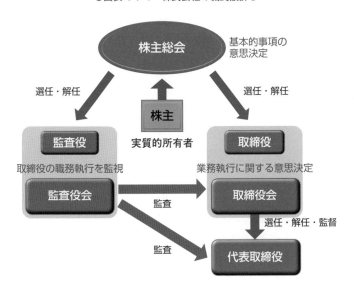

●図表 14-1　株式会社の機関設計●

特例に関する法律」であり，これらのうち「商法」は 2002 年に大幅な改正が
加えられた。

　第 14 章と**第 15 章**では，日本におけるコーポレートガバナンスの深化につい
て順を追って説明していくが，本項では，まず，2002 年の商法改正以前の日本
の株式会社の機関設計[4]について確認しておきたい（**図表 14-1** 参照）。

　機関とは，目的を遂行するために特定の役割を担う人や会議体のことであり，
2002 年の商法改正以前に株式会社に設置が義務づけられていた機関は，「株主
総会」と「取締役および取締役会」，そして「監査役」（大会社については，3 名
以上の監査役とその半数以上を社外監査役とする「監査役会」を設置すること
された）である。

　株主総会は，出資者である株主によって構成される会議体であり，会社の最高
意思決定機関である。株主総会では，会社の設立・合併・改組・解散などの基本
的な事項，取締役と監査役の選任・解任や報酬額といったトップマネジメント人
事，そして，計算書類の確定と剰余金の配当等が決定される。すなわち，会社の
トップマネジメントの選解任の権限は，株主を構成員とする株主総会に付与され

ているのである。

次に，取締役と取締役会について説明する。株主総会で選任された取締役は取締役会を構成する。取締役会は，会社の業務執行の決定，取締役の職務の執行の監督，代表取締役の選任および解任を行う機関である。原則として所有と経営が分離されている株式会社では，株主に代わって経営者が経営の執行に継続的に関与するとともに，経営者を監督する仕組みが必要となる。そこで，会社業務において実質的な意思決定を行い，経営者を監督する目的で取締役会の設置が定められている。

取締役会は，取締役の中から会社を代表する代表取締役を選任する。代表取締役は，法人としての会社を代表して契約等の行為を行うことができる。また，会社の業務に関する一切の裁判上または裁判外の行為をする権限を併せ持つ。代表権を持つ者は1人でなくても構わないため，時には複数の代表取締役が選任される。一般的には社長が代表取締役を兼ねるケースが多いものの，後述するように，社長や会長，専務，常務などの役職は法律上で規定されたものではなく社内の任意の役職に過ぎないので，これらの役職に就く者が必ずしも代表取締役を兼ねるとは限らない。

代表取締役の業務執行は取締役会によって監督される。それに加えて，代表取締役を含む取締役と取締役会の職務執行を監視する役割として監査役の設置が義務づけられている。監査役も取締役と同様に株主総会で選任される機関である。監査役は，会社の会計や業務について不正がないかを確認する役割を担っており，具体的には，会計監査と業務監査の2つの職務を遂行する。このうち，業務監査は取締役の職務執行が法令や定款を遵守して行われているかを調べるものであるため，代表権を持つ取締役は取締役会と監査役の双方からチェックを受ける体制が整えられている。

以上が，2002年の商法改正以前の日本の株式会社の機関設計であるが，その実態に目を向けると，コーポレートガバナンスが有効に機能していたとは到底いえない。象徴的なのは，株主総会の形骸化を意味する「シャンシャン総会」と呼ばれる現象が高度成長期以降に横行していた事実である。シャンシャンとは「手締め」の音を表している。後述するように，法人による株式相互持ち合いによって，株主総会で過半数の議決権を白紙委任状の形で受け取っていた会社があった時代

もある。そこでは，株主総会で形式的な議事進行を行い，会社側が提出した議案を質疑応答や議論もなしに「粛々と」可決するやり方が幅をきかせ，それがシャンシャン総会と呼ばれた。短時間で終わる形ばかりの総会を揶揄した呼び方である。

このような今では信じがたいことが起きてしまっていた理由は，①株主総会を構成する肝心の「株主」が特殊な構成になっていたこと，そして，②日本では社外から選任される取締役が少なく，社内のキャリアの到達点としてトップマネジメントに就任するケースが多かったこと，の2点を挙げることができる[5]。次節以降で，①②のそれぞれについて掘り下げる。

【コラム14.1：株主総会の集中日開催[6]】
　日本では3月期決算の上場会社が多く，6月に定時株主総会を開催する会社が過半を占めている。その中で6月下旬の特定の日に集中する形で株主総会を開催する会社が多数存在し，この方式を「集中日開催」と呼ぶ。特定の日とは，6月の最後の平日の前の平日（最後の平日が月曜日である場合はその前の金曜日）のことである。東京証券取引所が1983年から公表しているデータによれば，定時株主総会の6月の特定日への集中率は1995年に96.2％まで高まった後，2000年代に入ってからは低減している。かつては株主総会をなるべく平穏に済ませたい会社が，総会屋などの特定株主が出席することを避けるために他企業と同じ日に総会を設定するといった防衛的な側面もあったが，近年では株主総会を株主との重要な対話の場としてとらえる認識が高まり，定時株主総会の集中日開催を避ける会社も増えてきている。

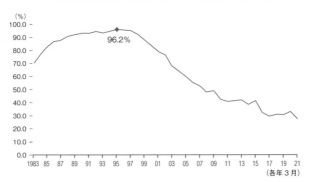

●定時株主総会の特定集中日への集中率の推移[6]●

（原典出所）東証公表データをもとに第一生命経済研究所作成。
（出所）河谷善夫（2022）．「6月定時株主総会開催日の動向」『ビジネス環境レポート2022.5』．第一生命経済研究所。

14.2　日本の株主の特徴

　本節では日本の会社の株主の特徴について概観する。1980年代までのわが国の会社の株式所有に関する最大の特徴としては，**株式相互持ち合い**による長期保有目的の株主の影響が大きかった点を挙げることができる。

　株式相互持ち合いとは，複数の株式会社が互いの発行済株式を保有する行為，もしくは，保有している状態を指す。そして，相互保有している株式を売却してそのような関係を終らせることを，持ち合いの解消と呼ぶ。複数の会社が株式を相互に持ち合う目的は，企業間取引の拡大に加えて安定株主をつくることによって経営の裁量権を拡大するためである。とりわけ後者は，専門経営者にとって重要な意味を持つ。一定割合を占める安定的な法人株主がいることで，株主から短期的なリターンを求める要求を突きつけられてもそれを退けることができるし，敵対的買収に対する防衛も容易になる。端的にいえば，経営の自由度が高まるわけである。このことは，専門経営者にとって長期的視点に立った経営を可能とした意味でも，歓迎すべきことであった。

■「株式相互持ち合い」の歴史的経緯 [7]

　日本における株式相互持ち合いの形成は，第二次世界大戦後の占領下で行われた財閥解体をきっかけとしている。戦前から戦時中にかけて，財閥本社は直系企業の専門経営者にとって安定した株主として機能していたため，財閥解体は安定株主が失われることを意味した。そこで，財閥系企業は，経営の自由度の喪失を恐れて相互株式持ち合いという仕組みを考え出した。その仕組みは，グループ内の銀行・保険・商社・鉱業・化学・鉄鋼・非鉄金属・不動産・倉庫など各産業の有力企業が相互に株式を持ち合うことで株主の安定化を実現するというものであった。それに加えて，大株主会としての色合いを持つ社長会を結成することで，三菱・三井・住友グループなどの戦後型の企業集団を完成させたのである。

　その後，1960年代半ばに資本自由化が活発化し，1965年の証券恐慌によって株価が低迷するようになると，外資による企業買収の脅威から逃れるために，

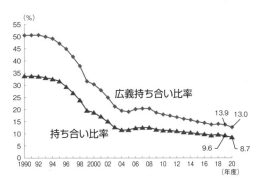

●図表 14-2　日本における「株式持ち合い比率」の推移 [8] ●

(注)1. 持ち合い比率は，上場会社（ただし，上場保険会社を除く）が保有する他の上場株式（時価ベース）の，市場全体の時価総額に対する比率（ただし，子会社及び関連会社株式を除く）。
　　 2. 広義持ち合い比率は，持ち合い比率に保険会社の保有比率を加えたもの。
（原典出所）大株主データ（東洋経済新報社），各社有価証券報告書，及び株式分布状況調査（全国4証券取引所）より野村資本市場研究所作成。
（出所）西山賢吾（2022）．「我が国上場企業の株式持ち合い状況（2020年度）」『野村サステナビリティクォータリー2022年春号』．野村総合研究所。

株式相互持ち合いは一層強化されていった。この時期になると，三菱・三井・住友以外の企業グループに属する企業の間でも，相互株式持ち合いが行われるようになった。

　しかし，1990年代初頭にバブル景気が崩壊して日本経済の長期低迷が始まると，株式相互持ち合いの負の側面がクローズアップされるようになる。株価低迷による株式保有リスクの顕在化，銀行経営の健全性の担保を図るための株式保有制限，経営者をけん制するコーポレートガバナンスの普及などにより，持ち合い解消の動きが活発化したのである（図表 14-2）[8]。

■日本の株主と米国の株主の違い

　たしかに，株式相互持ち合いによる株主安定化にはメリットもあった。経営上の裁量権を獲得した専門経営者は，長期的視野に立って成長戦略を遂行することができた。しかしながら一方で，株主総会の形骸化を招き，株主視点でのガバナンスが効きにくい状況を生み出したことも事実である。1990年代以降の日本では，株式相互持ち合いが持つこのようなデメリットに関心が寄せられるように

●図表 14-3　上場企業の株主構成（主要国）●

	民間企業		公共部門		戦略的個人		機関投資家		その他浮動株式
	国内	海外	国内	海外	国内	海外	国内	海外	
ドイツ	11%	5%	3%	3%	6%	1%	9%	25%	39%
香港（中国）	2%	11%	1%	37%	6%	4%	2%	10%	27%
日　本	16%	2%	9%	2%	2%	1%	17%	20%	31%
シンガポール	7%	24%	10%	1%	7%	4%	3%	10%	34%
英　国	1%	5%	1%	5%	1%	2%	30%	32%	22%
米　国	1%	1%	2%	2%	1%	2%	61%	11%	19%

（注1）2017年末時点。時価総額加重平均で算出。
（注2）調査対象企業の内訳は，ドイツ461社，香港371社，日本587社，シンガポール195社，英国243社，米国622社の上場企業（各国の上場時価総額の85％以上を占める上場企業）。
（注3）民間企業には上場・未公開企業等，公共部門には中央政府・地方政府・公的年金基金・国営企業・ソブリンウェルスファンド，戦略的個人には創業株主・ファミリーオフィス等，機関投資家には年金基金・銀行・証券会社・保険会社・ミューチュアルファンド・ヘッジファンド等，その他浮動株式には所有権の開示が要求されていない個人投資家及び保有状況の開示を要しない機関投資家が含まれる。

（出所）金融庁（2021）[9]。

なった。

　1990年代の日本でコーポレートガバナンスを重視する傾向が強まったとき，しばしばモデルとされたのは米国の事例である。その米国の上場企業の株式については，機関投資家が多く保有していることが知られている。

　OECD（経済協力開発機構）が2017年末時点における主要国の上場企業の株式保有状況を調査したところ，機関投資家の保有比率は，日本で37％であったのに対して米国では72％に達した（**図表14-3**）[9]。個人株主よりも法人株主，とくにその中でも機関投資家が有力な株主である場合は，経営者に対してより強く圧力がかかるため，業績を重視する傾向，さらにいえば利益志向・短期志向になりやすい。これに対して日本の場合には，同じ営利法人でも長らく株式相互持ち合いが主流だったため，マーケットシェア志向・長期志向に向かったのである。

14.3　日本の経営者のキャリア

　日本の株式会社において株主総会，取締役および取締役会，監査役などの機関

によるガバナンスが十分に作用しなかった理由は，ここまで述べてきたように独特な株主のあり方に求めることができる。ただし，もう一つの理由として，日本の会社の**トップマネジメント**のキャリア形成があることを見落としてはならない。

日本の会社では高度成長期以降，**日本型雇用慣行**と呼ばれる仕組みがビルトインされてきた。日本型雇用慣行は，「**終身雇用**」「**年功序列**」「**企業別労働組合**」の３つの特徴を持つ。終身雇用は社員を定年まで雇用し続ける仕組みであり，多くの場合，新卒一括採用とセットで運用される。なぜなら，「年功序列」は個人の能力ではなく年齢や勤続年数をふまえて職位や賃金を決定する人事制度だからである。

日本型雇用制度のもとでは，新卒で入社した社員は，1つの会社もしくはグループ内の会社に長く留まり，その大部分は**内部昇進**を遂げることを目標として労働に勤しむ。会社側は，**OJT**（On the Job Training，職務現場において業務遂行を通じて行う教育訓練）と**Off-JT**（Off the Job Training，職務現場から一時的に離れて行う教育訓練）を組み合わせて人材を育成する。

このような日本型雇用慣行は，内部昇進型のトップマネジメントを輩出する下地となった。日本の大企業の経営者の出自に関する調査を実施した川本真哉（2009）によれば，日中戦争が始まる以前は経営者の出自は多様であり，内部昇進者と並んで**オーナー経営者**やヘッドハンティングによる経営者が存在していたし，また内部昇進者に関しても生え抜きと中途採用の割合が拮抗していたという。しかし，戦後になるとオーナー経営者が減少し，高度成長期以降は取締役のほとんどが生え抜きの内部昇進者へと変化した[10]。

先述したように，日本の会社では，社長が代表取締役を兼ねているケースが多い。さらに，専務や常務といった会社内での序列を反映した役職にある者が取締役になる事例も頻繁にみられる。常務取締役からすれば専務取締役は上司であり，すべての取締役からみて代表取締役社長は上司に当たる。そのような関係性の中で，取締役会が代表取締役の業務執行を監督することは，事実上不可能であろう。株式相互持ち合いにより「もの言わぬ株主」が多数の株式を保有しているため株主総会が本来の機能を果たさない状況下で，社長が取締役の実質的な選任権を持ち，その選任権を自らの思い通りに会社を動かすための道具に使うといった事態さえ生じたのである。

また，こうした悪慣行の結果として，取締役の人数が徐々に増え，大会社においては30人，40人の取締役がいることも珍しくはなかった。これでは意思決定のスピードが落ちて，取締役会が会議体としての意味をなさなくなってしまうのも，当然である[11]。

そのうえ日本の会社では，社長に加えて，会長，相談役，顧問などの役職があり，誰に経営上の権限と責任があるのかが不明確なことも多い。この点もまた，商法や会社法が想定している「株式会社の機関設計」によるコーポレートガバナンスの効果を低下させている一要因となっている[12]。

本来であれば，トップマネジメントは組織を変革し，成長戦略を描くとともに実行することでその会社の未来を切り拓く力を持っていなければならない。しかし，2000年代初頭までの日本の株式会社にはそのようなダイナミズムは，あまり存在しなかったといえよう。

【コラム14.2：経営学におけるトップマネジメント分析の重要性[13]】

企業経営の世界では人間の個性や主体性が重要な意味を持つ。経済学では基本的に，同じ環境のもとではすべての企業が一定の合理性に基づき同様の対応行動をとることを想定する。しかし，経営学では企業が同じ経営環境に置かれ，同じ経営資源を持ちながらも，異なる経営戦略を策定して異なる経営成果を得ることが自明となっている。つまり，経営のプロである企業家の主体的行動次第で，状況が大きく変わりうるというのである。

米国の自動車メーカーであるフォード社を創設したヘンリー・フォードはT型フォードの大量生産・大量販売で成功を収めたことで有名である。しかしその成功は長続きしなかった。1921年に米国自動車市場で56%に達した同社のシェアは6年後の1927年には9%台にまで下落した。代わりに台頭したのが，1927年に43%のシェアを占めるに至ったゼネラル・モータース（GM）社である。T型フォードの急速な普及によって買替え需要が発生した1920年代に，ヘンリー・フォードが過去の成功に酔いしれたままだったのとは対照的に，1923年にGM社の新社長に就任したA. P. スローン・ジュニアは買替え需要をとらえるべく，低価格帯から高価格帯まで各価格帯に製品を揃えるフルライン戦略と頻繁なモデルチェンジに象徴される新しいビジネスモデルを導入して成功を収めた。同じ経営環境のもとでも，異なる経営戦略に導かれて，異なる経営成果が生じたことを示す好事例である。

14.4　経営環境の変化とガバナンスの進化

　ここまでみてきたように，日本の株式会社では，株主の特性やトップマネジメントの内部昇進制度，さらには，代表取締役社長を筆頭に取締役間で階層が生じていることによって，機関設計を定めた法律が想定している取締役会の機能が十分に発揮されないケースが多くみられた。それを象徴するのが，取締役会が株主の利益にそぐわない代表取締役を解任する権限を有しているにもかかわらず，日本ではそれがほとんど行使されないという事実であろう。

■経営者優位のガバナンス

　ここであらためて，株式会社の機関設計とガバナンスとの関係について，もう少し踏み込んで考えてみたい。ヒントとなるのは取締役が果たす役割である。会社経営における取締役の役割について振り返ってみよう。

　14.1で述べたように，株主総会で選任された取締役は，取締役会を構成する。その取締役会は，業務執行の決定を行う機関である。つまり，個々の取締役は「業務執行の決定を行う」機能を持つ。それでは取締役は，業務執行の権限を持つのであろうか。

　ここでいう「業務執行」とは，経営計画の立案や予算の編成に始まり，商品の製造，営業活動の展開，金銭の貸借など，その会社の業務を執行することである。つまり，「業務執行」そのものはあくまで実行行為なのであり，「業務執行の決定」とは明確に区別されることを見落としてはならない。

　株式会社においては，代表取締役は法人としての会社の代表なので，当然のことながら会社の業務を執行する権限を持つ。取締役は2つのタイプに分かれ，業務執行取締役（法律に定めがある役職ではなく，代表取締役の業務執行を補佐する役職として個々の会社が任意に定めている）に選定された取締役は業務を執行し，それ以外の取締役は基本的には業務を執行しない。

　興味深いのは，取締役が，取締役会の構成員として業務の執行に関する決定を行い，特定のメンバーは業務執行を担う取締役として業務を執行し，さらには，

業務執行を行う取締役の監督機能を果たすことになっている点である。つまり，取締役会のメンバーは，業務執行の決定・執行・監督を行うことになる[14]。果たしてこれで，ガバナンスは有効に機能するであろうか。この問いに対する答えは，否定的なものにならざるをえない。

　ここで指摘した問題点を解決するための一つの策は，監督と執行を分離することである[15]。

　なぜ，監督機能と執行機能を分ける必要があるのだろうか。それは，両者を分けることにより，会社の経営上，最も重要な会議体である取締役会の機能の強化を図ることができるからである。一つひとつの業務の執行を執行役員に割り当てることで，取締役会は監督機能を強化することができ，会社全体を考えた意思決定に専念することができる。全体を見渡すことで，たとえば，個々の事業を存続させることにとらわれずに資本効率の悪い事業を売却して事業ポートフォリオを組み替えることも可能となるだろう。つまり，取締役と取締役会は，株主の代理として，株主利益をもたらすか否かという視点で業務の執行に目を光らせることができるようになるのである。

■トップマネジメント改革の必要性

　現実には 2000 年代初頭まで，経営者優位のガバナンスは続いた。その背景には，高度成長期から 1980 年代まで長く続いた成功体験の積み重ねがあった。当時，日本の大企業はグローバル市場においても競争力を有しており，その源泉は日本独特の経営スタイルにあると考えられていた。「日本的経営」という表現がもてはやされたのも，このころのことである。

　しかし，1990 年代初頭のバブル景気の崩壊で舞台は暗転した。日本では，1990 年代を「失われた 10 年」とみなす見方が広がった。企業では，業績が低迷し，不祥事が多発した。極めつけは，金融機関の不良債権問題が社会を揺るがしたことであった。

　一方，米国では，対照的な事態がみられた。1990 年代に「ニューエコノミー」と呼ばれる好景気が到来したのである。日米間のギャップはあまりに大きく，それをふまえて，日本型経営手法から米国型経営手法への転換が図られた。当時は

IT（情報技術）革命で技術革新が急速に進展し，本格的なグローバル競争の時代が到来していたことも，その転換を後押しした。

　米国型経営手法への転換は，さまざまな面で企図された[16]。経営戦略面ではマーケットシェア志向から利益重視へ。雇用面では終身雇用・年功賃金から雇用流動化・職能別賃金へ。企業金融面では間接金融から直接金融へ。多面的な転換が図られたが，それは，米国型経営手法が，株主の利益や株価を重視し，企業価値の向上を経営の基本とするものだからである。

　このような多面的な転換には，一定の時間を要する。日本において，コーポレートガバナンスの実効性をきちんと確保しなくてはならないという機運が「待ったなし」の状況にまで高まったのは，1990年代後半に入ってからのことであった。それが，2001年および2002年の商法改正，2005年の会社法制定につながっていく。その点について詳しくは，章を改め，**第15章**で説明することにしよう。

第15章
日本企業のガバナンス改革と
ステークホルダー

15.1　トップマネジメント改革

■金融危機と企業不祥事

　前章で述べたように，1990年代の日本では，企業を取り巻く経営環境がドラスティックな変化を遂げた。そのきっかけとなったのは，1990年3月，旧大蔵省銀行局がバブル景気によって高騰した地価を抑え込む目的で金融機関に通達した「総量規制」である。この通達を受けて，金融機関は不動産関連融資に慎重な姿勢を取るようになり，一気に**信用収縮**が進んだ。

　その結果，バブル経済は崩壊し，やがて「失われた10年」が現出することになったのである。1997年4月に日産生命保険が債務超過となり大蔵省から業務停止命令を受けたのを皮切りに，同年11月には三洋証券が会社更生法を申請して戦後はじめて証券会社が倒産した。その後も，北海道拓殖銀行，山一證券，日本長期信用銀行，日本債券信用銀行などの金融機関が，相次いで破綻した。2000年代に入ってからも協栄生命保険や千代田生命保険が会社更生特例法を申請するなど，**金融危機**の余波は続き，さらには，地価上昇を前提に大規模投資を行っていた百貨店大手のそごうや総合スーパーのマイカルが倒産に追い込まれるなど，事業会社の破綻も相次いだ[1]。

　この時期の日本経済にたちこめたもう一つの暗雲は，**企業不祥事**が多発したことである。2000年には，雪印乳業（現雪印メグミルク）が集団食中毒事件を引

き起こし，三菱自動車工業の「リコール隠し」も発覚した。前者は認定患者数13,000 人以上となる戦後最大の食中毒事件であり，最初の食中毒が発生して以降の対応が不適切であったことや大阪工場でのずさんな管理体制が問題視された[2]。後者は約 62 万台ものリコールにつながる重要不具合情報が長年にわたり社内で組織的に隠蔽されていた点に注目が集まった[3]。その後も，2002 年の雪印食品による牛肉偽装事件，2005 年のカネボウによる粉飾決算，2006 年の日興コーディアル証券による不正会計問題など，不祥事はあとを絶たなかった。これらのケースの多くで，会社内部において情報の隠蔽が行われたのであり，そのことは企業のガバナンス問題について世間が関心を高める一因となった。

■日本企業の再生と法制度改正[4]

　金融危機や企業不祥事の連鎖は，資本市場の改革や企業のガバナンスに影響を及ぼす法制度の改正へとつながった。

　企業経営には，常に，経営の効率性向上とそれを通じた収益性の向上が求められる。バブル経済崩壊後の日本では景気が著しく低迷しており，そのような状況において，日本企業再生のキーとして「構造改革」が推し進められることになった。それは，企業活動を取り巻く法制度の改正や規制緩和を通じて企業の経営効率を高めることにほかならなかった。

　企業活動に関する法制度の改革は，1990 年代後半以降，矢継ぎ早に行われた。商法についてみると，1970 〜 90 年の時期にはわずか 3 回改正された（1974 年，1981 年，1990 年）だけであったが，1991 年〜 2005 年の 15 年間には改正回数が 14 回にも及んだ。とくに 1999 年以降は，毎年改正が実施された。

　法制度改革の内容は多岐にわたったが，企業再編，企業組織，株式制度など，コーポレートガバナンスに関する事項が多く含まれていた（図表 15-1）。

　第 14 章で述べたように，コーポレートガバナンスは，「義務づけによる規律」と「市場による規律」とに二分される。前者は，企業の内部組織を通じた「内部ガバナンス」とみなすことができ，後者は，企業と外部投資家との関係を通じた「外部ガバナンス」と呼ぶことができる。この章では，主として，内部ガバナンスの改革として企業組織に関する法制度改革について論じる。

●図表 15-1　コーポレートガバナンスに関する法制度改革[4]●

企業再編（M&A）	
純粋持株会社の解禁	（1997 年　独占禁止法改正）
合併法制の改正	（1997 年　商法改正）
株式移転・株式交換制度の創設	（1999 年　商法改正）
会社分割制度の創設	（2000 年　商法改正）
企業内部組織	
取締役責任の軽減制度の導入	（2001 年　商法改正）*
監査役機能の強化	（2001 年　商法改正）*
委員会等設置会社制度の創設	（2002 年　商法改正）
会社法制定	（2005 年　商法改正）
株式制度	
ストック・オプション制度の導入	（1997 年　商法改正）*
自己株式取得の規制緩和	（1997 年　商法改正）*
金庫株の解禁	（2001 年　商法改正）*
新株予約権の創設	（2001 年　商法改正）
公開買付制度の整備	（2005 年，2006 年　証券取引法改正）
「買収防衛策の指針」公表	（2005 年）

(注)　＊は議員立法による改正であることを表す。
(出所)　秋谷史夫・柳川範之（2010).「コーポレート・ガバナンスに関する法制度改革の進展」内閣府経済社会総合研究所企画・監修／寺西重郎編『構造問題と規制緩和』. 慶應義塾大学出版会。

■ 2001 年の商法改正

　企業の内部組織に関する法制度改革として，とくに重要な意味を持ったのは，2001 年の商法改正，2002 年の商法改正，および 2005 年の会社法制定である。順を追ってみることにしよう。

　まず，2001 年 12 月の商法改正においては，株主代表訴訟における取締役の賠償責任の軽減，および監査役の機能強化が盛り込まれた。

　会社に損害を与えた取締役に対して株主が賠償を求める株主代表訴訟は，一方では，トップマネジメントの会社経営に関する責任感を喚起する効果を持つ。しかし他方で，上限のない賠償責任は，経営判断を後ろ向きにさせて結果的に会社の成長を阻害するおそれもある。2001 年の商法改正では，株主代表訴訟が提起された際，善意を有しかつ重大な過失がなかった場合の賠償責任の上限額を，代

229

表取締役は報酬の6年分，代表権のない社内取締役は4年分，社外取締役と監査役は2年分に軽減することを可能とした。会社とのしがらみのない社外取締役に，取締役会で監督機能を果たしてもらうことでガバナンス力の向上を図ろうとする会社は数多く存在するが，賠償責任の上限がない状態では社外取締役の引き受け手が制約されることになりかねない。その意味で，この賠償責任の軽減措置は，ガバナンス向上に寄与するものと評価された[5]。

また，2001年の商法改正では，企業不祥事の再発防止を目的として監査役の機能強化も図られた。監査役は，取締役の行った業務執行に対してそれが適法か否かを判断し，問題があればそれを差し止めることができた。しかし，監査役のチェック機能が十分に果たされず，企業不祥事が多発した背景には，監査役の指名権が取締役会にあったことに加えて，監査役が内部昇進に組み込まれた役員ポストであったという事情も存在した。そこで，2001年の商法改正では，監査役の資格要件を厳格化し，権限を強化することで，監査役によるモニタリングの強化を図ることになった[6]。

具体的には，資本の額が5億円以上または負債の額が200億円以上の株式会社は，監査役の半数以上を社外監査役とすることが盛り込まれ，および，監査役の任期が4年に延長された。また，社外監査役の要件を厳しくし，会社出身や子会社出身の取締役や従業員は，社外監査役に就くことができなくなった。

■ **2002年の商法改正** [7]

続いて実施された2002年の商法改正は，会社の経営組織に関するルールの大規模な変更を含むものであり，下記の諸点が変更された。

（1）株主総会の特別決議の定足数を緩和し，定款で全決議数の1/3まで軽減できるものとした。

（2）取締役が10名以上で社外取締役を起用した会社について，重要財産委員会の設置を認めた。

（3）業務執行機関として執行役・委員会制度を設置する「委員会等設置会社」の特例を認めた。

これらのうちとくに大きな意味を持ったのは，（3）で委員会等設置会社の設

置が認められたことである。委員会等設置会社では，取締役は業務執行を行わず「執行役」が業務を執行する（ただし，両者の兼任は可能）。また，取締役による監督を実質化するために，取締役会内に指名・報酬・監査の3委員会を置き，各委員会メンバーの過半数は社外取締役とする。指名委員会は取締役の選任，報酬委員会は取締役・執行役の報酬の決定，監査委員会は取締役・監査役の業務遂行の監査を，それぞれ担当する。なお，監査委員会が置かれるため，委員会等設置会社では，監査役を廃止する。

委員会等設置会社は取締役と執行役を分離する米国流のガバナンスを見習って導入されたものであり，これにより執行のスピードアップと取締役会の監督機能が大幅に強化された。また，現場では2002年の法改正以前から導入されていた業務執行役員が，商法上，「執行役」という名称で法定の制度となった。

2002年の商法改正で盛り込まれた上記の（3）は，商法上の「大会社」ないしはみなし大会社において，定款の定めによって採用することが認められる制度である。「大会社」の定義は，資本金5億円以上，もしくは，負債総額200億円以上の会社とされた。

なお，（3）で認められた委員会等設置会社は選択的制度であり，大会社にその導入を義務づけたものではない。つまり大会社は，2002年の商法改正により，委員会等設置会社か，監査役を置く従来型の監査役会設置会社かの，いずれかを選択することになったのである。

■2005年の会社法制定

2005年に国会で成立し，2006年5月に施行された会社法は，会社の設立や組織，そして運営や管理に関するルールを定めた法律である。会社法が制定される以前は，会社についての総合的な法律は存在しておらず，「商法」「有限会社法」などいくつかの法律に分散していたが，会社法の制定・施行によって会社にかかわる法的ルールが一元化された。

会社法では，すべての株式会社に「株主総会」と「取締役」の設置を義務づけている。しかし，株主総会と取締役以外にどのような機関を設置すべきかについては，その会社が「公開会社」であるか「非公開会社」であるか，あるいは「大

会社」であるか「それ以外の会社」であるかによってルールを定めており，実態に合わせた機関設計を行うことができる点が特徴である。

　会社が「公開会社」（発行する株式の全部または一部について譲渡制限を設けていない会社）である場合には，会社法は，「株主総会」「取締役」に加えて「取締役会」の設置を義務づけている。さらに，取締役会を設置した会社については，委員会設置会社（2002年の改正商法では「委員会等設置会社」と呼ばれていたが，2006年施行の会社法で「委員会設置会社」に名称変更された。また，会社法により，会社の規模にかかわらず，大会社でなくても定款で定めれば，委員会設置会社に移行することができるようになった）でない限りは，「監査役」を設置しなくてはならないとも定めている。また，会社法の規定によれば，取締役会設置会社とそうでない会社では取締役の人数の下限が異なっており，取締役会設置会社は3名以上，そうでない会社は1名以上とされている。先述のように公開会社は取締役会を設置する義務があるため，すなわち，公開会社は3名以上の取締役を選任する必要がある。

　さらに会社法は，商法上の「大会社」にあたる場合について，（1）会計監査人を設置しなくてはならない，（2）会計監査人を設置した場合は監査役を設置しなければならない，（3）大会社でかつ公開会社である場合は監査役会も設置する必要がある，と規定している。

　また，会社法によれば，株主総会の権限は，その会社が「取締役会」を設置しているかどうかによって異なる。取締役会を置かない非公開会社では，株主総会で会社に関するすべての事項を決議することができる。一方で，取締役会を設置する公開会社では，株主総会では会社法で定められた法定事項あるいは定款に定めたことのみを決議する。具体的には，会社の設立・合併・改組・解散などの基本的事項と取締役および監査役の選任・解任，計算書類の確定（当該期の業績の確定）と配当に関する決定を行う。

　会社法は，自由度の高い機関設計を通じて，それぞれの会社に合わせたガバナンス形態の選択を可能にしたといえよう。

15.2　株主の動き

　商法が次々と改正され，会社法が制定されたことは，株主たちにはどのように映ったのであろうか。ここで株主の動向に目を向けてみたい。

　2000年代以降の日本の株式市場における最大の特徴は，外国人投資家の株式保有比率が上昇したことと，それとは対照的に金融機関のそれが低下した点にある（図表15-2）[8]。外国人投資家による日本株の保有の増大は，わが国の企業のトップマネジメントに，否が応でも経営のグローバル化への対応を意識させることとなった。

　この時期に最も注目を集めたのは，「もの言う株主」の典型例であるアクティビストの動きであろう。アクティビストとは，一定比率の株式を保有し，株主の権利を行使して投資先企業に企業価値向上に関する提案を積極的に行うことで，経済的利益を得ようとする投資家のことである。ここでいう経済的利益とは，投資先企業の株式の売却益や株主還元を通じた利益を指す。

　アクティビストはこれらの経済的利益を獲得するために，主に，①株主還元の実施（剰余金の配当の実施・増額，配当性向の改善，自己株式の取得など），②

●図表15-2　主要投資部門別株式保有比率の推移[8]●

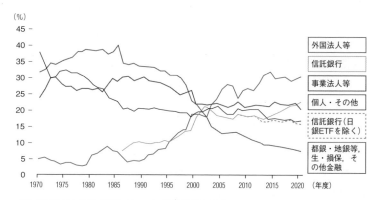

（注）日銀ETF保有額（時価）はニッセイ基礎研究所試算値。
（資料）東京証券取引所「株式分布状況調査」，日本銀行から作成。
（出所）森下千鶴（2021），「2020年度株式分布状況調査」『基礎研レター 2021-08-31』．ニッセイ基礎研究所。

事業戦略（ノンコア事業や有休資産の売却，事業ポートフォリオの見直しなど），③大規模ディールの実施要求（②にかかわるディール，とくにＭ＆Ａの実施など），④ガバナンス関連の施策（取締役会メンバーの変更，報酬の減額，インセンティブ報酬のあり方の変更等）などを提案する[9]。

　たとえば，米投資ファンドのスティールパートナーズは，アデランスホールディングスの株を約29％取得したうえで，2008年5月に開催された同社株主総会で社長や取締役7人の再任案に反対を表明し，自らが取締役候補者を提案した。結果的には，一般投資家もこの提案を支持したため，スティールパートナーズというアクティビストファンドによる**株主提案**が可決された。

　前章で述べたように，日本では株式相互持ち合いが解消されるにつれて，従来型のガバナンスメカニズムに破綻が生じたが，その解決策の一つとなったのが，資本市場によるガバナンスである。企業と外部投資家との関係を通じたガバナンス（「市場による規律」もしくは「外部ガバナンス」）によって，企業のトップマネジメントは健全かつ効率的な経営に向かわざるをえなくなる。「外部ガバナンス」は，株式会社の機関設計などを通じた「内部ガバナンス」と並んで重要な意味を持つのである。

　株主還元が十分でなかったり内向きの経営をしたりしていると，「もの言う株主」から経営の効率化を図り企業価値を向上させるための提案が提出され，時には，経営陣の総入れ替えが求められる。あるいは，そのような経営をしていると株価が暴落して株式公開買付（TOB：Take-Over Bid）に直面するかもしれない。その意味において，アクティビズム（行動主義）は，まさに株式市場を通じて会社経営に規律をもたらす動きであるといえよう[10]。

　一方で，短期的利益を求める株主に対しては対抗する動きが出たのも2000年代後半の特徴である。とりわけ，買収対象会社の経営陣の同意を得ずに行われる敵対的TOBの中には，当初より事業や会社資産の切り売りを目的としたものもあり，対抗手段として，経営陣が金融機関等から資金調達を行って既存株主から株式を買い取り経営権を防衛するMBO（Management Buy-Out）や株式持ち合いを復活させる動きなどが生じた[11]。

　しかし，全体としてみれば，そのような対抗の動きは部分現象の域を出なかった。2010年代以降，大きな時代の流れは，さらに株主重視へと動いていく。

15.3 コーポレートガバナンスの深化

　2014年6月，国会で会社法の一部を改正する法律案が成立し，2015年5月より改正会社法（平成26年 改正会社法）が施行された。会社法は，2005年に制定され，2006年5月に施行されて以降も細かな改正を積み重ねていたが，2014年6月の改正は大幅なものであった。

　この改正は，「コーポレートガバナンスの強化及び親子会社に関する規律の整備等を図ることを目的[12]」としていたが，その背景には，「日本企業では，十分なコーポレート・ガバナンスが行われておらず，このことが，外国企業と比較して日本企業の収益が低く，株価も低迷している原因の一つになっているという内外の投資家の不信感[13]」があった。改正は，コーポレートガバナンスの強化にかかわる（1）監査等委員会設置会社の設置，（2）社外取締役を置くことが相当でない理由の説明，（3）社外取締役の要件の厳格化，の3点を主要な内容としていたが，ここでは，これらのうち（1）について詳しく説明しておきたい。

　先に述べたように，2002年の商法改正で導入された「委員会設置会社」は，「監査役会設置会社」と比べれば監督と執行が分離されたことで迅速な意思決定と執行が可能になったものの，一方で，委員会数が多く，その過半数を社外取締役で構成するため，社外取締役候補をみつけるのが困難になるという問題点も持っていた。また，そもそも，取締役が大人数になりやすい機関設計でもあった。そこで，取締役会の中に3名以上の監査等委員で構成される「監査等委員会」を設置する「監査等委員会設置会社」が導入された。監査等委員会の過半数は社外取締役である必要がある（図表15-3）。

　なお，2002年の商法改正で導入された「委員会等設置会社」は2005年制定の会社法で「委員会設置会社」に名称変更されたが，2014年の会社法第一次改正では，新設の「監査等委員会設置会社」と区別するために，「指名委員会等設置会社」へと再び名称が変更された。

　2014年に改正された会社法には附則が設けられていた。その内容は，施行後2年を経過した頃にコーポレートガバナンスのあり方について検討すること，そして，必要であれば社外取締役を置くことを義務づけるなどの措置を講じること，

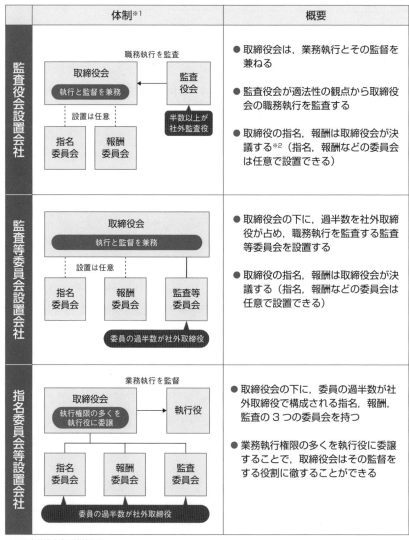

体制[※1]	概要
監査役会設置会社 — 職務執行を監査 / 取締役会（執行と監督を兼務） ← 監査役会（半数以上が社外監査役）/ 設置は任意：指名委員会・報酬委員会	● 取締役会は，業務執行とその監督を兼ねる ● 監査役会が適法性の観点から取締役会の職務執行を監査する ● 取締役の指名，報酬は取締役会が決議する[※2]（指名，報酬などの委員会は任意で設置できる）
監査等委員会設置会社 — 取締役会（執行と監督を兼務）/ 設置は任意：指名委員会・報酬委員会・監査等委員会（委員の過半数が社外取締役）	● 取締役会の下に，過半数を社外取締役が占め，職務執行を監査する監査等委員会を設置する ● 取締役の指名，報酬は取締役会が決議する（指名，報酬などの委員会は任意で設置できる）
指名委員会等設置会社 — 業務執行を監督 / 取締役会（執行権限の多くを執行役に委譲）→ 執行役 / 指名委員会・報酬委員会・監査委員会（委員の過半数が社外取締役）	● 取締役会の下に，委員の過半数が社外取締役で構成される指名，報酬，監査の3つの委員会を持つ ● 業務執行権限の多くを執行役に委譲することで，取締役会はその監督をする役割に徹することができる

※ 1：会計監査人は省略した。
※ 2：厳密には，取締役会は株主総会議案の決定を通じて，取締役候補者の指名や取締役報酬の総枠の提案が可能であり，取締役の報酬は株主総会が定めた総枠の範囲内で，取締役会（または取締役会がさらに委任した取締役）が決定する。
（資料）会社法をもとにみずほリサーチ＆テクノロジーズ作成。
（出所）上野剛幸・長樹生（2022），「指名委員会等設置会社への移行による『一段高い水準のガバナンス』の実践」『みずほリサーチ＆テクノロジーズ　コンサルティングレポート vol.2 2022』．みずほリサーチ＆テクノロジーズ株式会社。

というものであった。

　この附則の影響もあって，会社法を見直す議論が再び活発化し，2019年12月には「会社法の一部を改正する法律」が国会で成立した。この改正会社法（令和元年 改正会社法）は，2021年より順次施行された。その主な内容は，「株主総会に関する規律の見直し」（株主総会資料の電子提供制度の創設，株主提案権の濫用的な行使を制限するための措置の整備），「取締役に関する規律の見直し」（取締役の報酬に関する規律の見直し，会社補償及び役員等のために締結される保険契約に関する規律の整備，社外取締役の活用等），「その他」（社債の管理に関する規律の見直し，株式交付制度の見直し）であった[15]。2019年の会社法改正もまた，コーポレートガバナンスのさらなる向上を企図したものであった。

■コーポレートガバナンス・コード

　コーポレートガバナンス向上をめざす動きは，国会における法改正だけにはとどまらず，他の方策を通じても進展することになった。**コーポレートガバナンス・コード**や**スチュワードシップ・コード**が，その代表的な例である。

　コーポレートガバナンス・コードは，会社が株主をはじめ顧客・従業員・地域社会等の立場を踏まえたうえで，透明・公正かつ迅速・果断な意思決定を行うための仕組みとしてコーポレートガバナンスをとらえ，その実効性を高めるための諸原則をまとめたものである。コーポレートガバナンス・コードは金融庁と東京証券取引所（東証）とを共同事務局とする有識者会議を経て策定された後に，東証の上場規則に織り込まれる形で2015年に我が国に導入された。2021年6月に改訂されたコーポレートガバナンス・コードにおいては，合計83の原則（5基本原則，31原則，および47補充原則）が掲げられた[16]（**図表15-4**）。

　また，2021年の改訂では，上場企業により高度なガバナンスを発揮してもらうことを期待して，**図表15-5**に掲げた点が変更・追加された[17]。

　東証のコーポレートガバナンス・コードは，企業がこれらの原則に関して，「**コンプライ・オア・エクスプレイン・ルール**」にのっとって対応することを求めている。これは，企業が，それぞれの原則を実施する（コンプライ）か，実施しない場合にはその理由を「コーポレート・ガバナンスに関する報告書」（東証の上

237

●図表 15-4　コーポレートガバナンスの5つの基本原則●

（1）　株主の権利・平等性の確保
（2）　株主以外のステークホルダーとの適切な協働
（3）　適切な情報開示と透明性の確保
（4）　取締役会等の責務
（5）　株主との対話

（出所）東京証券取引所（2021）「コーポレートガバナンス・コード」より筆者抜粋。

●図表 15-5　コーポレートガバナンス・コード改訂の主要論点 [17] ●

論点	内容
1. 取締役会の機能発揮	・[プライム市場] 独立社外取締役3分の1以上の選任 ・スキル・マトリックスの開示，他社での経営経験者の独立社外取締役への選任 ・[プライム市場] 委員会構成の独立性に関する考え方・権限・役割などの開示
2. 企業の中核人材における多機性の確保	・多様性の確保についての考え方，目標，人材育成方針，社内環境整備方針，その実施状況の開示
3. サステナビリティを巡る課題への取組み	・サステナビリティを巡る基本的な方針の策定 ・サステナビリティを巡る自社の取組みの開示 ・[プライム市場] 気候関連財務情報開示タスクフォース（TCFD）またはそれと同等の枠組みに基づく気候変動の影響の開示
4. その他個別の項目	・支配株主から独立している独立社外取締役3分の1以上（[プライム市場] 過半数）の選任または独立した特別委員会の設置 ・監査に対する信頼性の確保および内部統制・リスク管理 ・[プライム市場] 議決権電子行使プラットフォームの利用 ・[プライム市場] 開示書類のうち必要とされる情報の英文開示 ・事業ポートフォリオに関する基本的な方針や見直しの状況の開示 ・社外取締役または監査役による株主との対話（面談）

（原典出所）東京証券取引所「コーポレートガバナンス・コード」（2021年6月11日改訂）をもとにPwCあらた有限責任監査法人が作成。
（出所）小林昭夫（2021）．「改訂コーポレートガバナンス・コード（2021）の背景と概要」『PwC's Views　第34号』．PwCあらた有限責任監査法人。

場規定により作成・開示される報告書）の中で説明する（エクスプレイン）か，どちらかを選ぶというルールである。このルールのねらいは，諸原則の実施について選択の余地を残すことによって規制の柔軟性を確保しつつ，原則を実施しな

い会社にはその理由を説明させて株式市場の評価にさらすことによって（理由の説明に説得力がなければ，株価が低落するなどの影響が生じうる），一般的には望ましいと考えられるコーポレートガバナンスのあり方を反映した諸原則の採用を会社に働きかけることにある[18]。

■スチュワードシップ・コードの策定

一方，スチュワードシップ・コードは，金融庁に設置された有識者検討会において，2014年に策定・公表された。2017年と2020年に改訂されたスチュワードシップ・コード[19]は，機関投資家が，顧客・受益者と投資先企業の双方を視野に入れ，「責任ある機関投資家」として「スチュワードシップ責任」を果たすうえで有用な諸原則をまとめたものである。ここでいう「スチュワードシップ責任」とは，機関投資家が，投資先の企業の実情やその事業環境を深く理解したうえで，運用戦略に応じ，サステナビリティ（持続可能性）に配慮した「建設的で目的を持った対話」（エンゲージメント）を行うなどして，当該企業の企業価値の向上や持続的成長を促すことにより，顧客・受益者の中長期的な投資リターンの拡大を図る責任のことである。

金融庁は，スチュワードシップ・コードにおいては，機関投資家がとるべき行動を詳細に規定する「ルール・ベース・アプローチ」（細則主義）ではなく，いわゆる「プリンシプル・ベース・アプローチ」（原則主義）を採用している。これは，機関投資家がそれぞれの状況に応じてスチュワードシップ責任を柔軟かつ実質的に果たすことができるよう，配慮したものである。また金融庁は同様の見地から，機関投資家に対し，スチュワードシップ・コードで示した諸原則に関して，「コンプライ・オア・エクスプレイン・ルール」にのっとった行動をとるよう求めている。

ここで説明した2つのコードは，密接に関連している。東証のコーポレートガバナンス・コードは企業の責務に関する原則を，金融庁のスチュワードシップ・コードは機関投資家の責務に関する原則を，それぞれ明らかにしたものである。両者は，「車の両輪」のように連動して，質の高いコーポレートガバナンスの実現を図ろうとしている。

15.4　ガバナンス改革とステークホルダー

　ここまでみてきたように，日本におけるコーポレートガバナンスのあり方は着実に深化しているといえる。そして，その根底には，会社は株主のものであるという考え方が存在している。株主重視の流れという観点からみれば，コーポレートガバナンス・コードもスチュワードシップ・コードも，さらにそれを徹底しようとしたものであることは間違いない。

　ただし，ここで注目すべきことは，株主以外のステークホルダーとの適切な協働についてもその重要性が強調されている点であろう。2021 年の改訂コーポレートガバナンス・コードでは，2015 年に国連サミットで採択された「持続可能な開発目標」（SDGs）への取組みなど，サステナビリティ課題への積極的・能動的な対応の必要性が謳われ，「サステナビリティを巡る基本方針の策定」や「サステナビリティを巡る自社の取組みの開示」が求められることとなった。スチュワードシップ・コードにおいても，2020 年の改訂時に「スチュワードシップ責任」の概念に，「サステナビリティ（ESG 要素を含む中長期的な持続可能性）の考慮」という表現が付け加わっている。企業経営にとって，株主以外のステークホルダーとの協働はかねてから指摘されていたが，コーポレートガバナンス・コードやスチュワードシップ・コードにより，その実効性が現実のものになろうとしている。

【コラム 15.1：改訂版コーポレートガバナンス・コードへの対応状況】

　東京証券取引所では，2021 年 6 月に実施したコーポレートガバナンス・コードの改訂後の各社の各原則にかかる対応状況を調査し，情報提供している[20]。集計対象は，改訂コードの全原則が適用されるプライム市場，スタンダード市場の会社 3,293 社である。

　たとえば，原則 4-8 は，「プライム市場上場会社は取締役会において独立社外取締役を全取締役数の 3 分の 1 以上（必要な場合は過半数）選任すべき」と改訂された。それに対して，独立社外取締役を 3 分の 1 以上選任している会社の比率は，2021 年の 72.8％から 2022 年の 92.1％へと上昇している。また，過半数選任している会社の比率も 2021 年の 7.7％から 2022 年の 12.1％へと上昇している。

参考文献

■第1章
1 ACADEMY OF Management（米国経営学会）(2018).「What is Management?」.
　 https://support.aom.org/hc/en-us/articles/360003778454-What-is-Management-（閲覧日：2022
　 年8月16日）
2 亀川雅人, 鈴木秀一 (2011).『入門経営学 第3版』. 新世社.
3 有馬賢治, 岡本純編著 (2015).『マーケティング・オン・ビジネス──基礎からわかるマー
　 ケティングと経営』. 新世社.

■第2章
1 パナソニック ホールディングス株式会社 (2022).「サステナビリティ データブック 2022」.
　 https://holdings.panasonic/jp/corporate/sustainability/pdf/sdb2022j.pdf（閲覧日：2023年2月
　 13日）
2 Freeman, E. R. (2010). *Strategic Management: A Stakeholder Approach*, Cambridge University
　 Press.

■第3章
1 Friedman, M. (1970). A Friedman doctrine: The social responsibility of business is to increase
　 its profits. *The New York Times Magazine*. September 13 (1970), pp.32-33.
2 Moon, J. (2014). *Corporate Social Responsibility: A Very Short Introduction*. Oxford University
　 Press.
3 亀川雅人, 鈴木秀一 (2011).『入門経営学 第3版』. 新世社.
4 Freeman, R. E. (1984). *Strategic Management : A Stakeholder Approach*. Pitman.
5 Rasche, A., Morsing, M., & Moon, J. (2017). *Corporate social responsibility: Strategy,
　 communication, governance*. Cambridge University Press.
6 谷本寛治 (2020).『企業と社会─サステナビリティ時代の経営学─』. 中央経済社.
7 Davis, S. (2016).「グッド・ビジネス・イニシアティブ」. 立教大学経営学部編.『善き経営
　 GBI の理論と実践』. 丸善雄松堂, pp.1-25.
8 柳川範之, 大木良子 (2004).『事業再生に関するケーススタディ：雪印乳業』. *Center for
　 International Research on the Japanese Economy*. 東京大学.
　 http://hdl.handle.net/2261/2785（閲覧日：2022年8月25日）.
9 Bowen, S. A. (2018). Mission and Vision. *The International Encyclopedia of Strategic
　 Communication*. Wiley, pp.1-9.
10 Bartlett, C. A., & Ghoshal, S. (1994). Changing the role of top management: Beyond strategy
　 to purpose. *Harvard business review*, 72 (6), pp.79-88.
11 名和高司 (2021).『パーパス経営：30年先の視点から現在を捉える』. 東洋経済新報社.
12 谷本寛治 (2020). 前掲書.
13 Carroll, A.B., & Shabana, K.M. (2010). The Business Case for Corporate Social Responsibility:

A Review of Concepts, Research and Practice. *International Journal of Management Reviews*, Vol.12, No.1, pp.85-105.

14 谷本寛治 (2014). 『日本企業の CSR 経営』. 千倉書房.

15 Moon, J. (2014). *op. sit.*

16 ラーニングエージェンシー (2022). 「新入社員意識調査」. https://www.learningagency. co.jp/topics/20220422. (閲覧日：2023 年 2 月 22 日)

17 Kahn, W. A. (1990). Psychological conditions of personal engagement and disengagement at work. *Academy of Management Journal*, 33, pp692-724.

■第 4 章

1 マイケル E. ポーター (土岐坤訳)(1985). 『競争優位の戦略——いかに高業績を持続させるか』. ダイヤモンド社.

2 青木幹晴 (2012). 『自動車工場のすべて』. ダイヤモンド社.

3 大成尚 (1999).「工程管理」. 福田好朗ほか編. 『生産管理の事典』. 朝倉書店.

4 秋野晶二ほか編著 (2018). 『グローバル化とイノベーションの経営学』. 税務経理協会.

5 秋野晶二 (2015).「アップル社の成長過程と生産体制の現状に関する研究」『立教ビジネスレビュー』, 第 8 号.

6 秋野晶二, 山中伸彦, 菊池航, 黄雅雯 (2020).「アップル社におけるグローバル・バリューチェーンの実態に関する研究」『工業経営研究』第 34 巻, 第 1 号.

■第 5 章

1 有馬賢治, 岡本純編著 (2015). 『マーケティング・オン・ビジネス——基礎からわかるマーケティングと経営』. 新世社.

2 Levitt, T. (1960). Marketing Myopia. *Harvard Business Review.*, 38, July-August, 24-47.

3 上原征彦 (1986). 『経営戦略とマーケティングの新展開』. 誠文堂新光社.

4 Kotler, P., & Keller, K. L. (2006). *Marketing Management* (12th edition). Pearson Education.

5 McCarthy, E.J., & Perreault, Jr., W.D. (1996). *Basic Marketing: A Global Managerial Approach* (12th edition). Irwin.

■第 6 章

1 Schein, E. H. (1978). *Career Dynamics: Matching Individual and Organizational Needs.* Addison-Wesley.

2 今野浩一郎, 佐藤博樹 (2009). 『人事管理入門 第 2 版』. 日本経済新聞社を参考に作成.

3 Rousseau, D. (1995). *Psychological Contracts in Organizations: Understanding Written and Unwritten Agreements.* Sage.

4 上林憲雄, 厨子直之, 森田雅也 (2010)『経験から学ぶ人的資源管理』有斐閣ブックスを参考に作成.

5 Maslow, A. (1954). *Motivation and Personality.* Harper & Row.

6 McGregor, D. (1960). *The Human Side of Enterprise.* McGraw-Hill.

7 Herzberg, F. (1959). *The Motivation to Work.* John Wiley & Sons.

8 Vroom, V. H. (1964). *Work and Motivation.* John Wiley & Sons.

9 Lawler, E. E. (1971). *Pay and Organizational Effectiveness: A Psychological View.* McGraw-Hill.

10 Locke, E. A., & Latham, G. P. (1990). *A Theory of Goal Setting and Task Performance.* Prentice-Hall.

11 詳細は石川淳（2022）．『リーダーシップの理論：経験と勘を活かす武器を身につける』．中央経済社．

12 Robbins, S. P., DeCenzo, D. A., & Gao, J. (2014). *Fundamentals of Management* (Global edition). Prentice Hall.

13 Mintzberg, H. (1973). *The Nature of Managerial Work*. Prentice-Hall.

14 Bass, B. M. (1985). *Leadership and Performance beyond Expectation*. New Free Press.

15 Bass, B. M., & Avolio, B. J. (1990). Developing transformational leadership: 1992 and beyond. *Journal of European Industrial Training*, 14(5), pp.21-27.

16 Greenleaf, R. K. (1977). *Servant Leadership: A Journey into the Nature of Legitimate Power and Greatness*. Paulist Press.

17 Sendjaya, S., Sarros, J. C., & Santora, J. C. (2008). Defining and Measuring Servant Leadership Behaviour in Organizations. *Journal of Management Studies*, 45(2), pp.402-424.

■第7章

1 桜井久勝（2020）．『財務会計講義 第21版』．中央経済社．

2，3 砂川伸幸（2017）．『コーポレートファイナンス入門』．日本経済新聞出版社．

4〜6 桜井久勝（2020）．前掲書．

7 酒向潤一郎（2019）．「デジタルテクノロジーで変わる経理・財務」『企業会計』，7(6)，pp.67-72.

8 河辺亮二（2019）．「経理・財務の仕事図鑑」『企業会計』，71(6)，pp.59-65.

9 酒向潤一郎（2019）．前掲書

10〜13 桜井久勝，須田一幸（2022）．『財務会計・入門 第15版』．有斐閣および桜井久勝（2020）．『財務会計講義 第21版』．中央経済社．

14 日経産業新聞（2018年4月23日）および日本経済新聞朝刊（2020年6月2日）．

15〜23 桜井久勝（2020）．『財務諸表分析 第8版』．中央経済社．

24〜31 桜井久勝，須田一幸（2022）．前掲書

32，33 Anthony, R. N. (1965). *Planning and Control Systems: A Framework for Analysis*, Harvard University, Division of Research.（高橋吉之助訳（1968）．『経営管理システムの基礎』．ダイヤモンド社．）

34 Jiambalvo, J. (2020). *Managerial Accounting* (7th edition). John Wiley & Sons.（ワシントン大学フォスタービジネススクール管理会計研究会訳(2022)．『原著7版 管理会計のエッセンス』．同文舘出版．）

35 園田智明，横田絵里（2010）．『原価・管理会計入門』．中央経済社．

36〜40 Jiambalvo, J. (2020). *op. sit.*

■第8章

1 Koonz, H., & O'Donnell, C. (1964). *Principles of Management: An Analysis of Managerial Functions* (3rd edition). McGraw-Hill.（大坪檀訳(1965)．『経営管理の原則』．ダイヤモンド社.）

2 Weihrich, H., & Koontz, H. (1994). *Management: a Global Perspective International Editions* (10th edition). McGrow-Hill.

3 Drucker, P. F. (1954). *The Practice of Management*. Harper Collins.

4 Katz, R. L. (1974). Skills of an Effective Administrator. *Harvard Business Review*, 52(5), pp.90-102.

5 Taylor, F. W. (1911). *The Principles of Scientific Management*. Harper & Brothers.（有賀裕子訳

（2009）．『新訳 科学的管理法』．ダイヤモンド社．）

6　Fayol, H., & Storrs, C.（1967）. *General and Industrial Management*. Pitman Publishing Corporation.（佐々木恒男訳（1972）．『産業ならびに一般の管理』．未来社．）

7　JUSE（1980）. *Fundamentals of QC Circles*. JUCE Press.

8　Simon, H. A.（1947）. *Administrative Behavior: a Study of Decision-Making Processes in Administrative Organization*. Macmillan.（桑田耕太郎，西脇暢子，高柳美香，高尾義明，二村敏子訳（2009）．『経営行動』．ダイヤモンド社．）

9　Smith, A.（1776）. *An Inquiry into the Nature and Causes of the Wealth of Nations*. University of Chicago Press.（山岡洋一訳（2007）．『国富論 上下：国の豊かさの本質と原因についての研究』．日経 BP マーケティング．）

10　Chandler Jr., A. D.（1977）. *The Visible Hand: The Managerial Revolution in American Business*. Belknap Press.

11　March, J. G., & Simon, H. A.（1958）. *Organizations*（2nd edition）. John Wiley & Sons.（高橋伸夫訳（2014）．『オーガニゼーションズ 第2版』．ダイヤモンド社．）

12　Coase, R. H.（1937）. The Nature of the Firm. *Economica*, 4（16）, pp.386-405.

13　Williamson, O. E.（1975）. *Markets and Hierarchies*. The Free Press.（浅沼萬里，岩崎晃訳（1980）．『市場と企業組織』．日本評論社．）

14　Penrose, E. T.（1995）. *The Theory of the Growth of the Firm*（3rd edition）. Oxford University Press.（日髙千景訳（2010）．『企業成長の理論』．ダイヤモンド社．）

15　Ramaswamy, V., & Ozcan, K.（2014）. *The co-creation paradigm*. Stanford University Press.

16　榊原清則（2002）．『経営学入門（上）』．日経文庫．

17　Barnard, C. I.（1938）. *The Functions of the Executive*. Harvard University Press.（山本安次郎（1968）．『経営者の役割』．ダイヤモンド社．）

18　Koonz, H., & O'Donnell, C.（1976）. *Management: A System and Contingency Analysis of mangerial Functions*（6th edition）. McGraw-Hill.

19　Drucker, P. F.（1954a）. *Management: Tasks, Responsibilities, Practices.* Harper & Row.（上田惇生訳（2008）．『マネジメント――課題，責任，実践』．ダイヤモンド社．）

20　Burns, T. O. M., & Stalker, G. M.（1961）. Mechanistic and Organic Systems of Management. T. Burns & G. M. Stalker（Eds.）. *The Management of Innovation*. Oxford University Press.

21　Grant, M. R.（2010）. *Contemporary Strategy Analysis—Text and Cases—*（9th edition）. John Wiley & Sons.

22　奥村昭博（1989）．『経営戦略』．日経文庫．

23　Chandler Jr., A. D.（1962）. *Strategy and Structure: Chapters in the History of the Industrial Enterprise*. MIT Press.（有賀裕子訳（2004）．『組織は戦略に従う』．ダイヤモンド社．）

24　Mintzberg, H., & McHugh, A.（1985）. Strategy Formation in an Adhocracy. *Administrative Science Quarterly*, 30（2）, pp.160-197.

25　Hofer, C. W., & Schendel, D.（1978）. *Strategy formulation : analytical concepts*. West publishing.（奥村昭博，榊原清則，野中郁次郎訳（1981）．『戦略策定―その理論と手法―』．千倉書房．）

■第9章

1　日本経済新聞（1994）．「進む「事業システム革命」――神戸大学教授加護野忠男氏（経済教室）」．日本経済新聞（1994 年 8 月 1 日）．

2　Churchman, C. W.（1968）. *The System's Approach*. A Data Book.

3　Simon, H. A.（1997）. *Administrative Behavior*（4th edition）. The free Press.（桑田耕太郎，西

脇暢子，高柳美香，高尾義明，二村敏子訳（2009）．『経営行動』．ダイヤモンド社.）

4　ISO（2015）．*ISO 9000:2015 Quality management systems - Fundamentals and vocabulary.*

5　Barnard, C. I. (1938). *The Functions of the Executive*. Harvard University Press. (山本安次郎訳（1968）．『経営者の役割』．ダイヤモンド社.)

6　Simon, H. A. (1962). The Architecture of Complexity. *Proceedings of the American Philosophical Society*, 106(6), pp.467-482.

7　ベルタランフィ, V. (長野敬，太田邦昌訳)(1945)．『一般システム理論』．みすず書房.

8　Churchman, C. W. (1968). *op sit.*

9　Schoderbek, P. P. (1967). *Management Systems*. John Wiley & Sons. (井上恒夫，穴吹義教訳（1976）．『マネジメント・システム（上下）』．産業能率短期大学出版部.)

10　David, W.T., James, J. K., & Nina-Marie, E. L. (2008). *The Ecosystem Approach: Complexity, Uncertainty, and Managing for Sustainability*. Columbia University Press.

11　伊藤武史 (2013)．『地球システムを科学する』．ベレ出版.

12　Davis, G. B. (2006). *The Blackwell Encyclopedia of Management, Management Information Systems*. Wiley-Blackwell.

13　Davis, G. B. (1974). *Management Information Systems: Conceptual Foundations, Structure, and Development*. McGrow-Hill.

14　Anthony, R. N. (1965). *Planning and Control Systems : A Framework for Analysis*. Harvard University. (高橋吉之助訳（1968）．『経営管理システムの基礎』．ダイヤモンド社.)

15　Simon, H. A. (1977). *The New Science of Management Decision* (Revised edition.). Prentice-Hall. (稲葉元吉，倉田武夫訳（1979）．『意思決定の科学』．産業能率大学出版部.)

16　Hofer, C. W., & Schendel, D. (1978). *Strategy formulation : analytical concepts*. West publishing. (奥村昭博，榊原清則，野中郁次郎訳（1981）．『戦略策定──その理論と手法』．千倉書房.)

17　Porter, M. E., & Millar, V. E. (1985). How information gives you competitive advantage. *Harvard Business Review*, 63 (4), pp.149-160.

18　Wiseman, C. (1988). *Strategic Information Systems*. McGraw-Hill. (土屋守章, 辻新六訳(1989)．『戦略的情報システム──競争戦略の武器としての情報技術』．ダイヤモンド社.)

19　Allen, T. J., & Morton, M. S. S. (1994). *Information Technology and the Corporation of the 1990s: Research Studies*. Oxford University Press.

20　U.S.Department of Commerce (2000). Digital Economy 2000. https://www.commerce.gov/sites/default/files/migrated/reports/digital_0.pdf (室田康弘編訳（2000）．『ディジタル・エコノミー2000』．東洋経済新報社.)

21　Solow, R. M. (1987). We'd Better Watch Out. *The New York Times Book Review* (July 12, 1987). New York Times, p.36.

22　U. S. Department of Commerce (2000). *op. sit.*

23　Ellis, C. A., Gibbs, S. J., & Rein, G. (1991). Groupware: some issues and experiences. *Communications of the ACM*, 34(1), pp.39-58.

24　Moore, J. F. (1996). *The Death of Competition: Leadership and Strategy in the Age of Business Ecosystems*. Harper Business.

25　Iansiti, M., & Richards, G. L. (2006). The information technology ecosystem: Structure, health, and performance. *Antitrust Bulletin*, 51(1), pp.77-110.

26　Horton, T. J. (2006). Competition or monopoly? The implications of complexity science, chaos theory, and evolutionary biology for antitrust and competition policy. *Antitrust Bulletin*, 51(1), pp.195-214.

参考文献

27 イオン株式会社（2016）.「地域と暮らしの新しい関係「地域エコシステム」（ニュースリリース：2016年4月11日）」. https://www.aeon.info/news/2016_1/pdf/160411R_2_1.pdf（閲覧日：2023年2月13日）

28 日本経済団体連合会（2018）.「Society 5.0 ―ともに創造する未来―」. https://www.keidanren.or.jp/policy/society5.0.html（閲覧日：2022年9月21日）.

29 Adner, R., & Kapoor, R.（2010）. Value creation in innovation ecosystems: how the structure of technological interdependence affects firm performance in new technology generations. *Strategic Management Journal*, 31（3）, pp.306-333.

30 Iansiti, M., & Levien, R.（2004）. *The Keystone Advantage: What the New Dynamics of Business Ecosystems Mean for Strategy, Innovation, and Sustainability*. Harvard Business School Press.（杉本幸太郎訳（2007）.『キーストーン戦略―イノベーションを持続させるビジネス・エコシステム―』. 翔泳社.）

31 日本経済団体連合会（2020）.「Society 5.0 時代を切り拓く人材の育成―企業と働き手の成長に向けて―」. https://www.keidanren.or.jp/policy/2020/021.html（閲覧日：2022年9月21日）.

32 経済産業省（2018）.「デジタルトランスフォーメーションを推進するためのガイドライン」. https://www.meti.go.jp/press/2018/12/20181212004/20181212004.html（閲覧日：2022年9月21日）.

33 日本経済団体連合会（2019）.「Society 5.0 実現に向けたベンチャー・エコシステムの進化」. https://www.keidanren.or.jp/policy/2019/012.html（閲覧日：2022年9月21日）.

■第10章

1 Bowen, S. A.（2018）. Strategic Communication, Ethics of. *The International Encyclopedia of Strategic Communication*. Wiley, pp.1-11. https://doi.org/10.1002/9781119010722.iesc0074

2 Wehmeier, S.（2018）. Transparency. *The International Encyclopedia of Strategic Communication*. Wiley, pp.1-10. https://doi.org/10.1002/9781119010722.iesc0192

3 Moon, J.（2014）. *Corporate social responsibility: A very short introduction*. Oxford University Press.

4 谷本寛治（2014）.『日本企業のCSR経営』. 千倉書房.

5 SHRM（2020）. Employment Right. https://www.shrm.org/executive/policy-watch/pages/employment-rights.aspx（閲覧日：2022年8月25日）.

6 亀川雅人, 鈴木秀一（2011）.『入門経営学 第3版』. 新世社.

7 谷本寛治（2014）. 前掲書.

8 Rasche, A., Morsing, M., & Moon, J.（2017）. *Corporate social responsibility: Strategy, communication, governance*. Cambridge University Press.

9～11 谷本寛治（2020）.『企業と社会―サステナビリティ時代の経営学―』. 中央経済社.

■第11章

1 本章は, 以下のInternational Businessに関する教科書を参考に執筆した.
Hill, Charles. W. L.（2022）. *Global Business Today*（12th edition）. McGraw-Hill.

2 Hofstede, G.（2001）. *Culture's Consequences: Comparing Values, Behaviors, Institutions and Organizations Across Nations*（2nd edition）. Sage publications.

3 Hofstede InsightsのHP. https://www.hofstede-insights.com/country-comparison/

4 Smith, A.（1776）. *An Inquiry into the Nature and Causes of the Wealth of Nations*. University of Chicago Press.（山岡洋一訳（2007）.『国富論 上下：国の豊かさの本質と原因についての研究』.

参考文献

日経 BP マーケティング.)

5 Ricardo, D. (1817). *On The Principles of Political Economy, and Taxation.*Cambridge University Press. (羽鳥卓也, 吉澤芳樹訳 (1987). 『経済学および課税の原理 上下』. 岩波文庫.)

6 Ohlin, B. (1933). *Interregional and International Trade.* Harvard University Press.

7 UNCTAD の HP. https://unctad.org/topic/investment/world-investment-report

8 WTO の HP. https://www.wto.org/english/tratop_e/invest_e/invest_e.htm

9 Root, Franklin R. (1994). *Entry Strategies for International Markets.* Jossey-Bass book.

10 Hill, Charles. W. L. (2022). *Global Business Today* (12th edition), Figure 8.4. McGraw-Hill.

11 Porter, Michael E. (1980). *Competitive Strategy: Techniques for Analyzing Industries and Competitors.* Free Press.
Porter, Michael E. (2008). The five competitive forces that shape strategy, *Harvard Business Review*, 86(1), pp.78-93.

12 Barney, Jay B. (1991). Firm resources and sustained competitive advantage, *Journal of Management,* 17(1), pp.99-120.
Barney, Jay B. (2002). *Gaining and Sustaining Competitive Advantage.* Prentice Hall.

13 Porter, Michael E. (1980). *Competitive Advantage: Creating and Sustaining Superior Performance.* The Free Press.

14 Ohmae, K. (1982). *The mind of the strategist: the art of Japanese management.* McGraw-Hill.

15 Porter, M. E. (1990). *The competitive advantage of nations.* Free Press.

16 ガートナージャパン株式会社 (2022). 「Gartner, 地政学リスクは今後, 国内企業によるソフトウェア／クラウド・サービス契約などの IT 調達に重大な影響を及ぼすとの見解を発表」. https://www.gartner.co.jp/ja/newsroom/press-releases/pr-20220804 (閲覧日：2023 年 2 月 13 日)

17 明石道融, 小久保祐輝 (2022). 「外交・安全保障 第 2 回：経済安全保障推進法の成立と今後の注目ポイント」. 三菱総合研究所. https://www.mri.co.jp/knowledge/column/20220617.html (閲覧日：2023 年 2 月 13 日)

18 池田直渡 (2021). 「レアメタル戦争の背景 EV の行く手に待ち受ける試練（中編）」. IT media ビジネス Online. https://www.itmedia.co.jp/business/articles/2108/09/news007_4.html (閲覧日：2023 年 2 月 13 日)

■第 12 章

1 シュムペーター, J. A. (塩野谷祐一, 東畑精一, 中山伊知郎訳)(1977). 『経済発展の理論 上・下』. 岩波文庫.

2 ドラッカー, P. F. (上田惇生訳)(2006). 『ドラッカー名著集 2-3 現代の経営 [上・下]』. ダイヤモンド社.
ドラッカー, P. F. (上田惇生訳)(2006). 『ドラッカー名著集 13-15 マネジメント[上・中・下]』. ダイヤモンド社.

3 近藤隆雄 (2012). 『サービス・イノベーションの理論と方法』. 生産性出版, p.65.

4 カーズナー, I. M. (1985). 『競争と企業家精神』. 千倉書房.

5 クリステンセン, C. M. (玉田俊平太監修, 伊豆原弓訳)(2012). 『イノベーションのジレンマ 増補改訂版』. 翔泳社.

6 チェスブロウ, H. (大前恵一朗訳)(2004). 『OPEN INNOVAION ハーバード流イノベーション戦略のすべて』産業能率大学出版部.
チェスブロウ, H., バンハバーベク, W., & ウェスト, J. (PRTM 監訳, 長尾高弘訳)(2008). 『オープン・イノベーション』英治出版, p.17.

チェスブロウらによる定義は「知識の流入と流出を自社の目的にかなうように利用して社内イノベーションを加速するとともに，イノベーションの社外活用を促進する市場を拡大すること」である．

7 野中郁次郎，廣瀬文乃，平田透（2014）．『実践ソーシャルイノベーション──知を価値に変えたコミュニティ・企業・NPO』．千倉書房．

8 野中郁次郎，竹内弘高（2020）．『ワイズ・カンパニー』．東洋経済新報社．

9 知識創造を組織学習の一派としてとらえる見方があるが（ミンツバーグ，2013），野中と竹内は明確に否定している（野中・竹内，2020）．

　ミンツバーグ, H., アルストランド, B., & ランベル, J.（齋藤嘉則監訳）(2012)．『戦略サファリ　第2版』．東洋経済新報社．

　野中郁次郎，竹内弘高（2020）．『知識創造企業　新装版』．東洋経済新報社．

10 野中郁次郎，遠山亮子，平田透（2010）．『流れを経営する』．東洋経済新報社

　野中郁次郎，竹内弘高（2020）．前掲書．

　野中郁次郎，竹内弘高（2020）．前掲書．

11 ハンガリーの哲学者マイケル・ポランニーは，すべての知識は暗黙知か暗黙知に根差す，と述べている．

　マイケル・ポランニー（高橋勇夫訳)(2022)．『暗黙知の次元』．ちくま学芸文庫．

12 WIPO メディアセンタープレスリリース（2021)「グローバル・イノベーション・インデックス 2021 年」．https://www.wipo.int/pressroom/ja/articles/2021/article_0008.html（閲覧日：2023年2月22日）

13 政府の Society 5.0 の取り組みについては，内閣府のサイトに詳しい解説がある．https://www8.cao.go.jp/cstp/society5_0/（閲覧日：2023年2月22日）

14 松本雄一（2019）．『実践共同体の学習』．白桃書房．など，組織学習や実践共同体に関する研究を参照のこと．

■第13章

1 小山嚴也，出見世信之，谷口勇仁（2018）．『問いからはじめる現代企業』．有斐閣．

　亀川雅人，鈴木秀一（2011）．『入門経営学　第3版』．新世社．

2 亀川雅人，鈴木秀一（2011）．前掲書．

3～5 小山嚴也，出見世信之・谷口勇仁（2018）．前掲書．

　亀川雅人，鈴木秀一（2011）．前掲書．

6 日本経済新聞朝刊（2018年7月1日）．

7 神田秀樹（2015）．『会社法入門　新版』．岩波新書．

8，9 小山嚴也，出見世信之，谷口勇仁（2018）．前掲書．

10 日経MJ（2022年2月16日）．

11 小山嚴也，出見世信之，谷口勇仁（2018）．前掲書．

12 株式会社ヤマダホールディングス『グループ会社』．https://www.yamada-holdings.jp/group/（閲覧日：2022年10月9日）．

13 小山嚴也，出見世信之，谷口勇仁（2018）．前掲書．

14 日本経済新聞朝刊（2020年12月30日）．

15 日本経済新聞朝刊（2011年12月3日）．

16 亀川雅人，鈴木秀一（2011）．前掲書．

17 株式会社日本取引所グループホームページ『市場区分見直しの概要』．https://www.jpx.co.jp/equities/market-restructure/market-segments/index.html（閲覧日：2022年8月7日）．

18, 19　亀川雅人, 鈴木秀一（2011）. 前掲書.

20, 21　小山嚴也, 出見世信之, 谷口勇仁（2018）. 前掲書.
　　亀川雅人, 鈴木秀一（2011）. 前掲書.

22　亀川雅人, 鈴木秀一（2011）. 前掲書.

23　桜井久勝, 須田一幸（2022）. 『財務会計・入門』. 有斐閣.

24　亀川雅人, 鈴木秀一（2011）. 前掲書.

25　小山嚴也, 出見世信之, 谷口勇仁（2018）. 前掲書.

26　砂川伸幸（2017）. 『コーポレートファイナンス 入門』. 日本経済新聞出版社.
　　砂川伸幸, 笠原真人（2015）. 『はじめての企業価値評価』. 日本経済新聞出版社.
　　Mihir, A.D.（2019）. *How Finance Works: The HBR Guide to Thinking Smart about the Numbers*, Harvard Business School Publishing Corporation.（斎藤聖美訳（2020）. 『How finance works : ハーバード・ビジネス・スクールファイナンス講座』. ダイヤモンド社.）

27　砂川伸幸（2017）. 前掲書.
　　砂川伸幸, 笠原真人（2015）. 前掲書.

28　砂川伸幸, 笠原真人（2015）. 前掲書.
　　中野誠（2016）. 『戦略的コーポレートファイナンス』. 日本経済新聞出版社.

29　日本経済新聞朝刊（2016年5月29日）.

30〜32　株式会社日本取引所グループホームページ「市場区分見直しの概要」https://www.jpx.co.jp/equities/market-restructure/market-segments/index.html（閲覧日：2022年8月7日）.

33　岸田雅雄（2012）. 『ゼミナール会社法入門 第7版』. 日本経済新聞出版社.

34〜38　神田秀樹（2015）. 前掲書.
　　岸田雅雄（2012）. 前掲書.

39　Jensen, M. C., & Meckling, W. H.（1976）. Theory of the firm: Managerial behavior, agency costs and ownership structure. *Journal of Financial Economics*, 3（4）, pp.305-360.

40　亀川雅人, 鈴木秀一（2011）. 前掲書.

41　入山章栄（2019）. 『世界標準の経営理論』. ダイヤモンド社.

■第14章

1, 2　吉村典久（2014）.「企業成長と企業統治」. 宮本又郎・加護野忠男・企業家研究フォーラム編. 『企業家学のすすめ』. 有斐閣.

3　経済産業省（2012）.「第1回 コーポレート・ガバナンス・システムの在り方に関す研究会資料6」. https://www.meti.go.jp/committee/kenkyukai/sansei/corporate_gov_sys/001_06_00.pdf（閲覧日：2023年2月13日）

4, 5　亀川雅人, 鈴木秀一（2011）. 『入門経営学 第3版』. 新世社.

6　河谷善夫（2022）.「6月定時株主総会開催日の動向〜集中開催の状況と今後の更なる分散化について〜」『ビジネス環境レポート 2022. 5』. 第一生命経済研究所. https://www.dlri.co.jp/report/ld/189027.html（閲覧日：2023年2月13日）

7　橘川武郎（2016）. 『財閥と企業グループ』. 日本経営史研究所.

8　西山賢吾（2022）.「我が国上場企業の株式持ち合い状況（2020年度）―緩やかな持ち合い解消, 政策保有株式削減の動きが続く―」『野村サステナビリティクォータリー 2022春号』. 野村資本市場研究所.

9　金融庁（2021）.「金融審議会市場制度ワーキング・グループ（第12回）資料1」https://www.fsa.go.jp/singi/singi_kinyu/market-system/siryou/20211015/01.pdf（閲覧日：2023年2月13日）

10　川本真哉（2009）.「20世紀日本における内部昇進型経営者：その概観と登用要因」『企業研究』，第15号. 中央大学企業研究所.

11, 12　亀川雅人，鈴木秀一（2011）. 前掲書.

13　橘川武郎（2014）.「経営史からの企業家研究」. 宮本又郎，加護野忠男，企業家研究フォーラム編.『企業家学のすすめ』. 有斐閣.

14, 15　高橋裕樹（2010）.「執行役員制度の導入背景と今後の動向」『立命館経営学』第49巻，第4号.

16　三浦雅洋（2004）.「経営組織—内部統合と外部適応のバランスを求めて—」. 田島義範編著.『現代日本企業の経営学』. ミネルヴァ書房.

■第15章

1　東京商工リサーチ（2019）.「企業倒産で振り返る『平成』30年（前編）～バブル崩壊，金融危機，リーマン・ショックに揺れた日本経済～」. https://www.tsr-net.co.jp/news/analysis/20190424_04.html

2　谷口勇仁（2009）.「雪印乳業集団食中毒事件に関する事例研究の整理と検討」『経済学研究』，59（3），北海道大学.

3　国土交通省自動車交通局（2004）.「第1回 今後の認証制度のあり方に関する検討会」資料. https://www.mlit.go.jp/jidosha/ninnsyouiinnkai/DAI1/siryou.pdf（閲覧日：2023年2月13日）

4　秋吉史夫，柳川範之（2010）.「コーポレート・ガバナンスに関する法制度改革の進展」内閣府経済社会総合研究所企画・監修／寺西重郎編『構造問題と規制緩和』. 慶應義塾大学出版会.

5, 6　橋本基美（2002）.「日本企業の変革を促す商法改正」『知的資産創造』，2002年3月号，野村総合研究所.

7　末永敏和，藤川信夫（2007）.「商法改正後の新しいコーポレート・ガバナンスと企業経営：社外取締役，監査役会など米国型機構，従来型機構の検討を中心として」『経済経営研究』，23（6），日本政策投資銀行.

8　森下千鶴（2021）.「2020年度株式分布状況調査～バブル経済崩壊以降の主要投資部門別株式保有比率の変化とその要因～」.『基礎研レター』2021-08-31. ニッセイ基礎研究所. https://www.nli-research.co.jp/report/detail/id=68617?pno=2&site=nli（閲覧日：2023年2月13日）

9　青柳良則, 菅隆浩, 三国谷亮太（2022）.「アクティビストに関する論点整理①」『CORPORATE NEWSLETTER』. アンダーソン・毛利・友常法律事務所.

10　秋吉史夫，柳川範之（2010）. 前掲書.

11　亀川雅人，鈴木秀一（2011）.『入門経営学 第3版』. 新世社.

12　法務省（2015）.「会社法改正 ——内外の投資家から信頼される日本企業を目指して」. https://www.moj.go.jp/content/001137658.pdf（閲覧日：2023年2月13日）

13　法務省（2016）.「平成26年度改正会社法 ——コーポレート・ガバナンスの強化に関する主な改正の概要と施行後の状況」. https://www.kantei.go.jp/jp/singi/keizaisaisei/miraitoshikaigi/suishinkaigo_saihen_dai2/siryou2.pdf（閲覧日：2023年2月13日）

14　上野剛幸，長樹生（2022）.「指名委員会等設置会社への移行による『一段高い水準のガバナンス』の実践」『みずほリサーチ＆テクノロジーズ コンサルティングレポート Vol.2 2022』. https://www.mizuho-rt.co.jp/publication/report/2022/pdf/mhrt02_governance.pdf（閲覧日：2023年2月13日）

15　法務省（2019）.「会社法が改正されます」. https://www.moj.go.jp/content/001327488.pdf（閲覧日：2023年2月13日）

16　東京証券取引所（2021）.「コーポレートガバナンス・コード～会社の持続的な成長と中長期

的な企業価値向上のために〜」https://www.jpx.co.jp/equities/listing/cg/tvdivq0000008jdy-att/nlsgeu000005lnul.pdf（閲覧日：2023 年 2 月 13 日）

17　小林昭夫（2021)「改訂コーポレートガバナンス・コード（2021)の背景と概要」『PwC's Views 第 34 号』PwC あらた有限責任監査法人．https://www.pwc.com/jp/ja/knowledge/pwcs-view/assets/pdf/34-08.pdf（閲覧日：2023 年 2 月 13 日).

18　田中亘（2021).『会社法 第 3 版』.東京大学出版会.

19　スチュワードシップ・コードに関する有識者検討会（2020).「『責任ある機関投資家』の諸原則《日本版スチュワードシップ・コード》」.金融庁ホームページ.

20　東京証券取引所（2022).「コーポレートガバナンス・コードへの対応状況」（2022 年 7 月 14 日時点).https://www.jpx.co.jp/equities/listing/cg/tvdivq0000008jdy-att/nlsgeu000006jzbl.pdf（閲覧日：2023 年 2 月 13 日）

参考文献

索　引

索
引

ま　行

索
引

索
引

執筆者紹介【執筆順・担当章】

有馬 賢治（ありま けんじ）【第1・5章】

1992年　早稲田大学大学院商学研究科博士後期課程単位取得退学
現　　在　立教大学経営学部教授

秋野 晶二（あきの しょうじ）【第2・4章】

1988年　慶應義塾大学大学院商学研究科博士課程単位取得退学
現　　在　立教大学経営学部教授

村嶋 美穂（むらしま みほ）【第3・10章】

2020年　早稲田大学大学院アジア太平洋研究科博士後期課程修了
現　　在　立教大学経営学部助教　博士（学術）

石川 淳（いしかわ じゅん）【第6章】

2001年　慶應義塾大学大学院経営管理研究科博士課程修了
現　　在　立教大学経営学部教授　博士（経営学）

細田 雅洋（ほそだ まさひろ）【第7・13章】

2018年　明治大学大学院経営学研究科博士後期課程修了
現　　在　立教大学経営学部助教　博士（経営学）

佐々木 宏（ささき ひろし）【第8・9章】

2000年　大阪大学大学院経済学研究科博士後期課程修了
現　　在　立教大学経営学部教授　博士（経済学）

西原 文乃（にしはら あやの）【第11・12章】

2011年　一橋大学大学院国際企業戦略研究科博士後期課程修了
現　　在　立教大学経営学部准教授　博士（経営）

高岡 美佳（たかおか みか）【第14・15章】

1999年　東京大学大学院経済学研究科博士課程修了
現　　在　立教大学経営学部教授　博士（経済学）

経営学入門

2023 年 4 月 10 日ⓒ　　　　　　　初 版 発 行

編　者　立教大学経営学部　　発行者　森 平 敏 孝
　　　　　　　　　　　　　　印刷者　加 藤 文 男

【発行】　　　　　　株式会社　新世社
〒151-0051　東京都渋谷区千駄ヶ谷 1 丁目 3 番 25 号
編集☎(03)5474-8818(代)　　　サイエンスビル

【発売】　　　　　　株式会社　サイエンス社
〒151-0051　東京都渋谷区千駄ヶ谷 1 丁目 3 番 25 号
営業☎(03)5474-8500(代)　　　振替 00170-7-2387
FAX☎(03)5474-8900

印刷・製本　(株)加藤文明社
《検印省略》

ISBN978-4-88384-366-4
PRINTED IN JAPAN

サイエンス社・新世社のホームページのご案内
https://www.saiensu.co.jp
ご意見・ご要望は
shin@saiensu.co.jp まで.